전두환
리더십

전두환 리더십

발 행 처 : 도서출판시스템	
발 행 인 : 지만원	
초판 1쇄 발행 : 2022년 9월 30일	
2 쇄 발 행 : 2022년 10월 12일	
3 쇄 발 행 : 2022년 11월 18일	
출 판 등 록 : 제321-2008-00110호(2008/ 8. 20)	

주　　　소 : 서울특별시동작구동작대로13길12
전　　　화 : (02)595-2563
팩　　　스 : (02)595-2594
홈 페 이 지 : www.systemclub.co.kr

잘못만들어진책은구입하신서점에서교환해드립니다

전두환 리더십

- 훌륭한 리더를 꿈꾸는
  모든 이들이 읽어야 할 리더십 바이블

지 만 원 저(시스템공학박사)

Contents

프롤로그 · 10

이 책의 아이콘 · 16

"아니라는데 왜 전두환만 증오하나?"

제1장
레이건 전두환 나카소네 3총사 시대 개막 · 19

레이건, 당선 12일 만에 전두환과 회담 · 20
무임승차하는 일본에 안보세금 물려 · 22
40억 달러 얻어내면서 최고급 환대받아 · 25

제2장
40%대 고공 물가 잡은 경제 영웅 · 31

투 스타, 보안사령관 때부터 시작한 경제 공부 · 32
40%대의 인플레 · 38
인플레와 사재기의 악순환 · 39
인플레와 외채의 악순환 · 39
40%대 물가를 2%대로 끌어내린 기적의 리더십 · 40
봉급 동결, 예산 개혁, 구조 조정 · 41

제3장
보호 경제에서 개방경제로   45

국산품 애용이라는 국수주의 결산   46
시장경제의 시스템화   47
WTO 10여 년 전에 '한국형 WTO' 시대 열어   52
경쟁의 약자, 중소기업과 농어촌 지원   54
단군 이래 최대 어음사기 사건의 주범 장영자   55
장영자가 촉발시킨 금융실명제   58
김영삼 정치와의 비교   61

제4장
올림픽과 한강 시대 개막   65

기적의 대명사 서울올림픽 유치 성공   66
한강을 서울의 얼굴로   67
보이콧 없는 첫 국제올림픽   70
올림픽을 방해하는 김일성과의 심리전   74
88서울올림픽이 동서냉전 붕괴에 미친 영향   78

제5장
김일성의 암살-방해 행진   81

김일성의 박정희-전두환 암살 공작   82
아웅산 암살 공작   84
북한 구호품 수령   90
금강산댐, 위협이 될 수 있다   106
KAL858 공중 폭파   107
가짜 김현희 조작   122
2012년, 김현희가 폭로한 노무현 횡포   123
기자들 피해 임시거처로 전전   125

제6장
통제문화를 자유문화로   127

야간 통행금지 혁명적 해제   128
연좌제 폐지   129
해외 유학, 해외여행 자유화   131
중고생 교복, 두발 자율화   132
전두환에 대한 당시의 비난들   133
전두환만이 '추대된 대통령'   138

제7장
미국보다 먼저 IT 강국 열어   143

전화기가 곧 신분이었던 1970년대   144
최우선 사업, 전자식 교환기 개발   145
레이건의 IT 강국   147
전두환이 촉발시킨 반도체 강국   149
전두환이 세운 공적, 김대중이 북에 제공   150

제8장
기술의 해방   153

제품 개발 독려   154
흑백 문화에서 컬러 문화로   157

제9장
원전 수입국에서 수출국으로   161

이승만의 핵   162
박정희의 핵   163
전두환의 핵   164
탈원전 작태는 반국가행위   166

제10장
우후죽순 솟아나는 교육 문화 공간들　　　　　　　　　　　　169

학교 평준화　　　　　　　　　　　　　　　　　　　　　170
교육시설 확대　　　　　　　　　　　　　　　　　　　　171
사상 처음으로 문화국가 건설　　　　　　　　　　　　　　172
독립기념관 건립　　　　　　　　　　　　　　　　　　　177
이후의 대통령들은 무얼 했나?　　　　　　　　　　　　　178

제11장
흔들리던 안보의 안정화　　　　　　　　　　　　　　　　181

지미 카터의 철군 행진　　　　　　　　　　　　　　　　182
한국 장군들보다 한국을 더 사랑했던 미국 장군들　　　　　184
6.25에 투영된 한국 안보　　　　　　　　　　　　　　　186
레이건의 약속이 곧 안보　　　　　　　　　　　　　　　195

제12장
브루투스, 너마저?　　　　　　　　　　　　　　　　　　199

단임제 약속을 지키기 위하여　　　　　　　　　　　　　　200
노태우 지명과 6월소요　　　　　　　　　　　　　　　　208
노태우의 후계 행진　　　　　　　　　　　　　　　　　　211
노태우의 오기　　　　　　　　　　　　　　　　　　　　220
노태우의 정신적 프로필　　　　　　　　　　　　　　　　222
노태우의 배신 드라마　　　　　　　　　　　　　　　　　223
노태우가 앞장선 전두환 비리 조사　　　　　　　　　　　226
전두환 스위스 강제추방을 위한 레만호 작전　　　　　　　227
노태우의 목조르기　　　　　　　　　　　　　　　　　　233
이순자 여사의 1990년 10월 말 수기　　　　　　　　　　235
전두환이 내민 손, 마지막으로 뿌리쳐　　　　　　　　　241

제13장
정치자금들 255

노태우가 착복한 비자금 때문에 전두환까지 걸려들어 256
역대 정치자금의 성격 258
전두환의 정치자금 260
정치자금에 따른 부패 일소를 주도한 죄 268
전두환만은 정치자금 걸 수 없다. 대법원 인민재판 272
전두환 추징금 징수에 나타난 역대 대통령들의 횡포 273
유난히 전두환에 악랄했던 박근혜, 왜 그랬을까? 277

제14장
전두환 집권과정의 미학 281

집권과정에 하자가 있다? 282
10.26과 12.12는 합쳐서 김재규-정승화의 내란사건 293
5.17과 5.18은 합쳐서 김대중의 내란사건 294
폭동이 민주화운동으로 뒤바뀐 과정 306
광주사태 분석, 최규하가 가로막아 312
재심절차 없이 편법으로 일사부재리 유린 317
김영삼-권영해-권정달-홍준표의 반역 공작 317
1997년 붉은 대법원의 해학적 판결들 319
국보위는 탁월한 아이디어 뱅크 324
삼청교육대, 사회정화의 예술 327

제15장
광주의 횡포 331

시체까지 뜯어먹는 5.18 바퀴들 332
5.18폭동의 아이콘, 5월 21일 상황 333
팩트 전쟁에 밀린 5.18세력, 마지막 보루가 광주법원 334
국가도 헌법도 없는 5.18마패 335
이해당사자인 광주법원이 재판 독점하는 것은 세기의 코미디 336
도둑질하듯 몰래 늘어나는 5.18유공자수 338

에필로그 340

프롤로그

말은 영혼의 거울, 그 사람의 영혼이 실려 있다. 말에 의해 전두환은 '악'(Evil)의 화신이 됐고 막가파 독재자가 됐다. 전두환을 '악'으로 묘사한 사람들은 연구를 해서 말을 한 것이 아니라 영혼에서 분출되는 대로 말을 한 것이다. '악마'라는 이미지는 전두환이 실제로 악마이기 때문에 형성된 것이 아니라, 악마의 영혼을 가진 사람들이 상상해서 조각한 이미지다.

해방 이후에 등장한 우리 영웅들은 누구일까? 건전한 상식을 가진 사람이라면 이승만, 박정희, 전두환을 꼽을 것이다. 이승만과 박정희에 관한 책은 많은 사람들이 썼다. 하지만 전두환을 솔직하게 묘사한 책은 아직 없다. 아마도 국민인식 속에 '전두환 이미지'가 원체 험하게 각인돼 있는 데다 전두환에 대해 무서운 적개심을 분출해온 공산세력의 역린을 건드릴 엄두가 나지 않았을 것이다.

저자는 5.18이 민주화운동이 아니라 김일성 부자가 주도한 게릴라전이었다는 결론을 냈고, 그런 결론을 뒷받침하는 정황 증거를 무려 42개나 밝혀놓았다. 하지만 5.18 세력도, 저자를 재판한 적색 판사들도 이 42개 증거가 허위라는 점을 밝히지 못했다. 이처럼 5.18이 민주화운동이 아니듯 5.18과 동일체로 묶여있는 전두환도 악마가 아닌 것이다.

연구해 보니 전두환은 '악'이 아니라 '선'(Good)이었다. 뒷골목 조폭의 두목이 아니라 공명정대한 노선에서 학습하고 사색하고 남을 배려하는 신사로 살았던 모범 국민이었다. 단적으로 말하자면 우리는 앞으로 상당 기간 전두환과 같이 애국심 있고, 능력 있고, 비전과 직관력을 가진 '위대한 리더'를 다시는 대통령으로 갖기 어려울 것이라고 생각한다.

그는 우리나라 대통령 역사상 처음이자 마지막으로 젊은 엘리트 두뇌 집단에 의한 '선진 경영'을 했다. 그 자신도 미국식 교육을 받았고, 그가 데려다 쓴 두뇌들도 미국식 교육을 받은 엘리트들이었다. 전두환 이후에는 엘리트 경영이 사라졌다. 정치 모리배들이 대통령 되어 논리와 효율을 무시한 포퓰리즘 정치를 했고 북괴에 굴종하면서 퍼주지 못해 안달하는 정치를 했다.

전두환을 가장 많이 탄압한 김영삼은 "머리는 빌려도 건강은 빌릴 수 없다."는 말을 했다. 무식하기 이를 데 없는 말이었다. 그러다 대형 사고를 연달아 냈고, 끝내는 국치사건 IMF를 불러왔다. 머리가 빈 사람은 먼저 점령하는 사람이 임자다. 김영삼의 빈 머리는 공산주의자들과 잡배들이 점령했다. 머리가 없는 그의 눈에는 잡배들만 보였고, 잡배들과의 대화가 가장 편했다. 엘리트가 무엇인지도 몰랐고, 효율이 뭔지도 몰랐다. 원전과 원자탄이 똑같은 것이라고 알고 있었다. 반면 전두환은 독서광이고 학습광이라 엘리트 두뇌집단을 지도하고 지휘할 수 있었다.

이승만 대통령은 잡목 속 노송처럼 홀로 솟은 인재였다. 갑자기 하늘에서 떨어진 해방을 맞고 보니, 공산주의 사상을 가진 백성이 75%나 되었고, 문맹률이 85%나 되었고, 학교라고는 서당 밖에 없었다. 이런 허허벌판에 이승만은 미국식 행정부, 사법부, 입법부를 세웠다. 껍데기는 세웠는데 인물들이 없었다. 이승만은 '슈퍼 거인'이었지만, 그 수하들은 잡동사니들이었다. 리더십은 시대의 산물, 그런 시대를 떠맡은 이승만의 리더십은 자연 '시스템 리더십'이 아니라 '원 맨 플레이 리더십'일 수밖에 없었다.

이승만은 철저한 반일주의자였다. 그렇지 않아도 교육을 받은 식자들의 수가 적은 데다 일본 앞잡이 노릇을 한 사람들을 제외시키려 했다. 이러하니 인재가 어디 있었겠는가. 1948년 창군을 했지만 군의 수장인 국방장관은 '군(軍)자도 모르는 뱃놈' 신성모가 맡았고, 육군 참모총장은 일본군에서 군수물자를 다루던 34세 애송이 채병덕이 맡았다. 한마디로 이승만은 인재 없는 황무지를 홀로 누빈 외로운 지휘자였던 셈이다.

또 다른 슈퍼 거인 박정희 역시 '원 맨 플레이 리더십'이었다. 똑같은 '원 맨 리더십'이었지만 두 대통령은 '개방의 폭'이 달랐고, 스타일이 달랐다. 전자는 지시형 리더였고, 후자는 수렴형 리더였다. 박정희는 일본인, 한국인을 가리지 않고 널리 활용했다. 각 분야의 전문가를 폭넓게 찾아 조언을 구하고, 각기의 기술과 능력을 활용했다. 일본인들의 자문, 일본의 기술, 일본의 자본이 없었으면 한강의 기적도 없었다. 그만큼 박정희는 국가의 발전을 위해서라면 검은 고양이 흰 고양이 가리지 않았던 것이다.

1965년 그토록 소란했던 반대파를 제치고, 매국노라는 욕을 들으면서, 불구대천의 원수로 각인됐던 일본과 화해를 했다. 일본으로부터 산업자금 8억 달러를 유치하여 경제 개발의 종잣돈을 마련했다. 일본 관광객들이 쓰나미처럼 몰려와 한국에 돈을 뿌렸다.

일본 자본으로 포항제철 등 수많은 플랜트와 사회간접자본을 건설했다. 그중 포항제철은 박정희의 중화학공업 건설의 상징이었다. 1978년 8월 26일이었다. 박정희 대통령을 존경한다는 등소평, 동경 부근의 제철소 '기미쓰'를 찾았다. 일본 철강의 총회장 '이나야마'가 그를 안내했다. 등소평이 간청을 했다. "포항제철과 똑같은 것을 중국에 세워줄 수 없겠는가?" 이에 '이나야마' 회장이 답했다. "포항제철은 돈과 기술로만 이루어진 게 아니다. 박태준이라는 특출한 인물이 있었고, 박정희를 좋아하는 일본인들이 그를 도왔기 때문에 이루어진 것이다."

박정희가 국교를 트고 제2대 주한 일본대사로 가나야마가 부임했다. 박정희가 그를 불러 일본 수상을 설득해 포항제철을 짓게 해달라고 부탁했다. 설득의 달인 가나야마가 바로 포항제철의 산파였던 것이다. 이어서 충주비료, 호남정유 등 박정희 대통령의 소원인 중화학공업을 건설하는 데 일본의 기술지원이 이어졌다. 지금의 공단들은 일본의 부품과 소재를 들여와 조립하여 주로 미국으로 수출하는 산업구조로 출발했다. 이런 일본의 인재와 기술을 활용하는 협동관계는 반일정신이 투철했던 이승만에 어울릴 수 없었다. 박정희 리더십은 당시의 환경 하에서는 최상의 리더십이었다.

태평양전쟁 이후 10여 년 동안 일본의 목표는 "미국을 모방하자."(Copy the West)였다. 트랜지스터로 라디오를 만들고, 워크맨을 만들고, 캠코더를 미국보다 먼저 만들어낸 1950년 중반, 일본의 다음 목표는 "미국을 따라잡자."(Catch up with the west)로 전진했다. 우연인지는 알 수 없지만 박정희는 '모방 생산' 시대를 열었고, 전두환은 창의력을 계발시켜 '브랜드 생산' 체제로 전진했다. 그리고 오늘날 세계적인 IT 강국, 문화 강국, 체육 강국을 만들어 냈다.
건국 이후 지금까지, '시스템' 차원에서 엘리트 경영을 한 대통령은 오로지 전두환뿐이었다. 전두환 시대에는 원 맨 플레이가 통할 수 없이 사회가 복잡하고 방대해졌다. 1860년대의 히어로, 에디슨은 발명의 신이었다. 그의 발명품은 당시 미국 경제에 6%를 기여했다. '전구'는 에디슨의 로고였다. 지금은 인공위성의 시대, 에디슨 혼자 탄생시킬 수 있는 발명품이 아니라 시스템의 산물이다. 이승만과 박정희는 에디슨이었다. 반면 전두환은 '시스템 리더'였다. 이처럼 모든 리더십은 시대의 산물이다. 이승만과 박정희의 리더십은 그 시대 환경에서의 최고 걸작이었고, 전두환 리더십은 1980년대에 어울리는 선진 리더십이었다.

전두환의 리더십 발자취는 보석보다 더 귀한 보물선이다. 이 엄청난 자산을 공산주의자들과 학습 없는 정치꾼들이 끌어다 머나먼 태평양 깊은 물에 침몰시켜 버렸다. 저자는 침몰돼 있던 '전두환 호'를 인양해 [전두환 리더십]으로 포장했다. 이를 접하게 될 독자들은 책의 첫머리에서부터 최종 페이지에 이르기까지 단 한순간도 경이로운 감정을 내려놓지 못할 것이다. 감탄과 존경과 애잔함이 쉼 없이 이어질 것이고, 끝 모르게 그를 핍박해온 옳지 못한 사람들에 대한 분노와 증오에 치를 떨 것이다. 그리고 종내에는 뜨거운 눈물을 주체하기 어려울 것이다.

2022. 9. 30.
저자 지만원

이 책의 아이콘

"아니라는데 왜 전두환만 증오하나?"

"나는 5.18과 아무 관계가 없다. 아니라는데 왜 자꾸 나만 갖고 그래?" 공산세력과 언론들은 전두환의 이 발언을 뽑아 전두환을 희화화하는 데 단골메뉴로 삼아왔다. 진실은 외면하고 무조건 전두환을 조롱거리로 만들려는 공산세력의 공작이 아닐 수 없다.

우리는 이 시점에서 진지해야 한다. 전두환의 위 발언은 진실이다. 그는 5.18과는 사돈의 팔촌 관계도 없는 인물이다. 5.18폭동을 진압한 인물은 최규하와 이희성을 정점으로 하는 계엄사 작전라인을 구성했던 기라성 같은 3-4성 장군들이었다. 정보를 담당했던 2성 장군 전두환이 개입할 수 없는 작전라인이었던 것이다. 진실이 이러해서 본인은 아니라 하는데, 왜들 제대로 알지도 못하면서 그에게만 달려드는가? 참으로 어이없고 답답한 일이 아닐 수 없다. "왜 나만 갖고 그래?" 이에 대한 아래의 답은 참으로 중요하다.

5.18이 반드시 민주화운동이라야 존재할 수 있는 세력이 있다. 공산세력과 전라도세력이다. 5.18이 민주화운동이 아닌 것으로 여론화되면 저들은 이제까지 국민을 사기쳐먹고 등쳐먹은 사기집단, 반역집단

이 된다. 노태우의 민주화운동 보상조치에 따라 1991년부터 저들이 부당하게 가져간 국민 세금이 얼마인가? 국민여론은 이 돈을 다 물어내라 할 것이다. 이렇게 되면 저들은 얼굴을 들지 못할 것이다. 이는 남한 공산세력의 붕괴를 의미한다. 그래서 저들에게 5.18은 죽어도 민주화운동이라야만 하는 것이고, 5.18을 민주화운동인 것으로 보존시키려면 반드시 전두환을 희생양으로 삼아야만 하는 것이다. 전두환의 헌정질서 파괴행위가 전제되지 않으면 광주사태는 '이유 없는 폭동'이 되는 것이다.

위 논리는 북한이 만들어낸 것이다. 1980년 북한의 '조선기록영화촬영소'는 광주현장에서의 배타적 촬영 주권을 확보하여 바로 그 1980년에 5.18기록영화를 제작했다. 1980년에 북한이 제작한 기록영화에는 전두환이 광주학살의 수괴인 것으로 묘사돼 있다. 당시 남한 카메라는 현장에 갈 수 없었다.

광주사태를 북한이 주도하지 않았다면 북한이 무슨 수로 1980년에 광주 현장을 촬영할 수 있었겠는가? 북괴는 이 기록영화 중 42분 분량의 영상을 발췌해 그 유명한 [광주비디오]를 제작하여 전라도 지역 지하에서 관람시켰다. 아래는 그 광주비디오의 자막이다. 1980년대 당시 전라도 전 지역은 전두환과 민정당을 그 어느 지역보다 더 칭송했었다. 그런데 이들은 이 비디오를 보고난 후, 언제 그랬느냐는 듯이 돌아서서 전두환을 증오하게 되었다.

1997년 4월 17일 대법원 판결 역시 북한이 만들어낸 시나리오 그대로를 반영했다. 광주시위는 전두환이 헌법질서를 파괴했기 때문에 이를 저지하기 위해 의롭게 나선 민주화운동이었고, 이 민주화운동은 신속하게 전국으로 확산됐어야 했는데 전두환이 이를 조기에 무력으로 진압한 것이 내란이라는 것이다. 김일성이 위 기록영화에서 묘사한 그대로였다. 대법원까지 김일성과 한편이었던 것이다. 하지만 대법원은 사실자료들을 뒤집지 못했다. 사실과 죄목이 어긋나는 요설문서에 대법원이라는 위압적인 도장만 찍은 것이다. 사실자료들에 의하면 전두환은 김일성의 대남공작 행위로부터 이 나라를 구한 영웅이었다.

우리의 영웅 전두환이 기록한 역사자료 [전두환 회고록]은 판매를 금지시키고, 전두환을 악마로 매도하는 데 앞장섰던 김일성의 회고록 [세기와 더불어]는 버젓이 판매하게 하는 도치된 세상이 전개돼 있다. 여기에 부역한 사람들이 누구인가? 김일성과 그를 추종하는 국가반역자들인 것이다. 전두환에 대한 이미지는 팩트를 반영한 것이 아니라 반역자들이 모략해 만들어낸 허상이다. 이 허상이 없어지면 반역자들의 발판이 송두리째 무너지고 만다. 저들이 전두환만 물어뜯어야만 하는 이유가 바로 여기에 있는 것이다.

제1장

레이건 전두환 나카소네
3총사 시대 개막

레이건, 당선 12일 만에 전두환과 회담

1931년 1월 18일~2021년 11월 23일, 전두환은 90년 동안 이 땅을 밟고 갔다. 그는 어떤 인물이었는가? 우리 사회에 비친 그는 쿠데타를 해서 정권을 잡은 사람, 철권통치자, 광주 민주화운동을 무력으로 진압한 악마였다. 과연 그러한가? 이제부터 필자는 전두환의 실체를 탐험하고자 한다.

그는 제11대 및 12대 대통령을 했다. 제11대 대통령은 1980년 8월 27일~1981년 2월 24일, 최규하 대통령의 잔여임기 7개월을 채우는 대통령이었다. 제12대 대통령은 유신헌법에 의해 선출되었고, 재임기간은 1981년 2월 25일부터 1988년 2월 24일까지 7년이었다.

1981년 1월 20일, 레이건이 취임했다. 제11대 대통령 집권 4개월이 갓 지난 시기였다. 하지만 전두환은 1979년 말부터 9개월 이상에 걸쳐 보안사령부, 중앙정보부, 국보위를 지휘하면서 국가경영에 대한 비전과 노하우를 축적하고 있었다. 이런 상태였기에 그는 레이건이 당선되자 그를 빨리 만나고 싶어 했다. 레이건이 취임하면 인의 장막에 싸일 것이라는 생각에, 레이건이 당선자 신분에 있을 때 공략하기로 마음먹었다. 그와 친했던 베시 전 초대 한미연합군 사령관을 통해 레이건 측근 '알렌'을 움직이기로 했다. 그 결과 레이건은 그가 취임하자마자 전두환 대통령을 만나자고 했다.

대공산권 매파인 레이건은 카터가 어지럽혀 놓은 동맹관계를 복원시키는 일을 우선시했다. 동맹의 아이콘은 단연 한국이었다. 수많은 미국의 동맹국들 중에서 가장 성공한 나라가 한국이기 때문이다. 전두환의 시도와 레이건의 동맹 정책이 맞아떨어진 것이다. 이에 전두환은 1월 28일 비행기에 올랐고, 2월 2일 정상회담을 가졌다. 항간에는 김대중을 사형시키지 않는 대가로 첫 번째 정상회담의 영광을 얻게 되었다고 하지만, 이는 낭설이다.

저자는 1980년 10월부터 1년 가까이 중앙정보부에 있었다. 당시 중정 부장은 유학성이었다. 김대중을 사형시키느냐 마느냐에 대한 뜨거운 여론이 매일 'S-레포트'에 나타났다. 죽여야 한다는 여론이 압도적이었지만 전두환은 죽이지 않을 결심을 했다. 전두환이 당선되자 해외에 있는 공산주의자들은 미국 언론과 일본 언론 등을 통해 전두환 대통령의 정통성(Legitimacy)부터 공격하기 시작했다. 공격의 요지는 김대중을 탄압했다는 것이고, 탄압을 통해 대통령이 된 사람은 정통성 없는 철권 통치자라는 것이었다. 전두환은 이런 프레임에 휘말려 시간을 빼앗기고 싶지 않았다.

무임승차하는 일본에 안보세금 물려

1981년 1월 28일, 전두환은 공식 수행원 11명, 비공식 수행원 15명을 태우고 미국으로 떠났다. 2월 2일 오전, 60분 동안 정상회담을 했다. 그는 레이건에게 미국에 온 목적이 두 가지라고 말문을 열었다. 정상회담의 화제를 선점한 것이다. 시작 단계에서부터 궁금해하면서 눈을 크게 뜨고 있는 미국인들에게 전두환이 말문을 열었다. "첫째 목적은 미합중국 대통령 당선을 축하드리기 위한 것이고 두 번째 목적은 레이건 대통령 각하를 도와드리려는 것입니다."

건국 이래 한국 대통령이 미국 대통령을 만나면 도와달라고만 했지 도와준다고 한 적은 없었다. 한국 대통령이 미국을 도와주다니? 모두가 놀라 귀를 세웠다. 전두환이 레이건에 질문을 했다. "레이건 대통령 각하, 죄송하지만 LA의 연간 GNP가 얼마인지 아십니까?" 레이건 측에는 아는 사람이 아무도 없었다. "제가 조사한 바로는 LA의 연간 GNP는 800억 달러입니다. 각하, 혹시 한국의 GNP가 얼마인지 아십니까?" 레이건 진영에서는 이를 아는 사람이 또 없었다. "각하, 한국의 연간 GNP는 600억 달러입니다. 그 중 6%를 국방비로 사용하고 있습니다." 이 말에 회담장에 있던 모두가 놀랐다.

전두환의 말이 이어졌다. "각하, 일본의 GNP는 1조1,600억 달러입니다. 한국의 20배입니다. 그런데 일본은 국방비를 0.09%만 사용합니다. 한국은 민주주의와 공산주의와의 전쟁에서 최일선을 담당하고 있습니다. 그 덕을 일본이 톡톡히 보고 있는 것입니다. 이는 불공정합니다. 한국은 지금 경제위기를 맞고 있습니다. 한국이 쓰러지면 세계는 공산화됩니다. 도와주십시오. 저는 미국에 손을 벌리는 것이 아닙니다. 각하께서 일본의 무임승차 행위를 일깨워 한국에 안보차관을 넉넉히 주라 하십시오. 그러면 저는 그 돈으로 미국으로부터 전투기와 탱크를 살 것입니다. 전에는 일본에서 경제차관을 받았지만 이번에는 안보차관입니다." 레이건을 포함해 모두가 눈이 동그래지면서 전두환의 얼굴을 쳐다보았다. 일본의 돈으로 미국 장비를 사겠다하니, 이 얼마나 신선한 아이디어인가. 레이건이 물었다. "얼마면 되겠습니까?" "각하, 일단 일본에 각하의 방침만 전해주십시오. 그러면 액수는 실무선에서 해결할 수 있습니다."

● 일본도, 우리 각료도 수군수군

우리 측 수행원들은 씨알도 먹히지 않을 엉뚱한 말을 꺼냈다며 수군댔다. 엉뚱해도 너무 엉뚱하다는 것이다. 정상회담을 한 지 2개월여인 1981년 4월 22일, 전두환은 외무부를 통해 일본 정부에 100억 달러를 내라는 청구서를 보냈다. 아닌 밤중에 홍두깨, 일본은 한국 각료들보다 더 놀랬다. 무례하고 엉뚱한 요구였다. 일본 외무성은 "혹시 실수로 0

을 하나 더 붙인 것 아니냐?" 질문해 왔다. 이에 전두환은 0이 두 개라고 확실히 전하라 했다. 스즈키 내각은 미친 소리라며 대꾸조차 하지 않았다. 전두환 주변에서도 수군대기만 했다.

● 1965년엔 8억 달러, 1983년엔 40억 달러

1982년 1월 27일 나카소네가 수상에 취임했다. 나카소네는 관례에 따라 레이건 대통령을 예방했다. 레이건이 일본의 안보 무임승차는 비도덕적이며 한국에 방위차관을 제공하라고 말했다. 이 레이건의 지적에 합리주의자인 나카소네가 수치심을 느꼈다. 1983년 1월 11일, 나카소네가 다급한 심정으로 한국을 방문해 2차례에 걸쳐 전두환과 정상회담을 가졌다. "전두환 대통령 각하, 그동안 일본은 사실 한국에 미안한 입장에 있었습니다. 제가 최소한 60억 달러는 마련해 보려고 백방 노력했는데, 60억을 마련하려면 제 위치가 흔들립니다. 제가 최대한으로 마련한 것이 40억 달러이니, 수용해 주시기 바랍니다."

이는 엄청난 횡재였다. 1965년 박정희가 일본으로부터 얻어낸 배상액은 무상 3억 달러, 유상 2억 달러, 민간상업차관 3억 달러, 총 8억 달러였다. 이로부터 17년 후인 1983년 1월, 전두환은 그 5배나 되는 40억 달러의 차관을 얻어냈다. 이제까지의 차관은 '경제차관'이었지만, 전두환은 '안보차관'이라는 새로운 개념을 만들어 낸 것이다. 40억 달러면 당시 화폐로 5조 원이었다. 시궁창이었던 한강을 오늘날의 한강으로 가꾸는 데 그는 1조를 사용했다. 이 엄청난 차관이 있었기에 전두환은 그가 하고 싶어 하는 봉사를 대한민국에 할 수 있었던 것이다. 만일 김영삼과 김대중에게 이런 차관이 제공됐다면 어떠했을까?

40억 달러 얻어내면서 최고급 환대받아

사실, 1980년을 전후하여 미국의 전문 국방저널과 국제정치 저널에는 '일본의 무임승차'(Free Ride) 문제가 뜨겁게 제기되었다. 여기에 더해 일본은 석유 수송 등 무역항로에 대한 안전까지도 미국에 의존했다. 지금까지도 해적을 제압하는 미국의 비용은 이만저만이 아니다. 1980년을 전후해 미국의 안보 전문가들은 일본이 일본 땅으로부터 1,000해리까지의 해상교통로를 보호해야 한다고 난리들을 쳤다. 전두환의 100억 달러 차관 요구는 생뚱맞은 요구가 아니라 이러한 국제정세의 흐름에 타이밍 있게 올라탄 재치 있는 발상이었다. 이 엄청난 차관을 졸지에 얻어내고도 전두환은 일본 천황으로부터 엄청난 예우를 받았다. 일본의 신, 천황이 고개 숙여 일본의 '사과 역사'상 처음으로 사과 수위가 가장 높은 [유감]이라는 표현을 한 것이다. 이런 역사는 그 이전에도 이후에도 없었다.

나카소네는 전두환보다 13살 연상이다. 그런데 전두환과 나카소네는 의기가 투합하여 친형제와 같기도 하고, 친구 같기도 한 감정으로 우정을 쌓았다. 그렇게 사이좋게 지내는 동안 전두환은 천안에 '독립기념관'을 건설했다. 정상끼리 친한 것은 친한 것이고, 역사는 역사였다. 아래는 일본 천황 주최 만찬에서 히로히토가 읽은 만찬사의 일부다.

● **히로히토 천황 만찬사**

1984. 9. 6 도쿄

이번에 대한민국 대통령 각하께서 國務多端(국무다단)하심에도 불구하고 영부인과 함께 국빈으로서 우리나라를 방문해 주신 데 대해 본인은 충심으로 환영의 뜻을 표합니다. 대통령 각하의 내방은 귀국 원수로서는 최초의 공식 방일이며 양국의 관계사상 획기적인 일로서 양국의 우호증진을 위해 참으로 기쁜 일입니다. . . . 회고해 보면 귀국과 우리나라와는 一衣帶水(일의대수: 한 줄기 좁은 냇물)의 이웃나라로 그간에는 옛날부터 여러 분야에 있어서 밀접한 교류가 행해져 왔습니다. . .

우리나라는 귀국과의 교류를 통해 많은 것을 배웠습니다. 예를 들면 기원 6,7세기에 우리나라가 국가를 형성하게 되었을 당시에는 귀국의 사람들이 많이 와서 우리나라 사람들에게 학문, 문화, 기술 등을 가르쳤다는 중요한 사실이 있습니다. 오랜 역사에 걸쳐 양국은 깊은 이웃관계에 있었던 것입니다. 이와 같은 관계에도 불구하고 금세기의 한 시기에 있어서 양국 간에 불행한 과거가 있었던 것은 진실로 유감스러운 일로서, 다시 되풀이되어서는 안 된다고 생각합니다. . . 얼마 전의 로스앤젤레스 올림픽에서 귀국 선수들의 활약은 귀국의 國運(국운)이 융성함을 상징하는 것으로 충심으로 축하를 드리는 바입니다. 4년 후에는 서울에서 평화의 祭典(제전)인 올림픽을 개최하시는 것으로 듣고 있읍니다만, 그 성공을 기원합니다. . .

● **김대중의 은밀한 친일 행각**

반면 아래 사진은 그 후 5년 후 히로히토가 사망했을 때 서울 일본대사관에 차려진 빈소에 김대중이 몰래 가서 90도 절하는 모습을 경향신문이 촬영한 것이다.

김대중 평민당 총재가 1월9일 주한 일본 대사관저의 히로히토 일왕의 분향소를 찾아 조문하고 있다
〈손광호기자〉 경향신문 1989년 1월 9일 기사

히로히토는 전두환에게 고개 숙여 사과했고, 김대중은 히로히토 영정에 90도 절을 한 것이다. 김대중이 이렇게 한 것은 일본에 대한 그의 충정을 일본 정부에만 몰래 알리는 행위였다. 왜 그랬을까? 김대중은 박정희를 모함하다가 1971년 일본으로 건너가 그해에 도쿄플라자호텔에서 북한 부주석 김병식으로부터 20만 달러를 받았다. 1973년에는 반국가단체 '한민통'(한국민주통일연합)을 결성하였고, 그 한민통이 1974년 문세광을 8.15 행사가 열리는 국립극장으로 보내 박정희 대통령을 저격했다. 김대중은 대통령이 끝난 다음 반국가단체 결성 혐의로 사형을 선고받은 사실에 대해 재심을 청구했지만 대법원은 한민통을 아직도 반국가단체로 확정해놓고 있다.

이와 같이 김대중이 일본에서 벌인 반국가 활동 과정은 낱낱이 일본 정부와 언론들에 감지되었을 것이다. 이는 김대중이 일본에 잡힌 약점이었을 것이다. 그래서 김대중은 늘 일본 정부와 일본 언론에 아부했다는 것이 일본 언론인들의 이야기였다. 이런 합리적 추측은 1999년 1월 1일의 사실로 더욱 강화되었다. 이날 김대중이 신한일어업협정을 날치기로 통과시킨 것이다. 이전까지는 줄곧 우리나라의 배타적 수역으로 확보돼 있던 드넓은 '독도수역'을 일본과 공유하는 '공동수역'으로 전환하여 국토와 국가자산을 일본에 내준 것이다. 이로 인해 졸지에 어장을 잃은 우리나라 어민들, 어구 제작업체들이 망연자실 통곡을 했다.

제2장

40%대 고공 물가 잡은 경제 영웅

투 스타, 보안사령관 때부터 시작한 경제 공부

세간에는 전두환이 김재익에게 "경제에는 네가 대통령이야." 이런 말을 했다고 회자돼 있다. "나는 경제가 복잡해 잘 모르니 네가 알아서 다 해." 이런 의미로 전달돼 있는 것이다. 하지만 천부당만부당, 이는 와전된 말이다. 전두환은 보안사령관이었을 때, 김재익으로부터 경제에 대한 과외수업을 받은 적이 있었다. 1980년 대통령에 오르고 보니 그 김재익이 경제기획원 기획국장이 돼 있었다. 그를 청와대 경제수석으로 앉혔다. 갑자기 출세한 김재익은 조금 전까지만 해도 하늘처럼 우러러 보였던 장관과 차관이 어려워 제때에 대통령 뜻을 전달하지 못하고 절절맸다. 바로 이때에 전두환이 김재익에게 용기를 주었다. "어이, 김재익, 자네가 대통령이라고 생각하고 과감하게 장·차관을 상대하라구." 경제를 김재익에게 모두 맡겼다는 말이 아니었던 것이다.

보안사령관은 박정희 대통령에게 핵심 정보를 보고하는 직책이었다. 그런데 보고 내용 중에는 경제 문제가 많은데, 지식이 딸렸다. 김재익을 섭외하여 그로부터 아침 교습을 받았다. 지식의 편식을 피하기 위해 같은 과목이라 해도 다양한 견해를 가진 교수, 연구자, 기업인들을 찾아내 아침 공부를 했다. 이런 학습은 대통령이 되어서도 계속했다. 고려 및 이조시대에 대제학이 임금을 교육하는 '경연' 학습을 스스로 받은 셈이다.

● 김신조 부대 몰살시킨 조명탄

전두환은 미국의 육사 West Point 교과서들을 번역한 책을 가지고 사관학교 교육을 받았고, 미국에 두 차례 유학을 해서 창군 이래 처음으로 공수훈련 과 특수전 교육을 받았다. 그 과정에서 그는 선진국의 모양새와 문화를 습득할 수 있었다. 선진국 문화라는 것은 결국 개방과 자유였다. 그래서 전두환이 기용한 사람들 대부분이 서양식 교육을 받은 자유주의 신세대였다.

전두환은 1967년 8월부터 69년 12월까지 2년 4개월 동안 중령 계급으로 수도경비사령부 제30대대 대대장을 했다. 청와대를 지키는 부대장을 한 것이다. 그는 청와대 방어시스템을 개량했다. 북괴의 특수전 부대가 야간에 침투할 수 있다는 새로운 가정 하에 10문의 박격포 포구를 반반으로 나누어 청와대 양쪽 주변의 하늘을 환하게 밝힐 수 있도록 포구를 지향시켜 놓았다. 조명탄만 집어넣으면 곧바로 청와대로 접근할 수 있는 양쪽 침투로가 대낮으로 변하는 조치였다. 박격포를 배치하면서도 그는 내심 이 박격포를 쏠 날이 과연 올 것인가 의구심을 가졌다. 바로 이런 상태에서 1968년 1.21 사태가 발생한 것이다. 조명탄이 즉각 발사되었다. 침투로 지역을 대낮같이 밝혔다. 이는 침투조를 사살하는 데 결정적인 역할을 했다. 침투원 모두가 조준 사격을 당했다. 만일 전두환이 미리 이 조명 시스템을 설치하지 않았더라면 우리 병력들은 캄

캄캄한 밤중에 우왕좌왕하면서 아군을 향해 오인사격을 하는 등 허둥댔을 것이다.

● **우리가 북에 기른 250명의 간첩 명단, 북에 넘긴 자 있었다**

바로 이 1.21사태에 대해 저자는 일반 국민이 모르고 있을 새로운 사실 하나를 소개하고자 한다. 새로운 내용은 북한에서 상좌계급에 상응하는 직책에 있다가 탈북해 대왕버섯 사업을 하고 있는 김유송이 밝힌 내용이다. 2011년 말, 중앙선데이는 김유송이 제보한 내용을 남한 내 자료들과 대조하여 그 결과를 3회에 걸쳐 보도했다. 김유송 제보 내용은 아래와 같다.

1968년 1월 21일, 청와대에 침투한 김신조 일당은 31명이 아니라 33명이었다. 침투조 33명 중 2명은 한국에 충성하겠다는 각서를 쓰고 북으로 보내져 상장(3성)으로까지 승진했다가 김대중 시대를 맞아 들통이 나 처형됐다. 이 두 명과 함께 처형된 북한 고위급이 250명이었는데 이들은 북한에서 남한을 위해 일하는 간첩들이었다. 이들의 정체가 탄로난 것은 김대중 시대의 국정원이 제보했기 때문이다. 그리고 시체들 중에는 작두에 목이 잘린 시체가 반드시 있을 것이다. 찾아보라. (김유송 제보 내용)

중앙선데이는 그의 이야기가 어느 정도 사실인가에 대해 조사를 했다. 68년 당시의 기사들에는 목 없는 시체에 대한 기사가 전혀 없었기 때문에, 김유송의 말을 믿으려면 목 없는 시체가 과연 있었는가를 확인해 보는 것이 필수였다. 중앙선데이는 국가기록원에 가서 목 없는 시체 사진을 확인했다. 아래의 내용은 보도 내용의 요약이다.

"북한에 우리가 심어놓은 우리 측 간첩 250명 정도가 1998년 10월에 일거에 처형됐다. 이들 중에는 3성 장군인 림태영과 2성 장군인 우명훈이 있었다. 이들이 바로 박정희 대통령 시절에 우리가 북에 심어놓은 간첩이며 이들은 처형되기 전까지 만 30년 동안 들키지 않고 출세를 했다. 그런데 김대중이 1998년 남한에서 국정원, 검찰, 경찰에 근무하는 4,000여 명의 대북전문가들을 대량 해고한 후부터 북한에서의 숙청이 이어졌다. 김유송은 평소 그와 가깝게 지내면서 1.21사태의 진상을 말해주었던 림태영과 우명훈을 만나기 위해 1998년 9월 어느 날, 함경도에서 평양으로 갔다. 바로 이때 위 두 사람은 물론 고위급 인물 250명이 체포되어 조사받고 있다는 말을 들었다. 이후 알고 보니 그들 모두 10월 말에 처형됐다고 했다. 김유송 역시 림태영 등과 친했다는 이유로 문초받고 고문을 받았다. 김대중 국정원이 이들의 명단을 북에 넘겨주지 않았다면 불가능한 일이었다."

"1968년 1.21 청와대 침투사건에 투입된 조원은 33명이다. '방차대'(후

미담당) 요원이 3명이었는데 이들은 아파트 옥상에 있다가 잡혔다. 조장과 림태영과 우명훈이었다. 조장의 이름은 들었는데 기억에는 없다. 남조선 보안사가 이 3명에 귀순하기를 회유했다. 가장 먼저 조장에게 귀순하기를 권유했더니 죽어도 못한다고 버텼다. 그래서 날이 시퍼런 작두를 가져와 이 작두에 목이 잘려 죽겠느냐고 했더니 기세 좋게 스스로 목을 작두에 얹었다. 그의 목과 몸은 순식간에 두 동강이 나 작두의 양쪽에서 한동안 뛰었다. 이를 본 림태영과 우명훈은 기가 질려 얼굴이 노래졌다. 그리고 귀순 및 충성서약서를 쓰고 지장을 찍었다. 보안사는 "북에 가서 최고의 자리로 출세해서 남조선에 충성하라."며 이들을 이수근이 넘어올 때 사용했던 것과 같은 쇼를 벌이며 북으로 보냈다. 두 사람이 빗발치는 총알을 뚫고 돌아오자 북에서는 이들을 영웅으로 대접하여 선전했고, 김신조를 배신자로 선전했다. 이 이야기는 김유송이 림태영과 우명훈이 죽기 전에 이들로부터 들었던 이야기였다."

중앙선데이 기자들은 김유송을 대동하고 파주에 묻혀 있는 그들의 묘지를 찾았다. 28명에 해당하는 묘가 있었다. 상위 2명, 중위 2명, 나머지는 다 소위였다. 살아있는 김신조 역시 소위였다. 김신조가 조장이라는 말은 부풀려진 말이다. 그런데 여기에는 팀장으로 보도된 인민군 김종웅 대위의 묘가 없었다. 김종웅 팀장은 분명 잡혔고, 그가 팀장인 것이 다 확인되었는데 그의 묘가 파주에 없었다. 중앙선데이는 68년 당시 김신조 조사 책임자였던 백동림 씨(당시 대위, 10·26사태 때는 보안사

1국장으로 사건을 조사했다)로부터 침투조가 33명이었음을 확인했다. 다른 시체들은 모두 총을 맞고 사살된 시체인데 오직 하나의 시체만 목이 잘린 것이 사실로 확인된 것이다. 침투조가 33명이었다는 내용은 비밀 해제된 미국 문서에도 기재돼 있었다. 아래 자막은 2014년 1월 22일 (수) TV조선 장성민의 시사탱크에 보도된 내용이다.

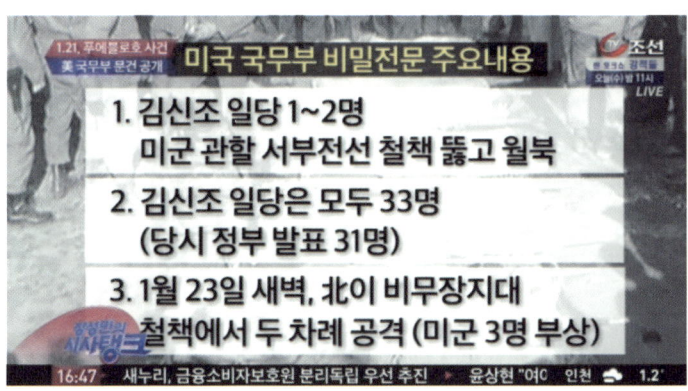

● 습관화된 관찰

중령 시절의 2년 4개월 동안 그는 청와대 부서들의 문을 두드려 차를 얻어 마셨다. 그리고 "이 부서는 무슨 일을 하는 곳입니까?" 물으면서 그 부서가 하는 업무 내용을 학습했다. 1976년 준장 시절 6개월 동안 그는 대통령 경호실 보안차장보 겸 작전차장보로 근무했다. 이때에도 청와대 각 부서가 하는 일에 대해 또 학습을 했다. 당시 청와대에 근무했던 사람들은 전두환이라는 사람이 큰 포부를 가진 사람 같아 보였다고 말한다. 이러한 학습은 10.26 이후 국가가 극도로 어지러웠을 때 '국보위'

라는 두뇌기구를 발상해내는 데 결정적인 토대가 되었을 것이라는 생각이 든다.

40%대의 인플레

전두환이 대통령 자리에 올랐던 1980년은 1974년 제1차 오일쇼크에 이어 제2차 오일쇼크가 발생한 해였다. 유가가 오르고, 세계적 금리가 오르고, 달러 가격이 오르고 있던 이른바 '3고 시대'였다. 박정희가 이룩한 '한강의 기적'이 국가 신인도를 상승시켰고, 그 결과 국제사회는 한국이 달라는 대로 돈을 꿔주었다. 외자가 풍부하다보니 과잉투자, 중복투자 행렬이 이어졌다. 중복투자가 되다보니 공장의 가동률이 10% 이내로 추락했다.

"너의 회사만 그런 장비 있냐? 내 회사에는 더 좋은 것 있다." 이런 것이 당시 일반 기업주들의 마인드였다. 기업들이 경쟁적으로 외자를 들여와 중복해서 투자하고, 과잉해서 투자한 것까지도 문제였지만, 더 급한 것은 외자를 갚아야 할 시기가 도래했는데도 갚을 능력이 없는 것이었다. 한국은 꼼짝없이 외환위기, IMF에 봉착해 있었다. 국제사회에서 한국경제는 곧 임종을 맞을 것이라는 소문이 돌았다. 이것이 전두환이 접수한 국가경제의 대차대조표였다. 이런 문제를 보안사령관 시절부터 익히 알고 있었던 전두환은 대통령이 되자마자 과잉투자, 중복투자에 대한 구조 조정을 단행하기 시작했다.

인플레와 사재기의 악순환

전두환이 잡아야 할 고삐는 40% 위를 고공행진하고 있는 인플레였다. 고(高) 인플레를 정복해야 한다는 것은 당시에 삼척동자도 다 아는 상식이었다. 보안사령관 때부터 거시경제를 학습한 전두환이 이를 모를 리 없었다. 왜 고 인플레를 잡아야만 했는가? 봉급은 5% 오르는데 물가가 40% 오르면? 없는 사람은 저축할 돈은커녕 먹고사는 것이 전쟁이었고, 있는 사람들은 돈을 은행에 넣지 않고 사재기를 하였다. 사재기라는 것이 돈 버는 방식이었다. 사재기하는 사람이 많아지니까 상품은 더 귀해졌고, 물가는 하루 단위로 치솟았다. 경제를 아는 사람들, 이 악순환의 고리를 끊어야 한다는 것까지는 알았지만 해결방법을 아는 사람은 없었다.

인플레와 외채의 악순환

인플레가 심해지니 저축이 제로가 되었고, 저축이 없으면 투자와 세출 예산을 해외자금에 의존할 수밖에 없었다. 외채가 자꾸 늘어만 가는 것이었다. 외채에도 한계가 있으니, 한국은행에서 돈을 찍어낼 수밖에 없었다. 찍어내는 것만큼 물가는 더 올랐다. 이 악순환의 고리를 끊지 않으면 한국경제는 그야말로 낭떠러지기로 추락할 수밖에 없었다. 이리 치나 저리치나 경제의 성패는 물가안정에 달려있었다. 이러한 경제상식은 김재익도 알고 남덕우도 알고 전두환도 알고 국민 모두가 알고 있었다. 그런데 어떻게 인플레라는 괴물을 때려잡느냐에 대해서는 김재익도, 남덕우도, 수많은 전두환의 가정교사들도 가르쳐줄 수 없었다.

40%대 물가를 2%대로 끌어내린 기적의 리더십

전두환은 개인교사들로부터 이론만 배웠다. 그 이론을 리더십에 구사하는 것은 어디까지나 전두환의 응용능력과 신념과 애국심의 함수였다. 같은 과정을 공부해도 애국심이 있는 학생과 학위 받기에 급급한 학생 사이에는 하늘과 땅의 에너지 갭이 존재한다. 전두환은 사관학교에서 엘리트 교육을 받았고, 미국 유학을 두 차례 다녀왔고, 포부와 인격을 배양하는 독서광이었고, 가정교사 학습을 매일 아침마다 받았기에 경제를 삼키려던 하늘의 몬스터 고공물가 행진을 격추시킬 수 있었다.

지금과는 달리 그때는 쌀만이 주식이었다. 국내에서 생산하는 쌀은 그 절대량이 부족했다. 쌀의 도매물가 상승률이 44.2% 소매물가 상승률이 34.6% 광란의 인플레였다. 쌀값이 오르면 모두가 올랐다. 그래서 전두환은 쌀값부터 잡았다. 흉년이었는데도 농민의 추곡 수매 가격을 일단 동결시켜놓고 보았다. 농민의 불만이 치솟았다. 그래도 어쩔 수 없었다.

그 다음 정복해야 할 괴물이 사재기였다. 사재기는 국민 전체에 만연해 있는 심리적 병리현상이었다. 사재기 심리를 잠재우지 않고 물가를 잡는다는 것은 불가능 그 자체였다. 물가상승을 리드하는 쌀값을 잡기 위해 전두환은 심리전을 폈다. 양곡 수송 차량에 [양곡 수송]이라는 글씨를 크게 써서 일부러 시내를 여러 바퀴 돌게 했다. 이를 본 시민들이 입소문을 냈다. "양곡이 아주 많이 공급되고 있다."

봉급 동결, 예산 개혁, 구조 조정

공무원은 물론 모든 기업의 봉급을 동결했다. 전기요금, 우편 요금 등 모든 공공요금을 동결했다. 공공적자는 공적기관들의 구조 조정을 통해 해결했다. 세출예산을 절약하고, 그 효율을 높이기 위해 1975년부터 박정희가 도입한 PPBS 예산제도를 발전시키고, 그 뒤를 이어 해마다 영기점에서 예산을 편성하는 이른바 영기점 예산제도(Zero Base Budget)를 도입했다. 이를 도입하기 위해서는 전문 엘리트 집단이 필수였다.

PPBS는 Planning Programing Budget System의 약자로 1970년 당시 세계적 선풍을 일으킨 국방예산 관리제도로, 거의 모든 선진국에 의해 국가단위의 예산을 관리하는 도구로 사용됐다. 이 제도는 시스템 경영의 귀재라 불렸던 전직 포드 사장 맥나마라가 국방장관이 되면서 랜드 연구소 히치(Charles J. Hitch) 박사를 국방관리차관보로 임명하여 창안해낸 제도였다.

맥나마라는 1961년 1월 21일부터 1968년 2월 29일까지 장장 7년 이상 국방장관을 했다. 당시 미국의 국방예산관리 제도를 이끈 기관차는 맥나마라였고, 그것을 적극 지원하여 전 행정기관으로 확대시킨 사람은 미국의 36대 및 37대 대통령 존슨이었다. 1963년 11월 22일 케네디 대통령이 텍사스주 댈러스에서 암살되자, 부통령이었던 존슨은 케네디의 잔여임기 2년여를 채운 후 제37대 대통령이 되었다. 세계적 추세에 따라 박정희는 미국에서 석사 이상의 교육을 받은 엘리트들을 기용하여 PPBS를 도입했다.

전두환 시대가 되자, 미 국방부는 영기점 예산제도(Zero Base Budget)를 내놓았다. 종래에는 새해의 예산을 편성할 때 전년도 예산을 기준으로 하여 얼마를 증액하거나 감소시키거나 했다. 따라서 새로운 제목의 예산을 제출하면 100% 불허됐다. 각 부처는 이웃 부처에 비해 더 많은 덩어리를 얻어내기 위해 사업성이 없는 예산도 계속 5개년 계획이라는 '컨베이어 벨트'에 태웠다. 이러한 비효율성을 개선하기 위해, 새해의 예산 편성을 할 때, 전년에 대비해 가감하는 방식을 폐기하고 제로베

이스에서 산출해내자는 것이 영기점 예산제도였다. 제도의 개념은 명확하지만 방법론에서 상당한 전문성이 요구됐다. 엘리트들이 동원되지 않을 수 없었다.

이러한 과감한 시도와 선진국의 예산제도를 도입하여 세출예산을 관리함으로써 1986년에는 물가 상승률이 2.3%로 내려앉았다. 1980년에 654억 달라에 불과했던 GNP가 1986년에는 1,623억 달러가 되었다. 저축이 GNP의 32%로 급증했다. 저축 예산으로 설비투자와 사회간접투자를 하게 됨으로써 비로소 경제의 자생력이 생긴 것이다. 가계 예금이 늘어났다. 저축을 장려하기 위해 이자소득세를 감면했다. 월급봉투가 없어지는 대신 봉급, 수당 등이 은행계좌로 이체됐다. 무역 흑자국 12대국이 됐다. 은행 전산망과 국가 전산망이 구축됐다. 이로써 미래의 먹거리, IT(정보기술)산업의 독자적 개발을 위한 국내 자금이 형성된 것이다.

제3장

보호경제에서 개방경제로

국산품 애용이라는 국수주의 청산

박정희 시대에는 국산품 애용이 곧 애국이었다. 양담배, 양주는 매국으로 인식됐다. 남한 공산주의자들은 외채를 매판자본으로 규정하고, 매판자본가를 매국노라고 선동했다. 매판자본, 영어로는 Compradore, 외국자본가의 부역자라는 뜻이다. 이들의 눈에는 박정희와 전두환이 매국노로 비칠 수밖에 없었다. 하지만 외국의 자본이 없으면, 외국의 기술이 없으면, 외국과 국제시장에서 겨루는 일이 없으면, 우리도 북한처럼 된다.

● 수입은 싫고 수출만 하려는 에고이스트 탈피

전두환은 경제성장의 동력을 자율과 창의력에서 찾았다. 창의력은 자유의 공간에서만 자란다. 수입은 하지 않고 수출만 하고 싶어 하는 것은 합리적 사고가 아니었다. 사기 싫으면 팔지도 말아야 한다. 전두환은 이런 에고이스트의 사고방식으로는 신사의 나라로 대우받을 수 없을뿐더러 결국은 국제사회로부터 얌체국가로 따돌림당할 것이라고 생각했다. 이런 나라에서 쉽게 돈을 버는 기업은 국가의 과도한 보호 속에서 안이해지고 부패해졌다. 전두환은 모든 보호무역 장벽을 없앴다. 모든 기업을 국제시장으로 내몰았다. 국내시장에서도 수입품과 경쟁을 해야 했다. 전두환의 이 조치는 기업들에게 청천벽력이었다.

● 기업에 자유 주고 개척정신 강요

강한 기업으로 키우려면 과감히 수입을 개방하여 자극을 주고, 기업 스스로 창의력을 발휘하여 국제경쟁력을 갖추게 해야 한다는 것이 1980년의 전두환 생각이었다. 경제를 정부가 주도하게 되면 기업은 주인의식과 개척정신을 사장시키고, 정부부처는 행정편의와 부처 이기주의로 기업의 자유를 옥죄는 규제를 점점 더 많이 만들어 내게 돼 있었다. 전두환은 경제동력의 주체를 정부에서 민간으로 대폭 전환함과 동시에 규제를 대폭 풀었다. 관공서의 문턱이 눈에 띄게 낮아졌다. 1970년 전후였다. 오전에 동사무소(주민센터)에 가서 주민등록증을 발부받으려 신청을 하면 오후에 오라고 했다. 이웃들의 이야기를 들어보면 신청서에 돈을 숨겨서 내면 즉시 떼어준다 했다. 그런데 이러한 폐단은 전두환 시절에 슬며시 사라졌다

시장경제의 시스템화

● 시장경제에 대한 전두환의 인식

우리나라에는 이상하게도 경제가 하나가 아니라 두 개 있다. 좌익경제와 우익경제다. 우익이 정권을 잡으면 우익경제가 돌아가고, 좌익이 잡으면 좌익경제가 돌아간다. 좌익은 결과의 평등을 내세우고, 우익은 기

회의 평등을 내세운다. 좌익은 삼성 등을 해체하여 골고루 나누어 갖자 하고, 우익은 삼성을 통해 파이를 키운 다음에 각자 기여한 것만큼의 파이를 쪼개 갖자고 한다. 성장도 자유경쟁, 분배도 자유경쟁에 의해 이루어져야 한다는 것이다. 우리가 말하는 시장경제는 오로지 우익경제에만 존재한다.

전두환은 스스로를 물가 안정에 올인했다고 회고한다. 인플레 세상이 오면 부자는 물가가 더 오를 것에 대비해 사재기를 한다. 이렇게 해서 품귀 현상이 발생하면 물가는 더 오른다. 결국 부익부빈익빈 세상이 되는 것이다. 물가 안정만이 소득을 균등하게 분배하는 메커니즘이라는 것을 터득한 것이다. 분배는 강제로 삼성을 털어 골고루 나누어주는 것이 아니라 물가였던 것이다. 달러를 벌어들이는 Cash Cow(돈줄)인 삼성을 해체해서 잡아먹으면 지금 당장은 배가 부르겠다만 이후의 Cash는 누가 벌어들일 것인가.

전두환은 그의 회고록 제2권 135-136쪽에서 시장경제를 이렇게 정리했다.

"시장경제의 핵심 원리는 경쟁이다. 경쟁이 없는 사회는 죽은 사회나 마찬가지다. 경쟁이 있어야 사람들이 끊임없이 노력하게 된다. 그러나 경쟁은 어디까지나 정의로워야 한다. 경쟁의 약자에게 고통과 박탈감을 주어서는 안 된다. 여기에 '게임의 룰'이 필요하고, '룰'을 감시해야 하는 존재가 필요한 것이다. 모든 인류는 평등해야 한다. 하지만 그 평등은 결과의 평등이 아니라 기회의 평등이다. 국가는 낙오자들에 따뜻한 손길을 주어야 한다."

● **공정거래법 제정**

자유경쟁 시장은 생산자와 소비자가 각자의 이익을 추구하는 공간이다. 이 자유시장에서 생산과 분배가 소위 시장가격(market price)에 의해 자연적으로 조절된다. 그래서 아담 스미스는 시장가격을 '보이지 않는 손'(invisible hand)이라고 불렀다. 전두환의 관찰 그대로 물가가 곧 '보이지 않는 손'이었던 것이다.

'보이지 않는 손', 과거 오랫동안, 은행 객장에는 '보이는 손'이 있었다. 여러 개의 창구 앞에는 은행 서비스를 받기 위해 사람들이 줄을 섰다. 얌체 고객들이 끼어들었다. 이를 하지 못하게 하기 위해 청경이 흰 장갑을 끼고 질서를 통제했다. '보이는 손'이 있었던 것이다. 재수가 있는 날은 빨리 차례가 왔고, 재수 없는 날에는 자기보다 늦게 온 사람이 먼저 용무를 끝내고 갔다. 삶의 질이 떨어지는 것이다. 1990년! 은행 객장에 '순번 대기 번호표' 시스템이 등장했다. 먼저 온 사람은 반드시 먼저 용무를 마쳤다. 줄을 잘못 섰다가 기분 상하는 일도 없어졌다. 흰 장갑도 없어졌다. '순번 대기 번호표' 시스템이 곧 '보이지 않는 손'이었던 것이다.

시장이 공정한 경쟁을 보장하려면 은행객장과 같이 '보이지 않은 손'이 설치돼야 한다. 축구게임에 공정한 심판과 룰이 있어야 공정한 경쟁이 이루어지듯이 자유경쟁이 이루어지고 있는 시장에도 이것이 있어야 한다. 수많은 나라들이 시장 경제를 추구하는데도 불구하고 어떤 국가는 성적이 좋고 어떤 국가는 나쁘다. 시스템의 차이인 것이다. 시스템으로 보장된 시장은 질서가 있고, 효율이 높지만 시스템이 없는 시장은 자유방임이요 혼란이다.

오늘날의 대기업들은 거의가 다 해방과 동시에 일본이 남겨놓고 간 기업들이었다. 소도 언덕이 있어야 비비듯, 박정희의 중화학공업 건설도 이 기업들을 모태로 할 수밖에 없었다. 자연 자금과 정책이 대기업 위주로 지원됐다. 이러다보니 대기업 중심의 경제력 집중과 독과점 현상이 나타나게 되었다. 일확천금, 독과점으로 부를 축적한 대기업들은 벌어들인 돈을 새로운 제품을 개발하거나 생산성을 향상시키는 일에 투자하지 않고, 문어발식 확장과 부동산에 투기했다. 하청업체가 만든 부품값을 후려치고, 제때에 돈을 주지 않고, 중소기업 업종을 빼앗는 등 지탄받는 일들을 했다. 시장 시스템이 고장난 것이다. 이러한 현상을 46세의 보안사령관 시절로부터 관찰한 전두환은 취임 직후인 1980년 12월 31일, 공정거래법(독점 규제 및 공정거래에 관한 법률)을 제정했다.

지금 존재하는 '공정거래법' 원전을 전두환이 제정한 것이다.

● 과외 수업 금지와 평등

공정한 경쟁은 시장경제에만 적용되는 것이 아니라 교육에서도 적용돼야 한다고 생각했다. 100m 경기를 하는데 누구는 30m 앞에서 출발하고, 누구는 30m 뒤에서 출발한다는 것은 공정한 사회도 아니고 정의로운 사회도 아니라고 생각했다. 전두환 회고에 의하면 1980년에는 과외가 기승을 부려 한 해에 당시 화폐로 1조 원이 넘는 돈이 과외 시장으로 흘러갔다고 한다. '과외 망국'이라는 말이 유행했다. 전두환은 국보위 상임위원장 자격으로 이를 최규하에게 건의하여 과외를 금지시켰다. 그래도 할 사람들은 몰래 그리고 편법으로 시켰다. 이러한 시대에서는 개천에서 용이 날 수 없었다. 전두환이 그의 회고록에서 밝힌 통계에 의하면 과외 금지로 인해 흑수저가 대학에 진출한 숫자가 6% 정도 상승되었다고 한다. 노력에 비해 미미한 효과였다.

지금도 사학은 고질화돼있다. 과열 과외는 겉으로 나타나 있는 현상이고 그 원인은 먹이사슬이다. 사학 경영자들은 장사꾼들이다. 공교육이 정상화되면 그들은 굶어죽는다. 그래서 그들은 교육부 공무원들과 야합하여 먹이사슬을 형성해 왔다. 하지만 저자의 생각으로는 사학문제의 원인은 교과서다. 교과서가 독학으로 학습할 수 있을 만큼 과학적으로 짜임새 있게 제작된다면 머리 좋은 학생은 혼자 공부할 것이고, 그렇지 않은 학생만 과외를 찾을 것이다. 저자가 육사에서 배웠던 미국 육사 교과서와 미국에 유학해서 배운 미국 교과서들은 혼자 학습하기에 매우 훌륭했다.

WTO 10여 년 전에 '한국형 WTO' 시대 열어

전두환이 무역 장벽을 허문 시기는 1980대 초부터였고, 자유무역을 강요하는 세계적 쓰나미가 덮친 시기는 1990년 초반이었다. 전두환이 10년이나 빨리 전 세계에 밀어닥친 쓰나미에 대비했던 것이다.

보호무역의 상징이었던 동·서 간의 무역장벽은 어떻게 풀리게 되었는가? 소련의 붕괴가 앞장섰다. 그런데 그 소련의 붕괴는 레이건의 작품이었다. 미국 국민에는 그토록 부드러웠던 레이건, 소련에 대해서는 매우 사나웠다. 취임하자마자 동맹을 챙기고 소련에 대한 압박을 매몰차게 진행한 것이다. 강경파 와인버거를 국방장관으로 기용하고 미국의 군사비를 대폭 올려 이른바 스타워즈 전쟁시대를 열었다.

1983년 3월 23일, 레이건은 TV연설을 통해 소련의 핵-미사일의 위협에 대해 더 많은 핵무기를 보유하여 보복으로 대처하는 방법을 지양하고, 우주공간에서 레이저나 입자 빔, 인공위성과 같은 첨단 우주 장비를 배치하여 소련의 미사일을 우주공간에서 격파할 수 있다는 계획을 발표했다. 이른바 스타워즈 계획(Starwars)이었다. 이런 기술을 개발하려면 달러가 아주 많이 필요했다. 소련이라는 경제 뱁새가 경제의 황새로부터 경쟁을 강요받은 것이다. 소련의 경제가 붕괴될 수밖에 없었다.

1988년 12월 7일, 드디어 고르바초프가 UN에서 연설을 했다. 253자의 짧은 연설이었다. 그 간단한 연설이 냉전의 벽을 허물었다. NATO에 대응해오던 '바르샤바 조약기구'를 조건 없이 일방적으로 해체하겠다는 것이었다. 냉전시대 최고의 가치는 이데올로기였다. 고르바초프의 연설 직후 세계 제1의 가치는 '이데올로기'에서 '삶의 질'로 이동했다. 삶의 질을 추구하는 데 방해 요소가 됐던 마지막 상징, 베를린 장벽이 1991년에 무너지자 세계는 완전히 자유시장 규칙에 따라야 했다. 경제계의 엄청난 쓰나미였던 것이다.

리엔지니어링 시대, 국제경쟁에서 살아남기 위해 세계는 미국기업들을 선두로 하여 리엔지니어링 붐을 타고 있었다. 예를 들어 100명이 하던 일을 20명이 감당하는 시스템들이 개발됐다. 효율 경쟁으로 인해, 세계 굴지의 기업들이 국제시장에서 밀려나 도산하거나 병합(Merging)들을 했다. 삼성, 현대, LG 등이 이 사나운 파고를 이겨내고 오늘날 온 세계에 자체 브랜드를 심을 만큼 성숙한 것은 전두환이 취한 조기 개방의 결과였다. 만일 전두환이 1980년부터 미리미리 보호무역을 풀지 않고 국수주의를 견지했다면 한국경제는 1990년 갑자기 밀어닥친 쓰나미의 충격을 받아 와르르 무너졌을 것이다.

경쟁의 약자, 중소기업과 농어촌 지원

1982년, 전두환은 '중소기업 진흥 장기 10개년 계획'을 성안했다. 경쟁의 약자들에게 국가가 '소의 언덕'을 제공하겠다는 계획이었다. 중소기업 창업지원법'을 제정하여 창업지원기금을 운용하게 했다. 근로자의 건강과 재해에 대한 융자를 늘리고 산업재해에 대한 보험을 확대했다. 전두환은 농업인들이 도저히 갚을 수 없는 부채를 경감해 주었다. 1983년 3월에는 농어촌 소득을 증진시키기 위한 '농어촌 종합대책'을 수립했다. 새로운 농기계를 개발해내고 보급을 획기적으로 증가시킴으로써 '기계농 시대'를 열어주었다.

1988년 5월, 영국의 '이코노미스트'는 "한국의 소득분배는 개발도상국들 중 최고이며, 미국과 영국보다 더 잘돼 있다. 한국은 세계의 유례가 없을 만큼 경제발전, 교육발전, 소득분배에서 큰 성과를 거두었다."고 평가했다. 2005년 10월 UN 본부에서 열린 '사회발전 국제포럼'에서 '유엔무역개발회의'(UNCTAD) 대표 발제자는 "성장과 분배라는 두 마리 토끼를 동시에 잡은 나라가 한국"이라고 평가했다.

단군 이래 최대 어음사기 사건의 주범 장영자

1982년 4월, 전두환은 이순자 여사를 통해 한 사채업자가 호텔에 거창한 사무실을 차려놓고 청와대를 사칭하면서 사기행각을 벌인다는 소문을 들었다. 즉시 이학봉에게 사실관계를 조사하라고 지시했다. 5월 4일, 검찰은 장영자-이철희 부부를 구속했다. 이어서 은행장 2명, 기업체 간부, 전직 기관원 등 32명이 구속됐다. 이순자 여사의 작은 아버지인 이규광도 장영자와 연루됐다는 이유로 구속됐다. 장영자는 이규광의 처제였다. 1925년생인 이규광은 1961년 기갑병과 준장으로 예편한 사람인데, 전두환이 이순자 여사와 결혼하면서부터 전두환의 '처삼촌'이 되었다.

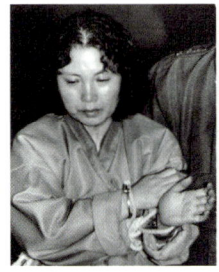 

장영자　　　이철희

장영자는 1944년 10월 25일, 전남 목포에서 태어나, 서울에서 중·고등학교를 졸업하고, 숙명여대 교육학과에 입학하여 숙대 '메이퀸'으로 뽑힐 만큼 미모와 화술이 뛰어났다고 한다. 1966년 김 모 씨와 결혼했다가 이혼, 1977년 사업가 홍 모 씨와 재혼했다가 이혼한 후 1981년 세 번째 남편 이철희와 결혼했다. 이철희는 1923년 9월 10일 청주에서 출생하여 육군소장으로 예편한 후 중앙정보부 차장을 지냈다. 장영자와는 21년 차이가 났다. 이철희와의 결혼식은 예식비용만 1억 원, 초호화판이었다고 한다. 당시 평검사 월급이 50만 원, 이 사건을 수사했던 박주선 의원은 "장 씨가 주변 사람들에게 수백만 원의 용돈을 뿌릴 정도로 큰손다운 씀씀이를 보였다."고 했다.

당시 이철희와 장영자는 건설사 등 자금 사정이 좋지 않은 기업을 찾아다니며 현금을 빌려주고, 채권의 2~9배에 달하는 어음을 챙겨 사채시장에서 다시 할인하는 방법으로 사기를 쳤다. 현금이 다급한 기업들로부터 총 7,111억 원의 어음을 받아, 그중 6,404억 원을 할인해서 사용했다. 이 6,000여억 원은 당시 정부 1년 예산의 10%에 해당하는 천문학적 금액이었다. 이 돈으로 장영자 부부는 한 달 생활비로 3억 원을 썼다고 한다.

1981년 2월 '공영토건'이 이들에 걸려들었다. 중동지역 공사 수주에 실패해 자금 압박을 받고 있다는 정보를 입수한 장영자가 남편 이철희의 이력을 내세워 접근했다. "이 돈은 특수자금이니 절대 비밀로 하라." 장영자가 건네 준 현금은 130억 정도였지만 공영토건으로부터 받은 어음의 액면가는 9배가 넘는 1,200억 원이었다. 도대체 무슨 수를 썼기에 은행장과 기업인들이 장영자의 말 한마디에 속아 넘어 갔는지 아직도 미스터리로 남아 있다. 심지어 태양금속의 경우에는 돈을 한 푼도 받지 않고 어음만 주었다고 한다. 이로 인해 포항제철 다음으로 규모가 큰 일신제강이 무너졌고, 도급 순위 8위의 공영토건이 분해됐다.

● 사기는 장영자의 고질병인 것을

장영자가 이순자 삼촌의 처제라는 이유만으로 세상은 온갖 유언비어를 퍼트려 전두환과 이순자 여사를 공격했다. 장영자와는 아무런 관계도 없는 사이이지만 이순자 여사는 남편에게 미안하기 이를 데 없었다. 괴로운 나머지 이순자 여사는 남편에게 대통령 재임기간만이라도 별거하는 것이 어떠냐는 제의까지 했다. 지나치게 요란했던 나머지 전두환은 내키지 않는 개각을 두 차례씩이나 했다.

장영자와 이철희는 법정 최고형인 징역 15년형과 미화 40만 달러, 엔화 800만 엔 몰수, 추징금 1억 6,254만 6,740원을 선고받았다. 장영자는 형기를 5년 남겨둔 1992년 노태우 시대에 가석방으로 풀려났다. 그후 2년, 김영삼 시대인 1994년 140억 원 규모 차용 사기 사건에 연루돼 또다시 구속되어 징역 4년형을 선고받았고, 김대중 시대인 1998년 광복절 특사로 석방됐다. 또다시 2년 만인 2000년 구권화폐 사기 사건으로 세 번째로 구속됐다가 2015년 1월 출소했지만 6개월 만인 2015년 7월부터 2018년까지 지인들에게 6억여 원을 가로챈 혐의로 출소 3년 만에 4번째로 또다시 구속되었다. 박근혜-문재인 시대였다. 사기는 전두환 시대에만 쳤던 것이 아니라, 김영삼-김대중-박근혜-문재인 시대를 걸쳐 4차례나 쳤고, 감옥에서 지낸 세월만 해도 20년이 넘는다. 사기 치는 것은 장영자의 고질병이었던 것이다.

여기에 더해 '처삼촌'도 머나먼 사이인데 그 처삼촌의 처제와 전두환과 도대체 무슨 관계가 있다는 것인가. 여기에 더해 전두환은 소문을 듣자마자 장영자 부부를 구속시키지 않았던가. 이 사건은 1982년에 발생했다. 전두환이 올림픽 준비에, 한강 개발에, 물가잡기에, IT 시대 개척하기에 한창 바쁠 때였고, 북괴의 외교무대가 돼있던 비동맹 아세안 국가들과 아프리카에 대한 외교발판을 마련하기 위해 동분서주할 때였다. 전두환은 국가를 위해 국민을 위해 애를 쓰고 있는데, 대부분의 국민들은 그런 그에게 돌멩이만 던질 줄 알았다.

장영자가 촉발시킨 금융실명제

전두환은 즉시 김재익을 불러 다시는 장영자 사건이 재발하지 않기 위한 방안을 연구해 보고하라고 명했다. 1982년 7월 2일, 김재익과 재무장관 강경식이 금융실명제를 보고하자 전두환은 그 자리에서 서명을 했다. 전두환 역시 비실명제의 폐해에 대해 국보위 때부터 생각해 왔다. 비실명제는 조세정의에 역행하고, 비리와 사회악을 키우는 온상이라고 생각해 왔다. 장영자 사건이 불거진 지 2개월 만인 1982년 7월 3일, 전두환은 더 이상 좌고우면하지 않고 '7.3조치'를 발표했다. 1년 후인 1983년 7월 1일부터 금융실명제를 전격 실시한다는 것이었다.

박정희 정부는 1961년 7월 29일 지하에 숨어있는 음성 자금을 양성화시킬 목적으로 '예금과 적금 등 비밀보장에 관한 법률'을 제정하여 차명, 가명 등에 의한 비실명 거래를 허용하였다. 고도성장 과정에서 기업들은 기업규모를 경쟁적으로 확장했다. 모든 게 빚이었다. 이 틈을 타 사채거래가 음성화되어 지하 사채업자들이 번성했다. 장영자가 그중 하나였다. 이에 대해 전두환은 금융실명제가 약이라고 생각했다. 음성적인 사채거래를 양성화하고, 부당한 재산의 축적을 방지하고, 은닉자금을 기업으로 환류시키고, 탈세를 방지하고, 조세의 평등을 꾀할 수 있는 수단이 금융실명제라고 생각한 것이다.

하지만 '발표'가 문제였다. 금융실명제를 추진하겠다는 '7.3조치'가 발표되자마자 뭉칫돈이 빠져나갔다. 과소비 현상이 나타나고, 물가가 오르고, 부동산 투기가 극성을 부리기 시작했다. 이는 전두환의 물가잡기 노력에 찬물을 끼얹는 악재였다. 금융실명제를 기안한 김재익과 강경식이 코너에 몰리는 반면 허화평과 허삼수를 위시한 모든 각료들이 반대하는 목소리를 냈다. 드디어 경제기획원 장관 김주성 부총리가 간절하게 읍소했다. 전두환은 물러설 수밖에 없었다. 결국 국회를 통과한 법안의 부칙에 '1986년 1월 1일 이후 대통령이 정하는 시기에 시행한다.' 는 단서 조항을 삽입하는 것으로 없던 일로 매듭지었다. 대통령이 재가하고, 국회에서 법률로 통과된 정책이 무산된 첫 번째 사례가 바로 전두환의 금융실명제였다고 한다.

금융실명제는 금융전산화 시스템이 없으면 시행이 불가능하다. 그런데 금융전산화는 전두환이 시작했고 완성했다. 후임 대통령은 마음만 먹으면 언제든 전두환이 제정해 놓은 법률을 시행만 하면 되었다. 그런데 전두환의 뒤를 이은 노태우는 여기에 관심 자체가 없었다. 건수만 있으면 박수를 받고 싶어 하는 김영삼이 하루아침에 명령 하나로 금융실명제를 시행했고 이로써 세상은 금융실명제가 김영삼의 작품인 것으로 알고 있는 것이다.

1993년 2월에 취임한 김영삼은 6개월 만인 그해 8월 12일 목요일 저녁 19시 45분, 기습적으로 긴급명령권을 발동했다. 발표 직후 서둘러 은행 인출 사태가 발생할 것을 예상해 은행이 문을 닫는 시각에 발동시킨 것이다. 결국 전두환이 단서 조항으로 삽입해 놓은 '1986년 1월 1일 이후 대통령이 정하는 시기에 시행'으로 마무리해놓은 그 '대통령이 정하는 시기'가 1993년 8월 12일이었고, 그 대통령이 김영삼이었던 것이다. 김영삼은 전두환이 장영자 여파로 고생하면서 연구를 통해 발상하고, 국회를 통과시켜놓았던 '금융실명제법'을 명령 한마디로 간단하게 시행시킨 것이다.

김영삼 정치와의 비교

전두환이 이렇게 미리부터 경제 체질을 강화시켰는데도 불구하고 1993년에 취임한 김영삼은 경제장관들이 들려주는 말을 이해하지 못해 경제를 방치했다. 방임된 경제는 또다시 1980년 상태로 되돌아갔다. '대마불사'라는 말이 유행했다. 대기업은 망하지 않는다는 신념을 가진 금융기관들은 경쟁적으로 외채를 빌려다 대기업에 빌려줬다. 특히 김영삼 정부의 특혜를 받아 출생한 24개나 되는 '종금사'가 외국으로부터 저금리 단기자금을 들여와 고금리 장기대출을 했다. 기업들은 이게 웬 떡이냐 싶어 너도나도 빌려다 투자를 했다. 고삐 없는 세상이 되자, 전두환이 어렵게 구조 조정을 통해 치료해놓은 악성 병리현상인 중복투자와 과잉투자가 재현됐다. 김영삼이 경제를 방치하는 바람에 한국경제는 IMF라는 깊은 수렁으로 빠져든 것이다.

이처럼 경제는 머리가 있어야 지휘한다. 그런데 김영삼의 정치는 처음부터 끝까지 정치쇼였다. 1994년의 이야기다. 북한은 국제규정을 어기면서 핵을 개발했다. 남한은 손해를 보면서 규정을 준수했다. 상식대로라면 북한은 벌을 받고 남한은 상을 받아야 했다. 그런데 1994년 10월, 제네바에서 미·북 간의 핵군축 협상이 한국에 불리하게 타결됐다. 이때 김영삼은 남산 외인아파트 문제를 거론하면서 반미감정을 노출하고 있었다. 협상의 요지는 북한이 핵을 포기하는 대신 북한에 원전을 지어주겠다는 협상이었다. 건설비는 미국이 주도해서 내야만 하는 것이었지만, "피는 물보다 진하다."는 말에 세뇌당한 김영삼은 생뚱맞게도 그 돈을 한국이 대겠다고 자청했다. 전두환이 쌓아올린 자산을 퍼주면서 으스댄 것이다. 미국과 일본을 제치고, 수많은 원전기술자를 북으로 보내 10년 동안 바보 전주 노릇을 했다. 결국 2조 3천억 원을 쏟아 붓고, 수많은 건설 장비를 빼앗긴 채 국제사회의 조롱거리가 되어 몸만 빠져나오게 했다. 그야말로 상병신이었던 것이다.

남산 외인아파트는 16층과 17층짜리 2개 동, 박정희 대통령 지시로 1972년 지어진 국내 최고급의 초대형 아파트로 옥상에는 헬기장도 설치돼 있었다. 그리고 1994년 10월, 철거될 때까지 22년 동안 주한 외교관들과 군속 등이 월세를 내고 사용해왔다. 엄청난 자산인데다 수입도 짭짤했다. KEDO의 경우를 보나 남산 외인아파트의 경우를 보나, 김영삼은 박정희와 전두환이 이룩한 성과를 파먹고 파괴하면서 남한 공산주의자들과 함께 희희낙락했다.

1995년의 일이다. 1995년 3·1절, 김영삼은 반일 감정을 노골화하면서 일본 총독부 건물을 폭파시키겠다고 선언했다. 누구든 한국에서 일본을 성토하면 많은 박수를 받았던 시절, 김영삼은 여기에 편승해 박수를 받아보려고 했다. 그리고 그해 8월 15일, 총독부 건물 헐기에 착수했다. 1995년 11월 4일, 중국 주석 장쩌민이 서울에 왔다. 장쩌민이 침략을 정당화하는 일부 일본인들의 망언을 비판하는 발언을 하자, 방정맞은 김영삼은 대통령 자격으로 해서는 안 되는 망언을 했다. "일본의 버르장머리를 고치겠다. 문민정부는 과거 군사정부와는 다르다." 다음 날 산케이신문은 김영삼의 이 발언을 '당돌한 언급'으로 규정했다.

일국의 대통령이라면 발언이 불러올 후폭풍에 대해 살핀 후에 발언을 해야 한다. 일본 망언자들을 규탄하는 것은 당연한 것이지만 "일본의 버르장머리를 고쳐주겠다."는 발언은 후과를 부르는 또 다른 망언이었다. 1997년 하순, IMF라는 태풍이 몰아치기 시작했다. 이 절체절명의 시기에 한국에 급전을 변통해줄 수 있는 유일한 나라가 일본이었다. 다급해진 김영삼은 얼굴 두껍게도 1997년 11월 10일, 일본에 도움을 청하기 위해 사신을 보냈다. 일본과의 관계가 악화되지만 않았어도 일본은 급전을 변통해주었을 것이다. 왜냐하면 전두환과 우정이 깊은 나카소네 총리는 전두환에 아무런 조건 없이 40억 달러의 안보차관을 공여한 역사가 있기 때문이다. 결국 IMF는 김영삼이 경제에 깜깜하여 경제를 자유방임 상태로 방치한 결과와 미국과 일본을 향해 후과를 살피지 않고 함부로 부린 객기가 불러온 제2의 국치 사건이었다.

제4장

올림픽과
한강 시대 개막

기적의 대명사 서울올림픽 유치 성공

전두환이 대통령으로 취임한 1980년, 당시의 경제 사정은 40%대의 고인플레 행진에 시달리고, 우후죽순으로 들여온 고금리 외채를 갚아야 하는 처지를 맞이하고 있었다. 1997년 IMF에 버금가는 위기로 민심이 폭발할 정도의 위기였다. 바로 이런 시기에 전두환은 위기에 처한 국내 사정을 뒤로 한 채, 분수에 넘쳐도 한참 넘치는 1988년의 올림픽 유치 경쟁에 뛰어들었다. 당시 서울올림픽은 그 누구도 상상조차 할 수 없었던 그림의 떡이었다. 어림 반푼어치도 없는 상상 밖의 사업을 탐내는 전두환은 돈키호테 그 자체로 인식됐다. 그러나 전두환은 정주영 등을 내세워 불도저식으로 밀어붙였다. 우여곡절 끝에 최종적인 개최 대상지가 서울과 나고야로 압축됐다. 당시의 국내외 분위기는 나고야 개최가 압도적이었다.

서독의 작은 도시 바덴바덴을 무대로 한 유치전에서 전두환은 한국문화를 상징하는 지게, 부채, 인형 등 문화 소품들을 적극적으로 활용하여 존재감을 돋보이게 하라고 지시했다. 반면 일본은 한국 정도는 상대도 되지 않는다며 느긋해했다. 1981년 9월 30일, 바덴바덴 시각 오후 3시 45분, 서울시각 오후 11시 45분, 온 세계가 촉각을 곤두세우고 있었다. 사마란치 위원장이 마침내 입을 열었다. "서울 52, 나고야 27." 서울이 1988년 올림픽 개최지로 선정되었음을 선포했다. 이 쾌거는 올림픽 쿠데타에 버금가는 이변 중의 이변으로 평가됐다.

한강을 서울의 얼굴로

요트, 조정, 카누 등 올림픽 수상 게임장을 만들고, 각국의 올림픽 선수단과 세계의 보도진들이 묵을 수 있는 촌을 마련하기 위해서는 그 주변 환경을 구성하는 한강을 방치할 수 없었다. 당시 한강은 가뭄이 들면 바닥을 드러낸 채 똥오줌과 폐기물로 뒤범벅되어 있었다. 1982년, 전두환은 1조 원을 풀어 '한강종합개발사업'을 추진했다. 한강을 살리려면 한강 상류 지역에서 오·폐수를 방류하지 못하게 하고, 사람과 가축의 인분을 정화시켜야만 했다. 댐과 보를 만들었다. 한강 다리를 대폭 증가시키고, 88올림픽 도로로 불리는 강변남로와 강변북로를 건설하고, 중랑천을 개발하여 그 양쪽을 달리는 중부간선도로를 건설했다. 지하철 공사를 설치하여 제3~4호선을 초고속으로 건설했다. 이렇게 가꾸어진 한강은 오늘날 대한민국을 상징하는 아름다운 1급 국가자산이 되어 있다. 한강의 전경은 곧 전두환의 초상이라 할 수 있다. 이 책의 표지를 한강의 전경으로 선정한 이유가 바로 여기에 있다.

공항에서 서울로 들어오려면 올림픽 대로를 타고 한강의 전경을 감상하게 된다. 평균 폭이 1km나 되는 강을 수도에 가진 나라는 세계에 별로 없다. 강의 양안에는 푸른 공원이 펼쳐져 있고, 공원의 울타리 제방위에는 강변남로와 강변북로가 나란히 달리고, 남로와 북로를 잇는 교량들이 입체감을 보태면서 그림 같은 한강 앙상블 문화를 형성하고 있다. 이 공간 예술은 전두환에 의해 1982년 착수되어 1986년에 완성되었다. 한강은 예로부터 있었지만 옛날의 한강은 오늘의 한강이 아니었다.

옛날의 한강은 백사장이 아이콘이었다. 그런데 지금은 백사장이 없다. 전두환이 비행기에서 낙하산을 타고 뛰어내리는 훈련을 받을 때, 그는 한강백사장에 착지했다. 착지하는 순간 악취가 진동했다고 한다. 특히 미사리 강물과 백사장은 인근의 광활한 논밭에서 흘러온 인분으로 범벅돼 있었다. 공수낙하 훈련을 통해 이러한 사정을 익히 알고 있었던 전두환은 88올림픽을 치루기 위해 반드시 한강의 개념을 바꾸어야 한다고 생각했다. 그의 마음에 그려져 있는 한강이 바로 오늘날의 한강이었다.

● **인분과 오폐수로 가득한 한강을 기억하는가**

1965년에는 350만이었던 서울 인구가 20년이 지나면서 1,000만이 되었다. 1980년 현재로 10층 이상의 건물 50%가 한강변에 건설돼 있었다. 1965년에는 1.5억 톤도 되지 않던 서울시 상수도 소요량이 15년이 지난 1980년에는 12억 톤을 넘기고 있었다. 상수도 소요량은 팽창하는데 공장폐수, 축산폐수, 인분이 마구 한강으로 유입되고, 논과 밭으로부터는 축산물 인분과 퇴비가 마구 유입됐다. 가뭄이 들면 바닥이 드러나 악취가 멀리에까지 진동하고 홍수가 나면 주위의 논과 밭이 유실되었다.

전두환은 한강 양안을 따라 지하에 트럭이 다닐 수 있을 만큼의 초대형 관을 54,6km의 길이로 묻었다. 그리고 이 매머드관을 통해 한강으로 유입될 모든 오폐수를 중랑, 탄천, 안양, 난지 등 4개 하수처리장으로 보내 정화시켰다. 퇴적지를 돋우고 다듬어 고수부지를 조성하고 그 위를 공원화했다.

1970년대의 한강

1980년대의 한강

넓고 긴 고수부지 위에 유원지, 연못, 낚시터, 자연학습장, 주차장, 자전거도로, 산책로, 체육공원을 조성하고 한강에는 유람선을 띄우게 했다.

수중보를 만들어 한강을 홍수도 가뭄도 없는 전천후 호수, 기나긴 호수로 가꾸었다. 이렇게 가꾸어진 고수부지의 면적은 210만 평이었다.

이런 한강개발 사업에 대해 예산이 없다며 반대하는 사람들이 전두환 주변에도 많았다. 전두환은 한강 바닥 모래와 자갈이 돈이라는 소리를 들었다. 한 정치인으로부터는 골재채취가 대단한 이권사업이기 때문에 경쟁이 치열하다는 말도 들었다. 10km 구간에 대한 골재채취 허가를 받은 업자가 20km를 잠식해도 통제할 방법이 없다는 말도 들었다. 이때 정주영 현대건설 회장이 한강의 모래와 골재채취권을 배타적으로 허락해주면 자기가 한강을 전두환이 원하는 대로 싼 가격에 가꾸겠다고 제의해 왔다.

사정을 파악한 전두환은 김포공항에서 미사리에 이르는 구간을 10대 건설회사에 나누어주는 방법으로 개발비용을 최소화하라고 지시했다. 골재 가격이 개발비의 20%를 메워주었다. 공을 들여 가꾼 이 한강이 있었기에 1988년의 하계 올림픽이 전 세계에 빛을 발할 수 있었다. 1988년 올림픽에 왔던 외국인들은 좁은 올림픽 경기장을 기억하는 것이 아니라 드넓고 시원하게 가꾸어진 한강의 전경을 눈에 담고 갔을 것이다.

보이콧 없는 첫 국제올림픽

올림픽 행사를 치루기 위해 전두환은 1982년 3월, 사상 처음으로 체육부를 신설하여 노태우를 첫 체육부 장관으로 임명하고, 올림픽 준비를 전담케 했다. 그동안 올림픽을 치른 통상의 나라들은 선진국들이어서 올림픽을 개최하게 되면 해당 도시의 예산과 능력으로 감당해왔다. 예를 들어 캐나다는 영어권 도시들과 프랑스어권 도시들이 서로 화합하지 못하고 있었다. 몬트리올이 소속된 퀘벡주는 프랑스어권에 속하기 때문에 영어를 사용하는 이웃 도시들의 무관심 속에서 홀로 대회를 치르다 파산 직전에까지 내몰렸다. 하지만 당시 한국은 선진국도 아니고, 올림픽을 치를 만한 기반 시설이 전혀 없었기 때문에 국가가 나서야 했다. 전두환은 국무총리를 위원장으로 하는 '정부위원회'를 발족시켰고, 매 3개월마다 준비상황을 보고받았다.

모든 분야의 지도자들은 자기가 중점을 두는 사안들에 대해 장기간 반복해서 구호처럼 말해야 한다. 한번 말하고 그 다음에 다시 반복하지 않으면 사람들은 '그냥 어쩌다 해본 소리겠지.' 하면서 중요하게 생각하지 않는다. 반복 강조, 현장 검증, 1%의 지시와 99%의 확인이 군 지휘의 기본이었다. 이는 국가를 지휘하는 데에도 적용된다. 이를 잘 알고 있는 전두환은 태릉선수촌을 자주 찾아 선수들을 격려하고 그의 높은 관심도를 나타내 주었다. 관련자들과 체육진흥 시책들을 의논했다. 그리고 "체력 향상을 통한 국력 신장"이라는 구호를 입에 달고 다녔다.

전두환은 스포츠과학연구소를 확대했다. 체육인 단체를 활성화시켰다. 경기장 질서, 신인선수 발굴, 대표팀의 전임코치 제도 등 주먹구구로 운영되던 체육계에 새로운 바람을 일으켰고 그 바람을 시스템으로 구체화했다. 34개 경기장을 건설했다. 프레스센터를 마련하고, 올림픽 진행을 위한 통신-전자 시스템을 설치했다. 올림픽 기간 중 국내외 선수들과 기자들을 수용하기 위해 아파트를 지어 '훼밀리아파트'라 명명했다. 올림픽 공원도 조성했다. 퇴임 하루 전날까지도 현장을 챙겼다. 88서울올림픽은 곧 전두환과 동의어였다.

태능선수촌　　　　　훼밀리아파트　　　　　올림픽공원

조정경기장　　　　　　　　올림픽 스타디움

세계의 손님을 맞이하기 위해 전두환이 특히 중요하게 생각한 것은 화장실과 음식점의 청결이었다. 1980년대, 고덕, 목동, 개표, 상계 등에 대단지 아파트가 들어서기 전까지의 주택은 단독주택이 대세였다. 모두가 재래식 화장실이었다. 전두환은 올림픽 전까지 모두를 수세식으로 바꾸라 했다. 수세식 화장실 이용방법을 교육시키라고도 지시했다.

● 서울올림픽만이 완전한 올림픽

1972년 독일 뮌헨에서 열린 제20차 올림픽은 피의 테러로 얼룩진 '뮌헨 학살'(Munich massacre)로 기록돼 있다. 팔레스타인 테러단체인 '검은 9월단'이 비밀리에 서독으로 침투, 이스라엘 선수촌에 난입해 이스라엘 올림픽 대표팀 선수 5명, 심판 2명, 코칭스태프 4명, 총 11명을 인질로 잡고 이스라엘에 구금된 팔레스타인 포로 234명의 석방을 요구했다. 범인들은 모두 사살되고 체포되었지만, 서독 경찰의 진압 실패로 경찰관 한 명과 이스라엘 인질 11명 전원이 사망했다.

제21차 올림픽은 1976년 캐나다 동부 몬트리올에서 열렸지만 인종차별 문제가 발생하여 아프리카 26개국이 집단으로 보이콧했다. 1980년 제22차 올림픽은 모스크바에서 열렸지만, 미국과 서방국가들이 소련의 아프가니스탄 침공을 문제 삼아 집단 불참했다. 1984 LA에서 열린 제23차 올림픽은 1980년 미국 및 서방국가들의 집단 보이콧에 대한 보복으로 소련과 공산권 국가들이 보이콧했다. 드디어 제24회 올림픽이 열렸다. 북괴가 집요하고 야비하게 훼방을 놓고 사마란치 위원장이 이에 휘둘려 우왕좌왕했지만 전두환의 능숙한 외교력으로 사상 처음, 보이콧 없는 올림픽 역사, 최대의 흥행 역사를 열었다.

올림픽을 방해하는 김일성과의 심리전

● 북괴의 치졸한 방해공작

88서울올림픽 경기는 남북한 체제의 우열을 가르는 분수령이자 국력의 대차대조표였다. 북한의 신(GOD)을 자처하는 김일성에게는 일대의 치욕이 아닐 수 없고, 북한 주민이 알면 안되는 패배의 아이콘이었다. 1981년에는 필리핀에서 전두환을 암살하려 했고, 1982년에는 아프리카 가봉에서 암살하려 했고, 1983년에는 아웅산 테러를 통해 암살하려했고, 1986년에는 금강산댐을 지어서 서울을 수장시키려 했고, 1987년에는 김현희를 시켜 KAL858기를 공중분해시켰다. 이처럼 1981년 독일의 남부도시 바덴바덴에서 올림픽 주최권을 따내는 순간부터 김일성은 눈이 뒤집혀 전두환을 살해하고 올림픽을 중단시켜야만 했던 것이다.

한편으로는 물리적 테러를 자행하면서 다른 한편으로는 국제올림픽 위원장 사마란치를 흔들어 서울올림픽 행사를 끝까지 훼방했다. 1984년 4월, 김일성은 서울올림픽 위원장에게 서한을 보냈다. 1984년에 열리는 LA올림픽과 1986년 서울에서 열리는 아세안게임에 북과 남이 단일팀을 만들자며 판문점에서 만나자고 했다. 전두환은 또 장난질을 치는구나 생각하면서도 일단 만나보라고 지시했다. 1차 회담은 판문점 중립국 감독위원회 회의실에서 열렸다.

이 자리에서 우리 대표단은 "1978년 최은희-신상옥 부부를 납치한 사실, 아웅산 만행을 범하는 등의 적대적 행동을 보이는 상황 하에서 우리 체육인들이 북한사람들을 마음 놓고 접촉하기 어려우니, 사과를 하고 납득할 만한 조치를 취하라."고 요구했다. 이에 북한대표단은 "체육문제에 정치문제를 꺼내는 것은 심히 불쾌하다. 아웅산 사건은 남측이 날조한 사건이다. 발언을 취소하라."며 퇴장해 버렸다.

6월 2일, 북한 올림픽위원회는 성명을 통해 남조선의 반공 책동이 감행되고 있는 현실에서는 선수들의 신변안전이 보장되지 못한다면서 서울올림픽 불참을 선언했다. 아울러 "반공책동이 지속되는 한 북한은 모든 민족, 모든 나라와 함께 공동 노력할 것"이라는 말로 공산국가들을 상대로 88올림픽 보이콧 선동을 하겠다는 의사를 내비쳤다.

1984년 7월 30일, 북한은 부총리 명의로 88올림픽을 공동주최하자는 제의를 했다. 이에 전두환은 관계관에게 북한이 진정으로 88올림픽의 일부 종목을 할애받고 싶으면 86아세안게임에 먼저 참여하는 성의부터 보이라는 요지로 홍보하라고 지시했다. 박근 주 제네바 대사는 IOC 위원장 사마란치를 만나 북괴 주장의 부당함을 설명해 주었다. 1985년 8월 26일, 사마란치는 올림픽 조직위원장겸 체육부 장관인 노태우, 박종규 IOC위원, 크마르 IOC 제2부위원장이 배석한 자리에서 전두환에게 호기 있게 말했다. "올림픽을 반으로 쪼갤 수는 없다. 내가 북한을 잘 설득해 보겠다. 그래서 안 들으면 할 수 없는 일이다."

여기까지는 좋았다. 그런데 사마란치는 오찬을 마치자 전두환을 따로 만나자 했다. "1987년 말에 대선이 있고, 1988년에는 한국의 지휘권이 바뀌는데 이러한 상태에서 올림픽이 성공적으로 이루어지기가 어렵다는 보도들이 있습니다. 선거를 1년만 연기할 수 없습니까?" 한동안의 문답 끝에 전두환은 사마란치를 안심시켰다. 사마란치가 이토록 예민한 것은 72년의 뮌헨올림픽이 학살사건으로 얼룩졌고, 76년의 몬트리올 올림픽이 아프리카 국가들의 집단 보이콧으로 반쪽 났고, 80년 모스크바 올림픽이 자유진영에 대한 보이콧으로 반쪽 났고, 84년 LA올림픽은 공산진영에 대한 보이콧으로 반쪽 났던 과거의 악몽 때문이었다.

● 사마란치와의 게임

역지사지로 사마란치의 입장을 충분히 이해하는 전두환은 사마란치를 조심스럽게 다루었다. 1985년 10월 8일, 스위스 로잔에서 남북한과 IOC사이에 3자 회담이 열렸다. 우리 측은 88서울올림픽 예선경기의 여러 개 종목을 북한 지역에서 열리도록 배정하고, 개폐회식 때, 남과 북이 각기 자기네 깃발을 들고 한 덩어리로 입장하자는 선까지 양보했다. 이에 대해 북한은 88올림픽을 남북이 공동위원회를 조직하여 명칭을 '조선평양-서울올림픽경기대회'로 정하자고 했다. 경기 종목도 서울과 평양에 50:50으로 배분하고, 개폐회식도 서울과 평양에서 각각 진행하고, TV방영권과 이익도 반반으로 나누자고 주장했다. 이는 상식적으로 용납할 수 없는 제안이었다. 억지를 부리면서 올림픽 개최에 차질을 주기 위해 벌이는 방해 작전임이 분명해졌다.

1986년 1월 8일 제2차 로잔 회담이 열렸지만 양측 주장은 평행선이었다. 이후 전두환과 사마란치는 여러 차례 만났다. 사마란치는 공산권의 보이콧 가능성과 올림픽 개최 6개월 전에 치러지는 대선이 올림픽에 미칠 영향에 대해 걱정을 했고, 전두환은 논리를 전개하여 그의 우려를 불식시켜주었다. 그래도 북한은 2차례의 제안을 더 하면서 시간을 지연시키려고 장난질을 쳤다. 모든 카드가 소진되자 결국 김일성은 북한올림픽위원장 김유순의 명의로 "서울올림픽은 암담할 것이다."라는 공갈로 그동안의 수작이 훼방을 위한 것이었다는 사실을 실토했다. 이로써 1985년 10월부터 1987년 10월 23일까지 2년 이상 지겹고 끈질기게 이어오던 방해 작전은 종말을 고하게 되었다.

● **김일성 계산과 전두환 계산**

북괴가 시비를 거는 데에는 1984년 LA올림픽 때처럼 공산권이 불참할 수 있고, 그렇게 되면 서울올림픽이 반쪽이 날 텐데 전두환이 이를 겁내지 않겠느냐는 계산이었다. 하지만 전두환의 계산은 달랐다. 아무리 공산권이라 해도 연속해서 2회씩이나 올림픽을 보이콧하기는 어려울 것이라는 생각을 했다. 더구나 공산국가들은 체육 강국들이기 때문에 기껏 큰돈 들여 길러놓은 선수들을 8년씩이나 썩힐 수는 없을 것이라는 생각을 한 것이다. 1988년 1월 소련의 타스 통신은 소련의 참가를 발표했다. 이 발표로 대세는 결정됐다. 이로써 서울올림픽은 그 이전에 얼룩졌던 불완전한 올림픽 역사를 극복하고 사상 처음으로 완전한 올림픽 역사로 기록된 것이다. 서울올림픽은 전두환이 평화적인 정권 이양을 실현한 후 7개월이 지난 1988년 9월에 개최되었다. 동서진영 모두가 다 참가했고, 아무런 사고 없이 평화로운 분위기에서 치러졌다. 160개 나라에서 13,304명의 선수가 와서 마음껏 역량을 발휘했다. 올림픽 역사상 최다수의 선수가 참여했고, 최고로 많은 나라가 참가한 것이다.

88서울올림픽이 동서냉전 붕괴에 미친 영향

삼성경제 연구소에 의하면 올림픽이 우리 경제에 미친 효과는 26억 달러, 33만 명에 달하는 고용을 창출했다. TV를 시청한 연인원은 104억 명, 방영권 수입이 4억 달러였다. 올림픽이 진행됐던 16일 동안 서울을 찾은 관광객 수는 190만 명, 이들이 서울에 남기고 간 달러에 대한 계산은 이루어지지 않았다. 무형의 이익도 있었을 것이다. 깨끗하게 정리된 서울, 친절한 국민성이 심어준 한국의 위상(Identity)이 등업되었고, 수출품에 대한 간접적 광고 효과가 상당했을 것이다.

냉전의 벽을 허문 세계의 지도자는 단연 레이건이었다. 1983년 3월 23일, 레이건이 스타워즈 전쟁을 선포했고, 1988년 12월 7일, 고르바초프가 항복을 했다. 이것이 '동서냉전의 벽'이 무너진 역사의 이정표였다. 하지만 이것이 다가 아니었다. 이 연쇄반응을 촉발시킨 촉매제가 바로 88올림픽이었다.

1980년 모스크바 올림픽, 미국과 서방이 보이콧했다. 냉전이 빚은 결과였다. 1984년의 LA올림픽, 소련과 공산권이 보이콧했다. 역시 냉전이 빚은 결과였다. 그런데 1988년 9월 17일부터 10월 2일까지 16일 동안 열린 서울올림픽에는 자유진영과 공산진영 모두가 한자리에 모였다. 이에 더해 동서 모두가 참여하기로 한 88올림픽에 대한 분위기는 그 수년 전부터 각국의 선수촌과 언론을 중심으로 무르익었다. 냉전의 벽이 서울에서 가장 먼저 무너진 것이다. 양쪽 세계에서 온 수만의 사람들, 서울 도우미들의 화사한 얼굴과 매너를 TV로 시청한 세계인들의 마음에 이미 냉전의 벽은 사라지고 없었던 것이다.

88서울올림픽에 자원했던 남녀 도우미들의 따뜻한 미소와 친절한 매너가 참가국 160개국으로부터 온 선수들과 관람객들 그리고 지구촌 곳곳에서 TV를 시청한 104억의 세계인들에 끼친 심리적 변화는 무엇이었을까? 음산한 이데올로기의 가면을 벗어던지고 밝고 행복한 삶의 질에 대한 염원이 자극됐을 것이다. 이에 전두환은 그의 회고록 제2권 581쪽에서 이렇게 썼다.

"소련의 전 KGB요원 키리젠코는 6.25전쟁 전후의 모습만을 연상하던 소련 국민에게 발전된 서울의 모습은 충격적이었다고 말한 것으로 보도되었다. 한국 국민들의 따뜻한 모습, 자유분방한 분위기를 목격한 동유럽사회에서는 자유의 바람이 불면서 사회주의 체제가 붕괴되기 시작했다. 서울올림픽은 소련을 비롯한 동구권의 와해와 나아가 동서냉전을 종식시킨 계기가 됨으로써 세계사적 의미를 갖게 되었다. 88서울올림픽을 전후해 물밑으로 이뤄진 한-중, 한-소간의 접촉과 교류는 그 후 자연스러운 수교로 이어졌다. . 서울올림픽의 성공은 한반도 유사 이래 가장 위대한 성취의 기념비적 쾌거였다. 대한민국을 바라보는 세계인의 시선은 놀라움 그 자체였다. 서울올림픽은 국제스포츠 행사에 그친 것이 아니라 소련을 비롯한 동유럽 공산주의 국가들의 붕괴를 예고한 타종(打鐘) 행사였고, 새 시대를 여는 전야제였다."

올림픽으로 인해 서울을 찾는 관광객이 폭발했다. 해외여행을 자유화시켰기에 해외로 나가는 국민들 수가 폭증했다. 김포공항으로는 감당이 안되었다. 자연히 인천국제공항이 들어설 수밖에 없었다.

제5장

김일성의 암살
-방해 행진

김일성의 박정희-전두환 암살 공작

● 박정희 암살 공작

1968년 1월 23일, 김신조 부대 31명(2014년 미국이 33명으로 확인)이 청와대로 침투해 박정희 대통령을 살해하려 했다. 1970년 6월 25일, 북괴공작원 3명이 현충원 행사에 참석하는 박정희 대통령을 노려 현충원 지붕에 폭발물을 설치하다가 조작 실수로 폭발하여 공작원 1명이 사망하고, 나머지 2명이 도주했다. 1974년에는 8.15 행사가 열리는 장충동 국립극장에 한민통 소속의 저격범 문재광을 보내 대통령을 저격하려다 육 여사를 살해했다. 1979년에는 측근 중앙정보부장이 박대통령을 시해했다. 특수 살인부대를 보냈고, 현충원 폭파를 통해 살해하려 했고, 문세광이라는 저격범을 보내 보았지만 모두가 실패하자 마지막으로 박정희 최측근인 김재규를 포섭해 살해했다는 생각이 든다.

● 필리핀에서의 전두환 암살 공작

전두환이 제12대 대통령에 취임한 지 4개월 만인 1981년 7월, 전두환은 아세안 5개국 순방 일정으로 필리핀을 방문했다. 필리핀의 '푸에르토 아줄'이라는 휴양지에서 마르코스 대통령과 회담을 할 때 전두환을 암살한다는 계획이었지만 사전에 비밀이 누설되었다. 최홍희, 그는 우리나라 장군으로 예편하고 말레이시아 주재 대사를 역임한 후 캐나다로 이주한 뒤 세계 태권도연맹을 만들어 북한을 오갔던 간첩이었다. 그의 아들 최중화는 반한활동에 전념했다. 이 부자는 북한으로부터 공작금을 받고 전두환 암살 계획서에 서명까지 했다.

그런데 이들의 음모가 캐나다 경찰에 발각되었다. 최홍희는 즉각 실형을 살았고, 아들 최중화는 도피했다가 붙잡혀 6년의 실형을 살았다. 이런 최중화가 노무현 시대인 2007년에 서울로 입국했다. 같은 케이스로 북한 간첩 송두율이 노무현의 하해와 같은 배려로 2006년 입국했다. 2006년에는 노무현이 한민통의 수괴 곽동의도 불러들여 김대중을 만나게 해주었다. 이처럼 재외 반한 인물들은 노무현 시절에 영웅대접을 받으면서 고개를 빳빳이 들고 줄줄이 귀국했었다.

● **아프리카 가봉에서의 전두환 암살 공작**

두 번째 암살 시도는 이듬해인 1982년 8월, 아프리카 4개국 순방길에 나섰을 때 가봉에서 있었다. 북한 대남공작부의 전설 김중린이 최정예 공작원 4명에게 전두환을 암살한 후, 체포되면 북한의 소행임을 감추기 위해 자폭하라는 지령을 내렸다. 그런데 이 공작조는 곧바로 가봉으로 입국하지 않고, 가봉으로부터 직선거리 800여km, 도로거리 4,000km나 떨어져 있는 콩고를 거쳐 오다가 교통사고를 당해 부상을 입었다.

가봉에는 또 다른 간첩이 침투해 있었다. 그 간첩은 전두환을 환영하는 행사에서 가봉 군악대가 보유한 애국가 악보를 북한의 국가 "아침은 빛나라 이 강산. ." 으로 바꿔치는 공작을 했다. 우리 측이 가봉에 이의를 제기하자 가봉 대통령이 너무나 당황하면서 백배 사과를 했다. 그리고 가봉 대통령은 우리가 원하는 것 이상으로 호의를 베풀고 북한을 비난했다고 한다.

아웅산 암살 공작

마지막 암살 기도는 그 이듬해인 1983년에 버마(미얀마) 아웅산 묘소에서 있었다. 1980년까지의 남북한 외교전은 북한이 우세한 위치에 있었다. 유엔(UN)에서의 의사결정은 표의 대결이었는데, 국제 여론이 북한 편이라는 것은 안보 및 경제에 불리한 여건이었다. 당시 유엔에서의 표는 아시아와 아프리카에 집약돼있는 숫자 많은 비동맹권이 장악하고 있었다. 전두환은 북한이 선점한 외교기반을 만회하기 위해 많은 노력을 기울였다. 1981년에는 아세안 5개국, 1982년에는 아프리카 4개국, 1983년에는 서남아 국가들(버마, 인도, 스리랑카, 호주, 뉴질랜드, 부루나이)을 방문하거나 방문하려 했다. 이들 국가들은 천연자원이 많은 국가들이기도 했다.

그 첫 방문국이 버마였다. 버마는 북한에 많이 경도돼 있었다. 1886년 영국령이 되어 있다가 태평양 전쟁에 휘말려 일본에 편입됐다. 1945년 일본이 전쟁에서 패하자 다시 영국령으로 환원됐다. 이 과정에 1915년에 출생한 아웅산의 독립투쟁이 이어졌다. 아웅산은 영국으로 건너가 독립을 쟁취해냈다. 그리고 동지들과 함께 회의를 하다가 무장괴한 4명에 의해 집단 사살됐다. 아웅산 묘소는 영웅 아웅산 장군 그리고 그와 함께 독립투쟁을 함께 했던 동지 9명의 유해가 안치된 곳이다. 아웅산의 딸이 아웅산 수치다. 버마를 방문하는 국빈은 반드시 아웅산 묘역을 방문하여 경의를 표해야 한다.

아웅산

● **하늘이 도운 목숨**

1983년 10월 8일, 랑군의 영빈관에 여장을 푼 전두환은 10월 9일 오전 10시경 아웅산 묘소 행사에 가기 위해 그를 안내할 버마의 외무장관 '흘랭'을 기다리고 있었다. 그런데 외무장관은 약속시간에서 5분이 지났는데도 나타나지 않았다. 외교에서는 있을 수 없는 결례요 이변이었다. 헐레벌떡 가쁜 숨을 몰아쉬면서 외무장관이 나타나더니 어찌할 바를 모르면서 사정 이야기를 했다. 오다가 차가 고장이 나서 택시를 잡아 타고 왔다는 것이다. 어느 나라든 외무장관의 차는 벤츠 정도의 새차로 보급된다. 그 성능 좋은 고급차가 고장이 났다는 것도 기이한 이변이었다.

행사장은 영빈관에서 4.5km, 차로 가면 불과 수분의 거리였다. 그런데 전두환을 태운 차가 빠른 속도로 달리더니 행사장을 불과 1.5km 남겨두고 갑자기 U턴을 했다. 큰 사고가 발생했다는 신호였다. 그 사정은 이러했다. 공식 비공식 수행원들과 기자단으로 구성된 일행들이 대통령보다 먼저 아웅산 묘지에 도착해 있었다. 이계철 주 버마 대사가 먼저 행사장으로 갔다. 이계철 대사의 차량은 검은 벤츠, 휘날리는 태극기가 달려있었다. 이계철 대사의 얼굴도 대머리여서 멀리에서 보면 전두환으로 오인될 수 있었다.

북한 공작원들은 행사장에서 1km 떨어진 극장 앞, 군중 속에 묻혀 있었다. 그 앞을 태극기 휘날리며 새까만 선팅을 하고 달리는 벤츠 차량에 전두환이 타고 있을 것이라는 생각을 했을 것이다. 대사는 도착하자마자 일행을 2줄로 세웠다. 앞줄은 장관급, 뒷줄은 차관급. 아프리카 '가봉'에서 애국가 악보를 북괴에 소매치기당한 경험을 상기한 이계철 대사가 연습을 위해 애국가를 연주시켰다. 태극기를 단 검은 벤츠 차량이 도착하고 2-3분이 흐른 뒤 아웅산 묘소에서 군악대의 진혼곡이 울려 퍼지자, 폭파범은 행사가 시작되었다고 판단했다. 스위치를 눌렀다. 10시 28분. 폭탄은 세 개, 첫 번째 폭탄은 불쏘시개, 두 번째 폭탄은 폭발력을 확대하는 고폭탄, 세 번째 폭탄은 증거를 인멸하기 위해 행사장에 불을 지르는 소이탄이었다.

전두환은 나머지 일정을 모두 취소하고 버마 당국에 "북한의 소행이니 빨리 퇴로를 차단하라."고 주문했다. 그 결과 버마 경찰은 10월 10일 밤 9시 30분경, 랑군강 하류를 수영하는 한 명을 잡았다. 체포하려 하자 그는 수류탄을 빼들고 저항하다가 수류탄이 폭발하여 부상을 당한 채 체포됐다. 진 모 소좌(소령)였다. 11일 아침에는 소형보트를 타고 도주하던 2명을 체포하여 파출소로 연행했다. 총기 등이 숨겨진 가방을 수색하려 하자 그 중 한 명이 총을 꺼내 사격하면서 저항하다가 사살됐다. 신기철 상위였다. 이 틈을 타, 남은 한 명이 달아났다. 강민철 상위였다. 10월 12일, 경찰은 그가 숨어 있는 곳을 발견하고 포위했다. 그러자 그는 수류탄 안전핀을 뽑고 저항하다가 수류탄이 저절로 터지는 바람에 오른팔을 잃었다. 신기철과 강민철은 1980년 광주에 왔던 '광수'이기도 하다.

강민철 상위(대위)　　신기철 상위(대위)
인민무력부 정찰국 소속

진 모 소령은 1985년 사형이 집행됐다. 북한이 범인이라는 확증을 잡기 위해서는 강민철의 마음을 돌려 자백하게 하는 수밖에 없었다. 이를 위해 버마 수사당국이 공을 들였다. 강민철에 여성 간호사를 배치해서 정성스럽게 돌봐주도록 했다. 난생처음 여성으로부터 따뜻한 보살핌을 받자 강민철의 마음이 흔들렸다. 이에 더해 그가 마음을 바꾼 또 다른 결정적인 이유가 있었다. 북한은 그들을 보낼 때 랑군항에 동건호가 대기하고 있을 터이니 그 배로 복귀하라고 약속했다. 하지만 동건호는 거기에 없었다. 이에 더해 공작원에게 북이 제공한 수류탄은 상대방을 죽이기 위한 것이 아니라 공작원을 죽이기 위한 것이었다. 안전핀을 뽑은 후 상대방을 향해 던져야 폭발되는 수류탄이 아니라 안전핀을 뽑는 바로 그 순간 폭발하도록 제조된 폭탄이었다. 공작원을 북으로 데려오는 작전이 아니라 보안을 위해 현장에서 제거하려는 작전이라는 사실을 깨달았다. 강민철은 바로 여기에서 그의 조국에 대한 배신감을 느꼈다고 한다.

1984년 1월, 버마 당국은 이와 관련하여 20여 명의 버마 하급관리와 버마 민간인을 체포했다. 세관 관리, 출입국 관리, 나룻배 사공, 묘소 관리자들이었다. 평소 묘소 관리자들은 돈을 받고 묘소에서 연인들이 데이트를 즐길 수 있도록 허용해 주었고, 심지어는 창녀들에게도 묘소를 매춘 장소로 이용하도록 눈감아 주었다고 한다. 북한 공작원들은 이 점을 이용하여 묘소 관리자들에게 돈을 듬뿍 주고 여자들을 데리고 들어가 폭발물을 설치했다고 한다.

● 우리 측 부상자들에 대한 조치

전두환은 이것이 북괴의 소행이라는 점을 확신하고부터 이후의 모든 여정을 취소했다. 또 다른 테러를 자행할지 모른다는 생각에 신속히 버마를 떠나기로 했다. 그런데 부상자들을 그대로 두고 갈 수는 없었다. 부상자들은 이기백 합참의장을 포함해 모두 버마 육군 병원에 수용돼 있었다. 가건물에다 의료 장비는 6.25 당시의 우리 수준이었다. 부상자들은 모두 붕대를 칭칭 감고 있어서 누가 누구인지 식별이 되지 않았다. 소독용 알코올이 없어서 물로 소독을 했다. 에어컨이 없어서 전두환이 묵었던 호텔 에어컨을 떼어다 설치해 주었다. 이는 이순자 여사의 아이디어였다.

이대로 방치하면 생명을 잃을 판이었다. 전두환은 즉시 본국에 있는 총리에 지시하여 보사부 장관으로 하여금 약과 의사와 간호사를 긴급 수송해 오라고 했다. 부상자들을 태워 본국으로 후송하는 동안 기내에서 치료를 하라고 지시했다. 그리고 버마 대통령에게는 한국에서 오는 의료용 비행기의 이착륙을 보호해 달라고 부탁했다. 공휴일이었지만 버마도 적극 협력했다. 환자들을 태운 의료진은 비행기에서 사용될 물자만 빼고 나머지 물자들을 열악한 버마 병원에 기증하고 왔다. 북괴는 아웅산 묘지에서 우리 측 장관을 포함한 공직자 17명을 살해했고, 15명에게 중상을 입혔다. 버마 공무원 4명을 살해했고, 32명에 중상을 입혔다. 하지만 정주영을 포함한 기업 총수들은 그 자리에 없었기에 다행히도 무사했다.

이 사건에 이어 북한은 1987년 11월 KAL858기를 공중에서 폭파하는 만행을 저질렀다. 이 두 개의 사건으로 인해 미국은 1988년 1월 북한을 테러지원국으로 지정해 경제 외교적으로 엄청난 압박을 주었다. 모든 것을 자백한 강민철은 한국으로 오고 싶어 했다. 2000년, 버마 당국이 그의 간절한 뜻을 당시 김대중 정부에 전했다. 하지만 김대중은 이를 매몰차게 거절했다. 결국 북괴의 소모품 강민철은 2008년 5월, 랑군 감옥에서 병이 들어 이미 해골이 된 상태에서 사망했다.

북한 구호품 수령

아웅산 폭파사건을 저지른 지 1년 만인 1984년 8월 31일부터 9월 4일까지 서울, 경기도에는 1904년 이래 가장 많은 폭우가 내려 47명의 사망 및 실종자를 냈고, 수많은 가옥이 절단 났다. 이 집중 호우의 실태가 전 세계로 방송되면서 국제적십자연맹이 원조를 제의해왔다. 이에 전두환은 우리의 힘으로 넉넉히 복구할 수 있다는 말로 정중히 사양했다.

주말인 9월 8일, 북한이 돌연 방송을 통해 북한적십자 중앙회장 명의로 수재민에게 구호물자를 지원하겠다는 제의를 해왔다. 국제사회를 의식한 제스처였다. 쌀 5만 섬, 포목 50만 미터, 시멘트 10만 톤, 의약품 등으로 북한 실정에는 너무나 과도한 물량이었다. 이 제안에 대해서는 비단 정부 관련자뿐만 아니라 일반 국민들까지도 진정성이 없는 것으로 판단들을 했다. 북한은 우리가 마치 국제 적십자 연맹의 제안을 사양했듯이 북한에도 그렇게 할 것이라는 계산 하에 했을 것이다. 안기부장 노신영은 이 제안을 수용해서는 안 된다는 상세한 보고를 했다.

전두환은 안기부장이 가져온 보고서 중, 북의 제안을 거부해야 한다는 이유들을 살펴보았다. 우리가 제의를 받아들이면 북한이 우리보다 잘산다는 이미지를 국제사회에 보이게 된다는 이유가 있었다. 국민의 자존심이 상처를 입는다는 이유도 있었다. 아웅산 테러로 인해 국제사회에서 코너에 몰린 북한의 입지를 개선시켜 줄 수 있다는 이유도 있었다. 우리 국민의 대북 경각심이 해이해질 수 있다는 이유도 있었다.

이를 읽고 난 전두환은 그 반대로 북한의 제의를 받음으로써 우리가 얻게 될 이득을 생각해보았다. 남북 간 교류의 물꼬가 트일 수 있다고 생각했다. 북한의 위장전술 버릇에 쐐기를 박을 수 있는 계기가 될 것이라고 생각했다. 더 이상 허풍을 떨지 못하게 버릇을 고쳐줄 기회라고 생각했다. 우리가 거부할 것으로 믿고 허풍을 떨었는데 막상 달라고 하면 북한이 얼마나 허둥대겠는가 하는 상상도 했다. 우리가 북한보다 더 잘 산다는 것은 이미 국제사회에 널리 알려져 있기 때문에 북한의 폼 잡는 선전은 효력이 없을 것이라고 생각했다. 이에 전두환은 노신영 안기부장에게 북괴의 제의를 수락하는 것을 전제로 인수절차, 홍보, 보안 등에 대해 대책을 구체적으로 연구해오라고 지시했다. 대한적십자 총재 유창순은 9월 14일 북괴 측에 수재물자를 감사하게 받아들이겠다는 의사를 정중하게 전달했다.

● **구호물자는 북한 주민의 고혈**

육로로는 9월 29일 판문점을 통해, 해상으로는 9월 30일 인천부두를 통해 인도되기 시작했다. 이는 북한 인민들의 고혈을 짜내는 아픔이었지만 전두환은 이에 대해 눈을 감기로 했다. 북한은 방송을 통해 온 북조선 인민들이 남조선의 헐벗는 인민들을 위해 모두 나서서 일하고 있다며 선전을 했다. 그들은 선전이라고 했지만 우리들이 보기에는 북한이 얼마나 가난한가에 대한 실상을 고백하는 것이었다.

수재물자를 나르는 대형 수송선이 북한에는 두 척밖에 없었다. 그 중 13,500톤급 대동강호가 시멘트를 싣고 오다가 침몰했다. 쑥색으로 새로 도색한 5톤 트럭들에서는 새로 칠한 페인트 냄새가 진동했다. 타이어는 일제 상표가 붙은 새것들이었다. 땀을 흘리며 무거운 물자를 하역

하는 북한 일꾼들이 새 옷을 입고 넥타이를 맸다. 배에 올라가 보니 돼지머리를 매달아 놓았다. 고기를 먹고 사는 주민이라는 표시였다. 잘 때도 넥타이를 풀지 않았다. 처음 매 본 것이기 때문에 한번 풀면 다시 맬 줄 모르기 때문이었다. 그들은 남조선 주민들이 헐벗고 못 먹는 줄 알고 사과, 배, 사이다, 빵이 든 봉지를 나누어주었지만 품질이 나빠 식용이 불가능했다. 그들이 입은 옷과 신발은 6.25직후의 수준이었고, 군량미는 굴속에서 썩은 듯 냄새가 났다.

● **도시락이 게눈처럼 사라져**

우리 측 인부들이 도시락을 주문해 갔다. 나누어 주었더니 받지 않으려 했다. 우리 측 적십자 간부가 "여기까지 와서 수고를 하시는데 아무리 그래도 점심 한 끼는 대접할 수 있지 않느냐." 했더니 그제야 받았다. 서로 눈치를 보다가 높은 사람이 먹으니까 도시락은 마파람에 게눈 감추듯 순식간에 사라졌다. 높은 사람이 와서 더 있으면 더 달라했다.

우리 측 적십자는 북한 하역자와 간부들에게 1,600개의 선물세트를 준비해 대한적십자사라고 새겨진 대형 여행 가방에 넣어 주었다. 밍크담요, 카세트, 라디오, 전자손목시계, 양복지, 양장지, 한복 옷감, 내의, 셔츠, 양말, 조미료, 화장품, 스타킹, 브래지어, 운동화 등 17종의 선물들이었다. 우리는 이 1,600개의 대형 가방을 3개의 컨테이너 박스에 싣고 갔지만 북한은 34대의 트럭에 이를 옮겨 실은 후 북으로 갔다. 전두환은 북으로부터 쌀을 받았지만 그 이후의 대통령들은 통치행위라는 명분으로 북에 한없이 쌀과 비료를 퍼주었다. 1995년부터 2010년까지 총 9차례에 걸쳐 265만5000t의 쌀을 북괴에 퍼주었다. 김영삼이 15만t, 김대중이 70만t, 노무현이 180만t, 이명박이 5,000t이었다.

● 금강산댐과 평화의 댐

금강산댐

김대중으로 도배된 평화의 댐

● 88올림픽 방해공작 금강산댐

1980년, 북한은 1986년에 열리는 아시안게임을 훼방 놓으려 노력했지만 여건을 인정받지 못해 탈락해 자존심이 상해있었다. 그런데 그 아시안게임은 서울에서 1986년 9월 20일부터 10월 6일까지 성대하게 치러졌고, 국제사회로부터 많은 찬사를 받았다. 중국이 금메달 94개, 한국이 93개, 북한은 명함도 없었다. 그리고 이어서 88년에는 세계 올림픽이 서울에서 열릴 참이었다. 김일성의 눈이 뒤집히지 않을 수 없었다.

김일성은 어떻게 하든 88올림픽에 대해 훼방을 놓아야만 했다. 88올림픽은 남한과 북한의 위상을 천지 차이로 갈라놓을 것이 뻔해보였다. 이에 김일성은 1986년 4월 8일, 조선중앙방송을 통해 200억 톤의 저수량을 갖는 금강산발전소 건설 계획을 확정했다고 발표했다. 한국에서 가장 큰 소양강댐의 저수량이 29억 톤인데 그 7배에 가까운 200억 톤 규모의 댐을 짓겠다는 것은 서울을 물바다로 만들 것이니 세계 각국은 알아서 88올림픽에 참가할 생각을 말라는 무서운 엄포였다. 당시의 시뮬레이션 결과로는 63빌딩의 3분의 2가 물에 잠긴다는 결론을 냈다. 북한에 많이도 속아온 전두환은 발 빠르게 대응했다. 금강산댐이 건설되고, 이를 제어할 방법이 없으면 우리는 불안 속에서 살다가 북한의 노예가 될 수 있었다.

● 댐에 대한 기초 상식

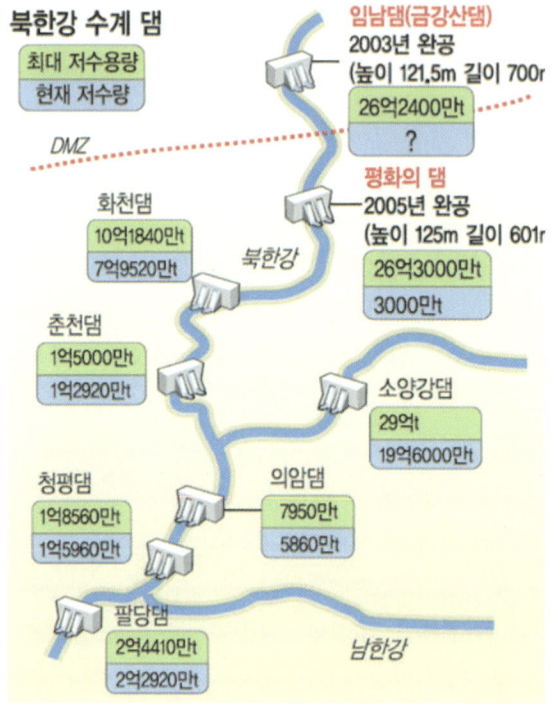

금강산댐은 북에 있고, 평화의 댐은 남에 있다. 휴전선으로부터 북한강을 따라 북으로 26km 지점에 금강산댐(북한 호칭은 '임남댐')이 있고, 휴전선으로부터 남으로 10km 지점에 평화의 댐이 있다. 두 댐은 북한강을 따라 36km 떨어져 마주보고 있다. 금강산댐은 남한을 수공으로 멸망시키려는 음모의 무기로 1986년 4월부터 건설되기 시작했고, 평화의 댐은 이를 방어하기 위한 댐으로 1986년 10월부터 건설되기 시작했다. 서부전선에 북괴가 건설한 황강댐은 수공을 위한 댐이고, 그 하류에 우리가 건설한 군남댐은 수공을 방어하기 위한 댐인 것과 같은 성격의 댐들이다. 북한이 건설한 댐은 수공 댐, 남한이 건설한 댐은 방어 댐인 것이다.

● 전두환이 건설한 평화의 댐

이 평화의 댐은 공산주의자들에 의한 민주화운동이 하늘을 찌를 때 전두환 정권이 건설한 댐이다. 1986년 10월 30일, 이규호 건설부 장관이 중대 발표가 있다며 기자회견을 열었다. 북한이 비밀리에 금강산댐을 짓고 있는데 그 댐을 무너뜨리면 서울이 물바다가 된다는 내용이었다. MBC 등 언론들이 일제히 나서서 '금강산댐 건설 음모'라는 특집방송을 했다. 금강산댐의 물 200억 톤이 쏟아지면 서울은 12-16시간 내에 물바다가 되고, 국회의사당은 꼭지만 남고, 63빌딩은 3분의 2가 수장될 것이라는 모의 동영상까지 제작하여 모든 안방을 경악시켰다.

86년 12월, 모든 방송과 뉴스매체들은 국민성금을 독려했다. 달동네 아이가 생활비의 20%를 털어서 성금을 냈다는 눈물겨운 이야기도 소개됐다. 정부는 이 성금으로 평화의 댐을 1986년 10월에 착공하여 15개월 후인 1988년 5월에 1단계 공사를 마쳤다. 1단계 공사는 댐 높이 80m, 저수량 5억 9천만 톤을 수용할 수 있는 댐이었고, 나머지 공사는 금강산댐 공사를 지켜보면서 대응하기로 했다. 공사비는 639억 원. 이것으로 88년 올림픽을 방해하기 위한 김일성의 수공을 충분히 막을 수 있다고 생각했다. 금강산댐은 북한이 먼저 쌓기 시작했지만, 우리가 평화의 댐을 건설하자 공사 진도가 점점 느려졌다. 그리고 1987년 5월, 금강산댐 공사가 돌연 중단됐다. 전두환이 발 빠르게 대응 댐을 건설하자 수공에 대한 희망을 접은 것이다. 김일성과의 한판 승부에서 전두환이 압승한 것이다.

● **김영삼과 이회창에 의해 사기극으로 몰린 평화의 댐**

1993년 김영삼 시대가 열렸다. 김영삼은 당선되자마자 하나회 숙청이라는 쇼부터 벌였다. 국민들은 하나회가 집단이기주의를 추구하는 군 내 사조직인 줄로만 알고 박수를 쳤다. 선동으로 살아온 김영삼은 이에 더해 5-6공을 다시 청산하자고 선동했다. 울궈먹기를 시도한 것이다. 그는 [12.12, 평화의 댐, 차세대 전투기 사업]을 3대 의혹 사건으로 지정하고, 이를 파헤치겠다고 큰소리쳤다. 12.12에 대해서는 전두환과 노태우가 공동으로 타깃이 됐고, 평화의 댐에 대해서는 전두환이, 차세대 전투기 사업에 대해서는 노태우가 타깃이 되었다.

전두환과 노태우가 추진한 사업은 모두가 사기라는 인민재판식 여론부터 확산시켰다. 3개의 의혹 중 여기에서는 평화의 댐만 다루기로 한다. 사기의 댐, 저주의 댐으로 내몰린 평화의 댐이 동네북이 되었다. 야당, 민주화 세력, 언론이 삼위일체가 되어 인민재판에 나섰다. 대쪽 이미지가 붙어 있던 이회창이 감사원장 자격으로 나섰다. 명색만 대쪽이었지 그는 분석능력이 전무한 반면 공명심이 강해 여론에 편승하기도 하고 아부하기도 하는 전형적인 기회주의자였다.

● 이회창의 경거망동

1993년 9월 4일, 이회창 감사원장이 3개월에 걸친 감사 결과를 내놓았다. 한마디로 존재하지도 않은 위협을 여론 호도용으로 만들어 낸 사기극이라는 취지였다. 9월 1일, 조선일보는 감사원 감사 결과를 미리 내보냈다. '수공(水攻)과장, 정권안보 이용'이라는 제목의 이 기사는 감사원의 발표를 그대로 인용한 것이었다. 이 감사원장의 발표는 불구경 좋아하는 운동권과 야당에 불을 질러주었다. 이때부터 국민들은 평화의 댐을 '정권안보용' '국면전환용' '사기극"으로 인식하게 되었고, 이런 사기극을 벌인 전두환은 몹쓸 사람으로 짓밟히게 되었다. 이회창의 발표는 국회 청문회를 촉발시켰다.

● 이회창이 촉발시킨 국회 청문회

1993년 9월, 국회 청문회가 열렸다. 청문회에 불려 나온 증인들은 모두가 다 죄인이 됐다. 인권은 국회의원들에만 있고, 증인들에는 없었다. 건설부 장관, 통일부 장관 등이 주눅 든 모습으로 불려나가 증언을 했다. 이들은 한결같이 북괴의 위협으로부터 우리를 지키기 위해 결정한 정당한 조치였다고 항변했다. 북한이 금강산댐을 쌓다가 중지한 것은 우리가 평화의 댐으로 대비를 했기 때문에 더 쌓아봐야 소용이 없다고 생각해서였을 것이라고 항변했다.

이는 맞는 말이었다. 이렇게 정당하고 논리적인 답변들이, 야당으로부터는 많은 야유와 증오에 찬 눈길을 받은 것이다. 그들이 바라는 대답이 아니라는 것이다. 93년 9월 8일, 국회건설위원회는 영등포 구치소 회의실에서 청문회를 열었다. 86년 당시 안기부장이었던 장세동이 영등포 구치소에 수감돼 있었기 때문이었다. 거듭된 질문에도 그는 한결같이 이렇게 답했다, "건설된 평화의 댐은 적의 기도를 말살했다." 평화의 댐은 순전히 전두환이 건설했기 때문에 사기극이 된 것이다. 전두환이 한 것이면 모든 것이 사기로 몰렸던 마녀사냥 시절, 이회창은 여론에 영합하면서 대쪽 이미지를 팔아 한때 인기를 누렸다.

● **정권과 시류에 아부했던 조선일보**

시류에 영합하기를 잘하는 존재는 이회창만이 아니었다. 조선일보는 1993년 6월 17일, 감사원장의 감사 결정을 "시의적절한 일"이라 극찬하면서 과거에 평화의 댐 건설을 앞장서 홍보했던 뭇 언론들을 대신하여 반성한다는 사설을 썼다. 하지만 이 조선일보는 평화의 댐을 위한 국민

성금을 모금할 때에는 가장 앞에 나섰었다. 1993년 6월 17일의 조선일보 사설은 '정권안보용 댐' '독재정권유지를 위한 전시용 댐' '국민을 기만한 사기극' '우스개 된 평화의 댐'이라는 키워드로 장식돼 있었다.

● 2002년 김대중 말기, 전두환 공격했던 언론들 전두환에 아부

2002년 5월 7일, 평화의 댐을 사기극으로 폄하했던 조선일보가 전혀 뜻밖의 기사를 실었다. '15년 동안 천덕꾸러기로 여겨왔던 평화의 댐의 중요성이 다시 부각되고 있다'는 것이다. 신동아는 2002년 7월호에서 '금강산댐은 제2의 노동미사일이고, 또 하나의 핵무기다. 고의든 부실공사 때문이든 터지면 전시체제로 돌입할 수밖에 없다'. 뜻밖의 기사들에 여러 신문들이 가세했다. '평화의 댐 존재가치 다시 부각', 언론들이 사양길에 접어든 김대중에 등을 돌린 것이다.

2002년 인공위성 사진에 의하면 26억 톤 이상을 저수하는 금강산댐에 커다란 함몰 부분이 생겼다고 했다. 위험하게 보이는 이 댐을 북한은 7월부터 증축하기 시작했다. 김대중이 불안을 느꼈다. 2002년 8월 30일, 남북경협추진위가 열렸다. 여기에서 양측은 금강산댐의 안전문제를 공동조사하기로 합의했다. 하지만 북한은 20일 만에 그 약속을 깼다.

● 금강산댐 함몰로 겁이 난 김대중, 부랴부랴 평화의 댐 증축

김대중은 부랴부랴 기존의 80m 높이의 댐을 125m로 높이는 공사를 시작했다. 2002년 9월에 착공하여 2004년 12월까지 총 공사비 1,950억 원을 투입하기로 했다. 그리고 실제는 2005년 5월에 26억 3천만 톤의 저수량을 갖는 한국 제3위의 댐으로 증축됐다. 이는 금강산댐보다 1천만 톤이 더 많은 저수량이다. 소양강댐의 저수량이 29억 톤, 충주댐이 27.5억 톤이다. 26.3억톤의 저수량을 갖는 평화의 댐은 현재 홍수조절 기능이 아주 훌륭한 것으로 입증돼 있다.

● 2011년 7월 7일자 최보식 칼럼

'평화의 댐 사기극과 진실'
'평화의 댐에는 '김대중' 사진만 있고 '전두환'은 없다.'
'북쪽 눈치를 보면서 몰래몰래 쌓았다, 정말 희극과도 같았다'

. . '평화'에 초점을 맞춰 역대 노벨평화상 수상자들의 동판 사진과 핸드 프린팅이 전시돼 있다. . .댐 주위를 둘러봐도 찾을 수 없는 것은 전두환 전 대통령의 흔적이다. 공사 연혁도 없었다. 이 댐이 어떻게 시작됐고, 어떤 과정을 거쳐 만들어졌고, 어떤 고초를 겪었는지, 그런 안내문도 볼 수 없었다. 무엇보다 평화의 댐에 '김대중'은 있는데, '전두환'은 없다는

게 묘했다. . . 화천군에서 나고 자라서 그 지역 공무원이 된 정갑철 군수나 김세훈 관광정책과장은 직접 겪은 사실을 말했다.

"1999년 여름 700~800mm의 대폭우가 쏟아졌다. 화천댐은 넘치기 직전이었다. 그때 평화의 댐이 막아주지 않았다면 화천댐은 무너졌고 연쇄적으로 북한강 수계(水系)의 다른 댐들도 무너졌을 것이다. '서울 물바다'가 현실이 될 뻔했다. 1996년 홍수 때도 그랬다. 평화의 댐은 꼭 필요한 것이었다. 하지만 전두환 전 대통령이 워낙 욕을 먹으니까 입을 다물었다."

2002년 초 공사를 재개한 금강산댐에서 초당 206t씩 흙탕물이 쏟아져 내렸다. 19일에 걸쳐 3억5000만t의 물폭탄이 터진 것이다. 선두에서 막고 있던 평화의 댐은 무너질 뻔했다. 방류 중단과 공동조사를 요구했으나 북한은 응하지 않았다. '햇볕정책'의 김대중 정부 시절 일이었다. 국가안전보장회의에서는 평화의 댐을 보강하고 더 높이기로 결정했다. . . 좌파 정권도 평화의 댐 존재 이유를 알았다. 다만 5공의 산물이기 때문에 숨기고 싶었다. 댐을 더 높이는 역할은 정말 맡고 싶지 않았을 것이다. 하지만 현실에서 수공(水攻)이 될 수 있음을 알았기에 다른 선택은 없었다.

. . 실제 댐 높이를 125m로 더 올린 것은 노무현 정부 때다. 국내 댐 중

에서 가장 높은 소양강댐을 추월했다. 5공 사업비보다 증축할 때의 사업비가 훨씬 많았다. 거대한 역사(役事)였으나, 북쪽 눈치를 보면서 몰래몰래 쌓았다. 정말 희극과도 같았다. .

이상은 이 지역 공무원들의 말이다. 댐 완공식에는 국무총리가 참석하는 걸로 되어 있었다. 그러나 주무장관조차 내려오지 않았다. 수자원공사 사장과 원주국토관리소장만 참석했다. 이런 연유로 아무런 기록도 하지 않았다. 기록이 없으면 '숨겨진 사실'이 드러나지 않을 것이다. 세월이 흐를수록 진상은 더욱 아득해질 것이다.

. . 생전에 김대중·노무현 전 대통령은 여기에 와본 적이 없었다. 전두환 전 대통령은 2009년 처음으로 평화의 댐을 구경했다. 그의 흔적은 없었지만, "내가 잘못 만든 댐이 아니구먼." 했다고 한다. 당초 금강산댐 규모를 200억t으로 과장 혹은 판단 미스를 한 것을 빼면 말이다.

● **2015년의 오마이뉴스: 전두환은 애국자**

아래는 2015년 3월 25일자 오마이뉴스 기사다. '평화의 댐에 대한 진실 혹은 의혹-평화의 댐 그리고 금강산댐, 그 진실을 해부한다.'는 제목의 기사였다.

'금강산댐의 실체, 국민들이 제대로 알지 못하는 이유'
'한겨울, 비도 내리지 않았는데 웬 홍수?'

2002년 1월, 북 한강 상류 이북 지역에서 갑자기 엄청난 흙탕물이 밀려 내려왔다. 초당 206톤. 19일 간 3억5천만 톤 규모였다. 북한지역에 장마 예고도 없었다. 영하 20도를 오르내리던 한겨울에 엄청난 수량이 평화의 댐으로 밀어닥친 것이다. 80m 높이의 평화의 댐이 범람 위기에 놓인 상황. 노무현 정부는 이 기이한 현상에 대한 조사를 착수했다. 그러나 딱히 '이것 때문이다.'라는 뚜렷한 발표를 하지 않았다. 언론도 침묵했다. 다수의 국민들이 모르는 이유다.

'대체 왜 이런 현상이 일어났을까'

금강산댐 때문이란 결론이 났다. '존재하지도 않다던 금강산댐은 뭐고, 붕괴는 또 뭐란 말인가'. 일부 국민들의 의구심이 일자, 정부에선 "금강산댐은 1999년에 착공을 했고, 공사를 하는 과정에서 일부가 붕괴되는 문제가 발생했다."고 밝혔지만, 어찌된 일인지 그것에 대해 보도한 언론은 거의 없었다.

"남한처럼 장비가 현대화되어 있지 않은 북한에서 금강산댐을 막는 유일한 방법은 인력이다. 다시 말해서 사람들이 곡괭이와 삽을 가지고 그

거대한 댐을 막았다면 큰 문제다." 일부 학자들이 금강산댐 위험론을 제기했지만, 큰 이슈는 되지 못했다. 정부는 2003년 평화의 댐 2단계 공사를 착수해 2005년 10월에 준공했다. 높이 125m, 길이 601m, 담수 용량은 무려 26억3천만 톤에 이른다. 20억4천만 톤의 담수량이 늘어난 규모다. 공사비만 2천489억이 투입됐다.

금강산댐, 위협이 될 수 있다

2005년 10월, 평화의 댐 2단계 공사 준공식이 열리던 날, 초청을 받아 참석했었다던 화천군 화천읍 김 아무개 이장은 "그렇게 큰 공사 준공식이 열리면, 장관이나 차관급 정도는 참석했어야 하는 것 아니냐"며 "당시 정부의 고위 관료가 참석하지 않았던 것으로 안다."고 말했다. . 정치권에서 평화의 댐에 대해 민감하게 받아들였던 것으로 해석할 수 있는 부분이다. "없다던 금강산댐의 실체가 드러나면 난처하지 않았겠냐"는 김 이장의 말에서 당시 상황을 짐작케 한다. .

2009년 9월, 북한에선 사전 예고도 없이 군사분계선으로부터 42.3km에 위치한 황강댐 물을 임진강 하류로 무단 방류했다. 결과는 참혹했다. 시설물 파괴 등 수명의 인명피해가 발생했다. 그렇다면 평화의 댐은 안전한가? 일부 의식 있는 사람들의 관심은 평화의 댐으로 모아졌다.

금강산댐 저수 용량 26억2천만 톤. 평화의 댐은 26억3천만 톤이다. 평화의 댐은 발전용이 아니다. 그렇다고 농업을 위한 저수 기능도 하지 못한다. 계곡을 가로질러 막아 놓은 커다란 콘크리트 구조물에 지나지 않는다. 125m 높이의 댐에 물이 차는 일은 없다. 평화의 댐에 서서 좌측을 보면 커다란 원형 수로 네 개가 보인다. 물이 차기 전에 단계적으로 방류되는 구조다. "금강산댐 규모가 26억2천만 톤이란 것은 정확한 데이터냐? 그리고 물이 내려오는 속도는 감안했나?" 충분히 있을 수 있는 가정이다. 2012년 11월 30일, 정부에서는 630일이란 공사기간을 정해 평화의 댐 3단계 공사에 착수했다. 다수의 언론은 '혈세 낭비'라는 기사를 쏟아냈다. 논리정연하게 금강산댐 부실이나 붕괴우려 또는 평화의 댐의 대응 한계에 대해 말하는 언론은 없었다. 그냥 세금 낭비로만 몰아갔다.

KAL858 공중 폭파

● **세기의 살인마 김일성**

이 나라는 지금 '주사파' 운동권들이 장악하고 있다. 주사파라는 인간들은 김일성을 신으로 모시는 정신병자들이다. 김일성은 과연 신적인 존재인가? 이 부분에서 독자들은 김일성이 사람의 목숨을 얼마나 가볍게 생각하는 요마악귀인가를 실감할 필요가 있다. 김일성은 6.25를 일으켜 동족들은 물론 전쟁에 참가한 연합군들의 생명을 도륙했다. 히틀러 이후 우리는 유고에서 인종을 청소했던 밀로세비치, 미국의 초고층 무역센터 빌딩을 가루로 날렸던 오사마 빈 라덴, 목숨을 파리처럼 여겼던 이라크의 후세인 그리고 리비아의 카다피 등을 생각한다. 그러나 이들은 김일성에 비하면 왜소한 악한들이다. 김일성은 6.25전쟁을 시발점으로 하여 인간 살육을 일삼다 죽었다. 아래는 6.25가 낸 피해다.

한국군은 전사자 227,800명에 부상자 717,100명, 미군은 전사자 33,747명에 부상자 92,134명, 프랑스군은 전사자 2,888명에 부상자 818명, 터키군은 전사자 717명에 부상자 2,246명, 영국은 전사자 710명에 부상자 2,278명 그리고 호주, 캐나다, 태국, 네덜란드, 콜럼비아, 에치오피아, 필리핀, 벨기에, 뉴질랜드, 남아공, 룩셈부르크가 각 수백 명 단위의 희생을 치렀다. 한국 국민 23만 명이 사망했고, 29만이 실종되었다. 인민군이 52만 명, 중공군이 90만 명, 북한 주민 2백만 명이 사망했거나 실종됐다. 실종은 시체조차 찾지 못한 경우를 말한다. 김일성 한 사람으로 인해 모두 500만 이상이 희생된 것이다.

이후 김일성은 무장공비 침투, 미루나무 도끼만행, 암살, 폭파, 무장폭동, 민중봉기, 지하당 조직과 간첩단 조직을 통해 수많은 목숨을 소모품으로 증발시켰다. 북한의 목숨이든 남한의 목숨이든 가리지 않았다. 남한 내 공산주의자들은 바로 이런 김일성을 신으로 모시는 것이다.

● 눈 뒤집힌 김일성

88올림픽은 국제사회에서 북한이 완패당하는 원년이 되는 것이기 때문에 김일성은 전두환 암살하기와 올림픽 방해하기에 '다 걸기'를 했다. 1986년에는 금강산댐을 축성하여 서울을 물바다로 만들어 수장시키려는 공사를 시작했다. 그리고 공사 사실을 전 세계에 알려 서울올림픽에 참가할 생각을 하지 말라는 심리전을 폈다. 이에 전두환이 매우 빠른 속도로 평화의 댐을 건설하자, 김일성은 민항기를 공중에서 폭파시킬 궁리를 했다. 1987년 11월 29일, 김현희를 도구로 하여 중동에서 땀 흘리며 달러를 벌고, 직사광선에 검게 타고 사나운 모래바람 맞아 거칠어진 몸으로, 오랫동안 헤어져있던 가족들을 만난다는 부푼 가슴을 안고 귀국하는 중동 근로자들을 태운 KAL858 여객기를 공중에서 폭파시키는 만행을 저질렀다. 1988년에 서울로 가는 세계의 모든 여객기를 폭파시킬 것이니 세계 각국은 서울올림픽에 가지 말라는 공갈작전이었다. 하지만 연속된 김일성의 공작은 서울올림픽의 성공을 저지하지 못했다. 서울올림픽은 경제적으로 그리고 국위선양 차원에서 엄청난 성공을 거두었다. 대한민국이 국제적 위상을 단번에 선진국 수준으로 제고시키는 동시에 남북한 격차를 천지 차이로 벌려 놓는 엄청난 쾌거였다.

이에 눈이 뒤집힌 김일성은 서울올림픽으로 인한 남한의 국제적 위상을 물타기하려고 1989년 7월 1일에서 7월 8일까지 대대적인 평양축전을 열었다. 제13차 세계청년학생축전으로 일컬어지는 이 축전에는 177개 국가, 22,000명이 참가하여 성황을 이루었고, 당시로서는 역대 축전 가운데 가장 많은 나라가 참가한 축전이었다. 그리고 김일성은 이 행사가 서울올림픽보다 규모가 큰 행사였다고 대대적으로 홍보했다. 여기에 골수 주사파 임종석이 남한에서 김일성 장군을 외치며 적극적인 홍보전을 벌였고, 평양축전을 국제적으로 극화하기 위해 21세의 여성 임수경을 북으로 보냈다. "백두에 피 뿌려진 진달래 가슴 안고 통일의 화신 되어 총진군하자." 임종석의 선동 문구였다. 하지만, 세계에서 88서울올림픽을 기억하는 사람들은 많아도 평양청년 축전을 기억하는 사람은 별로 없다. 서울올림픽은 대한민국의 위상을 높이 올렸지만 평양축전이 북한의 위상을 높이 올렸다는 평가는 없다.

● **김현희 체포 과정**

노태우가 출마하는 제13대 대통령 선거전이 한창 열을 올리고 있던 1987년 11월 29일, 안기부장 안무혁이 갑자기 전두환에 긴급보고가 있다고 알려왔다. 북괴가 또 일을 저질렀겠구나 하는 예감이 들었다. 아니나 다를까 중동에서 근로자들을 태우고 오던 KAL기가 공중에서 폭파당한 것 같다는 실로 충격적인 보고였다. 김일성은 올림픽을 공동 주최하자는 요구를 귀찮게 해왔다. 요구를 받아들이지 않으면 테러도 불사하겠다고 협박도 했다. 협박 그대로 KAL기가 레이더망에서 갑자기 사라졌다. 버마 상공이었다. 보고를 받은 전두환은 북한의 소행이 분명하니 거기에 초점을 맞춰 범인을 추적하라고 지시했다. 추적 과정은 실로 007 못지않게 스릴 있고 복잡하다. 그래서 먼저 조사 결론부터 정리한 다음 과정을 설명하는 것이 이해에 도움이 될 것이다.

국제기관들이 공동으로 전개한 불꽃 튀는 그물망 작전을 요리조리 피해 다니던 테러리스트 김현희가 바레인 공항에서 극적으로 붙잡혔다. 중동지역 바다 한가운데 일엽편주처럼 떠 있는 작은 왕국 '바레인'은 인구 170만 명, 면적 778 평방킬로, 서울 면적 605 평방킬로보다 조금 넓은 나라다. 북한의 공작을 받았는지 처음과는 달리 한국 정부의 간여를 쌀쌀맞게 배격했다. 바레인 당국과 치열한 외교 협박전을 벌인 후 드디어 12월 15일 오전 4시 김현희의 신원을 확보할 수 있었다. 드디어 오후 2시, 김현희는 안기부 수사관들의 부축을 받으면서 김포공항에 내렸다. 대통령 선거를 하루 앞둔 날이었다. 서울에 온 김현희는 일본말만 하고, 일본인인척 하면서 좀처럼 입을 열지 않았다. 하지만 우리 측 여성 수사관의 인간적인 접근에 말문을 열기 시작했다. 이로부터 김현희가 고백한 사실들은 국제 수사관들과 다국적의 공항 직원들 그리고 대한항공 직원들이 공조하여 추적했던 객관적 사실과 정확히 일치했다.

● 김현희는 누구인가

김현희는 1962년 1월 29일, 북한에서 출생하여 노동당해외정보수사부 2과 소속의 공작원이 되었다. 1977년 9월 김일성 종합대학에 입학하여 예과 1년을 수료했다. 이때 나이 16세. 1978년 9월 곧바로 평양외국어대학 일본어과에 입학한 후 1980년 3월에 중앙당 조사부 공작원으로 소환되어 가명 김옥희를 부여받았다. 18세였다. 그해 4월부터 1987년까지 6년 8개월 동안 군사훈련, 간첩교육, 해외실습을 받았다. 25세였다. 1987년 10월 7일, 김현희는 공작 파트너 김승일과 함께 평양 룡성 43호 초대소에 불려가 대외정보조사부 '리 부장'으로부터 임무를 부여받았다.

"이번에 동무들이 수행해야 할 임무는 남조선 비행기를 제끼는 것이다. 남조선 비행기 폭파 목적은 88서울올림픽을 앞두고 남조선 괴뢰의 두 개의 조선 책동과 준동을 막고 적들에게 큰 타격을 주기 위한 것이다. 이 임무는 중요하고 어려우며 특히 비밀이 담보돼야 한다. 시간이 별로 없으니 완전한 임무수행을 위한 준비사업을 철저히 하라. 이번 임무수행 과정에는 완전한 일본사람으로 위장해야 한다. 김현희는 일본인 여자로 위장할 수 있도록 일본어 학습에 열중하고 임무수행 중에는 일본인 부잣집 딸처럼 행동하라."

공작 목표는 1987년 11월 29일, 바그다드를 떠나 아부다비를 거쳐 서울로 가는 KAL858기를 폭파하는 것이었다. KAL858 항로가 이라크-UAE-서울이었던 것이다. 김현희에게 일본어를 전담해서 가르친 사람은 일본인 '다구치 야에코'(田口 八重子)로 알려져 있다. 다구치 야에코는 일본에서 1955년 8월 10일 태어나 1987년 실종되어 북으로 납치돼 갔다. 김일성은 다구치 야에코에게 '자기의 은혜를 입은 여성'이라는 뜻으로 리은혜라는 이름을 하사했다고 한다.

김현희의 존재를 부인한 북괴는 일본으로부터 끊임없이 추궁을 받으면서도 김현희는 물론 '다구치 야에코' 납치 사실도 부인해왔다. 이런 상태에서 2002년 9월 27일, 고이즈미 일본 총리가 북한을 방문해 김정일과 회담을 했다. 고이즈미는 단도직입적으로 김정일에게 북한이 '다구치 야에코'를 납치한 사실을 인정하라고 압박했다. 이에 고이즈미도 놀랄 정도로 김정일은 납치 사실을 순순히 인정했다. 사과도 했고 재발 방지도 약속했다. 그만큼 당시의 북한은 일본의 도움이 필요했다.

김현희　　리은혜

다구치 야에코가 북한에 납치됐다는 사실을 김정일이 일본 수상 고이즈미에게 직접 확인해준 데다 김현희의 증언이 이와 일치하는 이상 적색 세력들이 끊임없이 제기하는 '안기부 음모론'은 더 이상 설 자리가 없게 되었다. 안기부 음모론이란 김현희의 KAL858기 폭파가 안기부의 자작극이라는 좌익들의 주장이다. 안기부의 음모라면 김현희는 한국의 국적을 가지고 있었어야 했다. 김현희와 이웃에 살았던 사람도 한국에 있어야 했고, 친척도, 초-중고-대학 동창들도 있어야 했다. 그런데 김현희의 얼굴이 그토록 언론에 도배되었는데도 그녀를 안다는 사람이 한국에는 한 사람도 없다. 김현희가 한국인이었다면 그녀는 다구치 야에코에 대해서도 알지 못했어야 했다. 그런데 김현희는 '다구치 야에코'가 그의 일본어 선생이었다고 자백했다. 미국과 일본은 각기 수사팀을 파견해 김현희를 조사했고, 독자적 결론에 따라 북괴를 테러지원국으로 지정하게 되었다.

● **김현희의 공작 과정**

공작조는 김승일 조장, 조원, 김현희, 안내조 2명이었다. 이들은 평양을 출발하여 복귀할 때까지 인솔하기로 돼 있었다. 이 둘은 폭발 무기인 트랜지스터 라디오의 사용법을 훈련받았다. AM/FM 겸용인 파나소닉 모델 RF-882, 폭파 시간을 자유자재로 조작할 수 있도록 돼 있었지만, 기본으로는 설치 후 9시간 후에 자동 폭파하도록 시간이 장입돼 있었다.

신분 노출 위험이 있을 때에는 말보로 담배갑에 설치돼 있는 독약 '앰플'을 씹어 먹도록 훈련돼 있었다. 1987년 11월 10일, 김승일과 김현희는 부장으로부터 마지막 지령을 받았다.

"이번 임무는 친애하는 지도자 김정일 동지의 친필 비준이 나있는 것으로 KAL858기를 폭파하는 것이다. 김현희의 임무는 김승일 동무의 딸로 행세하면서 항공료, 호텔료를 제외한 생활비 소모를 담당하고, 김승일 동무가 라디오를 작동하지 못할 상황이 발생하면, 대신 작동시키는 일이다. . 최악의 경우에는 소지하고 있는 앰플을 깨물어 비밀을 고수함으로써 친애하는 지도자 동지의 권위와 위신을 백방으로 보장하라."

김승일-김현희 등 일행은 1987년 11월 12일, 오전 8:30분경, 북한 항공기로 모스크바에 도착했다. 모스크바에서 다시 소련 비행기를 타고 헝가리 부다페스트에 가서 5박 6일 체류했다. 이후 자동차로 오스트리아 비엔나로 갔다. 비엔나로 넘어가던 도중 승용차 안에서 북한 관용여권을 반납하고, 일본인 명의로 된 일본 여권을 받았다. 비엔나에서 또 5박 6일 머물렀다. 11월 23일, 오스트리아 항공기를 타고 유고슬라비아 베오그라드에 도착해서 또다시 5박 6일 머물렀다. 그 사이인 11월 27일, 위장한 두 부녀는 그들이 머물던 호텔에서 안내 조장을 만나 비닐 쇼핑백에 들어 있는 KAL858기를 폭발시킬 무기, 트랜지스터 라디오 그리고 액체 폭약이 들어 있는 700cc 병을 인수했다. 안내 조장은 중국산 약주

상표가 붙어 있는 약주병에서 약주를 쏟아버리고 그 안에 액체 폭발액을 채운 것이다.

11월 28일, 오전 11시, 일행은 쇼핑백을 들고 호텔을 나와 유고의 베오그라드 공항에서 이라크 바그다드로 가기 위해 이라크 항공기를 타려던 참이었다. 출국 마지막 검색대에 섰다. 유고슬라비아 여승무원이 소지품 검사를 했다. 여승무원은 트랜지스터에서 4개의 배터리를 빼앗았다가 바그다드에 내려서 되돌려 받도록 해주었다. 이라크 항공기를 타고 바그다드에 내렸다. 유고에서 비행기를 탄 김현희가 이라크에서 KAL858기를 타려면 통과여객 대합실(transit room)을 거쳐야 했다. 쇼핑백을 들고 대합실로 가는 도중, 보안검색대에서 또 배터리가 적발됐다. 검색원은 여지없이 배터리를 수거했다. 이 배터리가 없으면 폭파임무 수행은 불가능했다. 통사정을 했지만 바그다드 보안 검색원은 들은 체도 않고 배터리를 빼앗아 쓰레기통에 던졌다. 김현희는 검색대를 통과해서 그녀를 기다리고 있는 김승일에게 이 사실을 보고한 후 잽싸게 쓰레기통을 뒤져 배터리를 꺼내 김승일에게 건넸다.

김승일 역시 잽싸게 배터리를 라디오에 끼운 후 소리가 나게 해서 검색원에 들려주면서 "이것 봐라, 이 배터리는 순수하게 라디오를 작동시키기 위한 것이다. 다른 데서는 이렇게까지 안 하는데 왜 유고에서만 유난하게 구느냐." 큰소리로 항의했다. 노인네가 큰소리로 억울한 척하면서 항의하니까 검색원은 눈감아 주었다.

아슬아슬하게 배터리를 되찾은 김현희는 통과여객실에 대기하다가 KAL858기 출발 20분 전인 밤 11시 5분 경, 9시간 후에 폭발하도록 시간을 장입해 선반 위에 얹어놓았다. KAL858기는 UAE의 아부다비 공항에서 착륙했다가 다시 서울로 향했다. 김현희 공작조는 도주하기 위해 UAE의 아부다비에서 내렸고, KAL858기는 아부다비에 착륙했다가 김현희 조를 내려놓고 서울로 직행하기 위해 이륙했다. 그리고 한국시간 11월 29일 오후 2시 5분, 버마 근처인 안다만 해역 상공에서 폭발되었다.

이후 아부다비에서 내린 김현희 팀은 로마로 튀려다 아부다비 공항 직원에 의해 강제로 가고 싶지 않았던 중동의 작은 섬나라 바레인에 내리게 됐다. 북한 초대소가 짠 시나리오의 작은 실수가 빚어낸 저들의 낭패였다. 김현희 조는 2일 후 바레인 공항에서 로마행 항공권을 가지고 출국 수속을 마친 상태에서 바레인 주재 일본 대사관 직원과 바레인 경찰에 의해 독 안에 든 쥐가 되었다.

● **김현희 추격과정**

정부는 공작조 두 사람이 바레인으로 간 사실까지는 확인했다. 이들은 여기에서 로마로 가려 했다. 이들이 로마로 가지 못한 것은 UAE 아부다비 공항의 특이한 수속 관행 때문이었다. 아부다비 공항은 비행기를 갈아타는 승객의 탑승 수속을 대신해 준다고 한다. 테러리스트 김현희 조는 두 개의 항공권을 가지고 있었다. 한 개는 아부다비를 거쳐 바레인으로 가는 것이고, 다른 하나는 아부다비에서 로마로 가는 항공표였다. 김승일-김현희가 계획한 여정은 아부다비-암만-로마 경로로 탈출하는 것이었다. UAE- 요르단- 이태리 노선이었던 것이다. 그런데 그들이 예기하지 못했던 장애물이 나타났다. UAE의 아부다비에서 요르단으로 가기 위해 통과여객실로 가는 도중 공항 안내원이 항공권과 여권을 보자고 한 것이다.

뜻밖의 요구에 이 둘은 매우 당황했다. 아부다비-암만-로마행으로 되어 있는 티켓을 보여주면 출발점이 아부다비이기 때문에 비행기를 갈아타기 위해 마련된 '통과여객실'로 올 수가 없는 일이었다. 이 둘은 다시 통과여객실을 나가 처음부터 아부다비 규정에 따라 탑승 절차를 밟아야만 했다. 그래서 하는 수 없이 비엔나 베오그라드-바그다드-아부다비-바레인을 통과하는 항공 티켓과 일본 여권을 제시할 수밖에 없었다. 김현희 조는 공항 안내원이 티켓과 여권을 확인한 후 곧바로 돌려줄 것으로 예상했다. 그런데 UAE 안내원은 자신이 직접 탑승 수속을 하겠다고 고집했다. 두 사람은 자신들이 직접 탑승 수속을 하겠으니 티켓과 여권을 돌려달라고 반복 요청했지만, 공항 안내원이 해주는 대로 예정에도 없던 바레인으로 갈 수 밖에 없었다. 다음날로 로마행 비행기를 타려다

만원이라 그 다음날로 예약했다.

다음날인 12월 1일 새벽 6:30분, 긴장한 김승일은 호텔 객실에서 김현희에게 말보로 담배갑을 건네주었다. 둘이는 바삐 호텔을 나와 택시를 타고 30분 만에 바레인 공항에 도착해 로마행 비행기의 탑승 수속을 마쳤다. 타기만 하면 이들은 영웅이 되는 것이었다.

공황에서 한숨 돌리고 난 후 비행기를 타려고 출국 검색대를 통과하려는 순간, 대기하고 있던 일본 대사관 직원이 여권과 출국신고서를 보자고 했다. 요구에 응한 두 사람은 하는 수 없이 대합실 의자에 앉아 있었다. 잠시 후 돌아온 대사관 직원은 김현희가 소지한 여권은 '하치야 마유미' 명의의 여권인데 이는 위조여권인 것으로 판명되었으니 두 사람은 곧장 일본으로 가야한다고 했다. 이후 이 둘은 바레인 경찰관 5명의 감시 하에 들어갔다. 로마 비행기는 이미 떠났다. 12월 1일, 오전 9시였다.

김승희가 비장한 어조로 김현희에 말했다. "우리의 정체가 들통났다. 일본에 끌려가면 고생하다 죽는다. 여기서 자살하자. 나는 살만큼 살았지만 네가 안 됐구나. 미안하다." 이에 김현희는 5명의 경찰을 향해 보란 듯이 김승일이 건네주는 '말보로' 담배 한 개비를 꺼내 입에 물고 피웠다. 최후의 순간에 독약 앰풀을 꺼내 물어도 의심받지 않으려는 사전 포석이었다. 이때 경찰관이 가방을 달라고 했다. 김현희는 가방에서 말보로 담배갑과 가스라이터를 챙긴 후 가방을 경찰에 내주었다.

경찰은 김현희가 꺼내든 담배갑도 내놓으라 했다. 김현희는 앰플 표시가 돼 있는 담배 개비를 재빨리 꺼냈다. 경찰은 그 담배 개비를 빼앗았다. 다급해진 김현희는 경찰관 손에서 그 담배 개비를 낚아채 깨물었다. 그리고 기절해버렸다. 경찰관은 손가락을 입에 넣어 담배를 긁어냈다. 이런 승강이가 벌어지는 동안 옆에 있던 김승일은 여유 있게 앰플을 씹어 삼켰다. 그리고 곧장 죽었다.

● **바레인과의 외교 전쟁**

전두환은 무슨 수를 쓰든지 김현희를 한국으로 데려오라고 명했다. 안기부 대공수사 부서에는 앰플 전문가가 있었다. 한 모 과장이었다. 30년 동안 북한 간첩들을 조사해온 최고 전문가였다. 그는 자살용 독약 변천사를 정리하고 김현희가 사용했을 앰플을 챙겨 가지고 바레인으로 날아갔다. 12월 3일이었다. 그런데 북한은 외교적으로 중동 일대를 관장하고 있었다. 바레인이 태도를 급격히 바꾸었다. 한국으로부터 오는 사람을 일체 만나지 않겠다고 버틴 것이다. 한 모 과장은 미국 대사관을 통해 바레인 측 수사책임자 '핸더슨'을 만나게 해달라고 간청했다. 정해융 주 바레인 한국대사는 바레인이 고용한 영국인 핸더슨 수사 책임자를 만나 "확실한 증거가 있다."고 설득했다. 결국 한 모 과장은 합리적인 핸더슨이라는 수사 책임자를 만났고, 설득에 성공했다. 하지만 바레인은 북한의 압력을 받아서인지 차일피일 미루었다. 서울에서 급파된 박수길 외무부 차관보가 마지막 카드를 꺼내 바레인을 협박했다.

"김현희는 여객기를 공중에서 폭발시킨 엄청난 범죄자다. 국제적 폭발력이 엄청난 존재인 것이다. 바레인은 그 엄청난 국제적 폭발력을 견뎌내기 어렵다. 바레인 당국이 재판을 하게 되면 그 과정이 길 것이다. 그 사이에 북한은 수단과 방법을 가리지 않고 김현희를 납치하거나 죽이려 할 것이다. 며칠 내로 북한이 김현희의 숙소를 폭파하러 올 것이라는 첩보도 있다. 북한은 테러리스트를 고용해 중동지역에 파견돼 있는 당신네 대사를 납치해 김현희와 맞바꾸자고 협상할 수도 있다. 한순간이라도 빨리 손을 털어야 당신의 나라가 안전할 수 있다. 왜 망설이는가?"

협박한 지 정확히 12시간 후, 아랍에미리트 공화국 외무장관 '칼리프'로부터 연락이 왔다. "데려가시오." 외교의 충력전이요 위기관리의 FM이었다. 사건이 발생한 지 464일 만인 1989년 3월 7일, 서울에서 김현희에 대한 1심 재판이 열렸다. 그 후 47일 만인 4월 25일, 1심은 그녀에게 사형을 선고했다. 1990년 3월 27일, 대법원은 사형을 확정했다. 그 후 보름만인 1990년 4월 12일, 노태우는 그를 특별 사면시켰다.

가짜 김현희 조작

사건 발생 이후 재판이 시작되기까지 460여 일, 북한은 남한의 추종자들의 입을 통해 별의별 의혹들을 확산시켜 우리 사회를 어지럽혔다. 사건 발생 6일 만인 1987년 12월 5일, 조선중앙통신사는 사고는 북한과 무관한 것이라는 성명을 냈다. 사고의 원인이 기상악화나 기계 고장일 수 있다는 주장도 했다. 조총련과 종북자들은 소설도 쓰고 TV 특집들을 제작해 여론 몰이를 했다. 20~40 가지의 의혹들을 나열했지만 모두가 북한이 제기한 의혹들에 덧칠을 한 것들이었다. 이 모든 의혹들이 사회 일각에 선동 효과를 낼 수 있었던 것은 진실이 담긴 블랙박스를 수거하지 못했기 때문이었다.

하지만 미국과 일본 정부는 각기 고도로 훈련된 조사관들을 보내 독자적으로 조사를 했다. 그리고 KAL858기는 북괴가 폭발시켰다는 조사 결과를 공식 발표했다. 미국 정부는 1988년 1월 21일 북한을 테러지원국으로 규정하고 북한인들에 대한 입국비자 발급을 극도로 제한하고, 무역, 투자, 원조, 차관, 금융거래 등에서 엄중한 제재를 가했다. 이어서 동년 1월 26일에는 일본이 제재를 강화하기 시작했고, UN 차원의 규탄으로 이어져 북한은 그야말로 고립무원의 처지가 되었다. 종북주의자들은 이것을 참을 수 없어 했다.

2012년, 김현희가 폭로한 노무현 횡포

2012년 6월 김현희는 노무현 시절에 그에게 가해졌던 국가 차원의 범죄행위들을 폭로했다. 국정원, 경찰청, 방송3사, 좌파매체들, 천주교정의구현사제단, 인권위 심지어 국정원까지 합심해서 자신을 가짜로 몰아갔고, 김현희를 해외로 추방하려는 집요한 만행들을 정부 차원에서 감행했다고 했다. 1급 비밀로 지켜왔던 김현희의 거주지를 TV 화면을 통해 널리 보도하는 등의 불법행위들을 감행했다. 그리고 KAL858기 참사는 당시 한국 정부가 조작한 것이라는 결론을 만들어 한국 정부를 범죄집단으로 매도하는 반면 북한 정권에는 깨끗한 면죄부를 선물하려는 일련의 반역행위들을 카르텔 형태로 저질러왔다고 폭로했다.

"2003년 노무현 정부 시절 국가정보원이 나를 해외로 이민 보내 못 들어오게 한 뒤 가짜 범인이라서 도망갔다고 몰아가려 했다. 내가 이민을 거부하니까 국정원이 1급 보안 사항인 나의 주거지를 방송에 노출했고 그래서 5년 동안 피신 생활을 해야 했다."

남편 정모씨는 월간조선(2009년 2월호) 인터뷰에서도 2003년 여름 잘 아는 국정원 간부가 오더니 내부가 시끄러운데 이민을 가줄 수 없느냐는 권고가 아닌 경고를 했다. 당시 국정원장은 민변 초대 회장 출신의 고영구씨, 2차장(국내 담당)은 한국일보 기자 출신인 박정삼씨 였다.

국정원만이 김씨를 압박한 것이 아니다. 김씨는 2008년 10월 이동복 북한민주화포럼 대표에게 보낸 편지에서 "담당 경찰간부로부터 2년 정도 타지역에 거주해 줄 것을 요구받았다."고 했다. 이 역시 상부의 지시 없이는 있기 힘든 일이다. 당시 경찰 총수는 최기문 경찰청장이었다.

노무현 정부가 김씨를 껄끄럽게 여긴 이유는 김씨가 활동할수록 북한의 소행이 반복적으로 드러나기 때문이다. 김현희 씨는 노 정권의 일부 세력이 '김현희 가짜 만들기'에 나선 이유에 대해 "김정일에게 면죄부를 주기 위한 것"이라고 주장했다. 국정원 과거사위원회 오충일 위원장은 "KAL기 사건을 조사하는 핵심은 김정일이가 하지 않았다는 것을 밝혀내는 것이다."라고 말한 사실이 있다고 했다. 북한은 KAL기 폭파사건으로 미국 정부의 '테러지원국' 명단에 올라 오랜 제재를 당하고 있었고, 노무현 정부는 미국 측에 북한의 테러지원국 지정 해제를 요구하고 있었다.

2003년 11월 3일 천주교 인권위원회와 정의구현사제단 신부 115명은 기자회견을 열고 "정부가 폭파범이라고 발표한 김현희는 가짜이고 KAL기가 폭파됐다는 아무런 증거도 없다." 며 전면 재조사를 요구했다.

보름 뒤인 11월 18일 MBC 'PD수첩'은 천주교 신부들의 기자회견문을 인용하면서 "김현희가 북한에 있을 때 찍었다는 사진이 그가 북한 사람이라는 유일한 증거로 제시됐지만 확인 결과 그 사진은 가짜로 드러났다."고 보도했다.

같은 프로에 KAL기 진상규명대책위원회 소속 심재환 변호사를 등장시켜 "김현희는 완전히 가짜다. 이건 어디서 데려왔는지 모르지만 절대로 북한 공작원이 아니라고 우리는 단정한다."고 했다. 심 변호사는 통합진보당 이정희 전 대표의 남편이고 이석기 진보당 의원이 연루된 '민혁당 사건' 변호를 맡았었다. MBC에 이어 11월 29일엔 SBS '그것이 알고 싶다' 프로가, 이듬해 5월엔 KBS '일요 스페셜'이 2부작으로 PD수첩과 같은 내용을 다뤘다.

2003. 11. 18. 방송을 통해 김현희의 아파트 전모를 영상으로 공개한 자들은 MBC 사장 이긍희, PD수첩 PD 최진용 등이다. PD수첩은 '16년간의 의혹, KAL기 폭파범 김현희의 진실'이란 프로그램에서 김 씨가 사는 아파트 전경, 불이 켜진 김 씨 집 창문, 김 씨 집의 현관문을 두드리는 장면 등을 방송했다.

기자들 피해 임시거처로 전전

김현희 부부는 붉은 세력의 표적이 되어 이리저리 피해 다녔다. 늘 임시거처였다. 그러던 중 2021년 2월, 김현희의 유일한 보호자 정 모 씨가 심장마비로 사망했다. 1997년 12월, 김현희와 결혼한 지 23년 만에 세상을 떠난 것이다. 붉은 세력의 끝없는 괴롭힘 때문에 김현희 부부는 어엿한 집에서 살아보지 못했다. 《월간조선》 2009년 6월호 〈김현희 씨의 12년 만의 서울 나들이〉 제하의 인터뷰에는 아래 내용이 있다.

"부엌이고 화장실이고 하도 좁아서 혼자 외에는 못 들어갑니다. 약을 놔도 생쥐하고 바퀴벌레가 3개월 지나면 또 생겨요. 쥐가 집에도 막 들어와요. 그게 참 영리한데요. 사람 있으면 못 나가고 있다가, 문 열면 확 나가는 쥐가 많거든요. 바퀴벌레도 요즘 바퀴는 (집게손가락을 들어 보이며) 이만해요. 서양 바퀴인지. 지난 3월에 부산 가기 전날에도 새벽에 자다가 일어나서 이불 위로 지나가는 큼지막한 바퀴벌레를 잡다가 잠을 설쳤어요. 그런데 그런 곳에서 사는 저를 그날은 국가원수 경호하듯이 그러니까, 그것도 참 어색하데요."

1962년생인 김현희는 지금 60세다. 한국에 온 이후 35년 동안 김일성 종교집단에 시달려 왔다. 우리가 모르는 사이 그녀는 35년 동안 임시거처의 인생을 이어온 것이다. 자유가 보장되는 이 사회에서 그녀는 국민의 시선이 미치지 않는 사각지대에 종북자들이 설치한, 곰팡내 진동하는 10평 가두리장에 갇혀 생쥐와 바퀴벌레로부터 또 다른 고통을 당하면서 하루하루 연명하고 있다고 한다.

제6장

통제문화를 자유문화로

야간통행금지 혁명적 해제

박정희 시대까지 엄격히 지켜졌던 야간통행금지는 치안과 안보를 보장하는 핵심수단이었다. 1945년 9월 미군정 포고령에 의해 설치되었던 야간통행금지는 6.25를 거치고, 1968년의 김신조 부대의 청와대 침투 사건, 울진삼척 무장 공비 사건, 판문점 미루나무 도끼 만행 사건 등 이루 헤아릴 수 없이 많은 북괴의 침투사건들이 줄지어 발생함에 따라 절대로 존속돼야 할 성역인 것으로 인식돼 왔다. 만일 누가 야간통행금지를 해제해야 한다는 건의를 박정희에게 올렸다면 금새 목이 날아갔을 것이다. 그 정도로 터치 불가능한 성역이었던 것이다.

밤 12시가 되면 곳곳에 총알택시들이 등장했다. 야간에 술을 마시다가 늦은 사람들도 있었겠지만 야근을 해야 하는 사람들도 상당히 많았다. 전두환은 생각했다. '야간통행금지를 해제한다면 치안과 안보에 상당한 문제가 있겠지만, 국민을 언제까지나 밤 12시 안에 가둬둘 수는 없다.' '1986년의 서울 아시안 게임과 1988년의 서울 올림픽 게임을 앞두고 있는 입장에서 국제사회에 한국이 야간통행금지국으로 알려진다는 것도 올림픽 주최국으로서의 체면이 아니다.'

주위의 인물들 중 이런 전두환의 생각에 동조하는 사람은 거의 없었다. 하지만 그는 주위의 모든 반대를 물리쳤다. 1982년 1월 6일 자정을 기해 36년 동안 유지돼왔던 대한민국 야간통행금지를 전면 해제한 것이다. 이는 혁명이었다. 누군가의 건의로 이루어진 것이 아니라 순전히 전두환의 발상과 용기로 단행한 것이다. 가장 염려했던 치안문제는 1980년 국보위 시절, 삼청교육대 설치와 사회정화 사업으로 상당히 안정돼 있었다. 지금의 생각으로서는 별 큰일이 아니라고 생각들 하겠지만 당시로서는 가히 혁명적 조치였다.

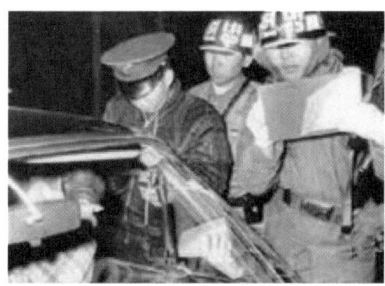 

연좌제 폐지

연좌제는 범죄인과 특별한 관계에 있는 사람들에게 연대책임을 지워 불이익을 주는 제도로 동서양의 많은 나라들이 채택했던 제도였다. 4.3 사건, 여순사건, 6.25 등 격랑의 대남도발 역사를 겪으면서 월북을 하거나 조국을 해롭게 하는 사람들이 우리 사회 곳곳에서 암약하고 있었다. 이런 처지에서 그 가족과 친인척들을 무작정 선량하고 독립적인 애국 국민으로 인정해 줄 수는 없었다. 그래서 북괴는 지금도 연좌제를 살벌하게 실시하고 있는 것이다. 그런데도 불구하고 전두환은 골수 빨치

산이나 골수 간첩의 자식들까지도 독립적 인격체로 존중해야 한다며 1981년 3월, 제5공화국 헌법 제12조를 통해 연좌제를 폐지했다. 제5공화국 헌법 제12조는 '모든 국민은 자기의 행위가 아닌 친족의 행위로 인하여 불이익한 처우를 받지 아니한다'고 규정돼 있다. 하지만 지금의 헌법 12조는 신체의 자유를 존중하는 것을 내용으로 하고 있다.

저자도 개방과 자유를 신봉하는 사람이지만, 연좌제 폐지를 보면 당시 전두환의 개방 속도는 과할 정도로 빨랐다고 생각한다. 그는 또 해외에서 '반한-친북' 활동을 한 사람들, 맑스주의자들, 해방신학을 확산하던 악의적인 반국가 인물들의 국내 입국도 과감히 허용했다. 이처럼 전두환은 극단적인 자유민주주의자였다. 이런 자유를 만끽해놓고도 눈만 뜨면 대한민국을 파괴하려 일생을 바쳤던 공산주의자들은 아무것도 모르는 국민을 향해 "전두환은 독재자요 철권통치자"였다고 음해해 왔다.

당시의 전두환은 "한번 빨갱이는 영원한 빨갱이"라는 이론을 도외시했다. 대한민국에서 골수 빨갱이들은 대부분 그들의 조상이 빨갱이였던 사람들이다. 노무현도, 그의 처 권양숙도 여기에 해당한다. 남민전의 간부들도 다 여기에 해당한다. 여기에는 손학규도 포함된다. 2005년 11월 24일, 손학규는 안무혁이 이사장이었던 '한국발전연구원'에서 강연을 했다. 참고로 안무혁은 육사 14기로 1987년, 장세동에 이어 국정원장을 한 사람이다.

"저는 실제로 대학을 졸업하면서 취직을 할 생각은 하지 않고, 소설가 황석영 씨와 같이 구로동 수출공단에 들어가서 일을 했습니다. 제가 거기에 취직을 하려고 들어간 것이 아닙니다. 어떻게 노동자들을 조직해서 이 사회를 뒤엎을까 하는 생각만 했습니다."

조찬 강연에서 손학규가 연사로 나와 이런 말을 했을 때, 장내에서는 박수갈채가 쏟아졌다. 그가 전향했다는 것이 기쁘다는 것이었다. 손학규는 스스로를 민주화 투사라 자임했다. 전향했다는 운동권! 저자는 그 100%가 위계요 전략적 제스처라고 생각한다. 많은 국민들이 전향했다고 믿는 김문수도 저자의 눈에는 아직 위장 상태에 있다고 생각한다.

해외유학, 해외여행 자유화

전두환은 국민의 생각하는 범위를 넓혀주고, 서양화시키는 것이 선진화의 첩경이라고 생각했다. 그러기 위해서는 선진학문과 선진문화를 들여와야 했다. 꽁꽁 묶였던 해외유학과 해외여행을 풀어주었다. 당시는 40%를 웃도는 인플레가 만연해 있었고, 외자가 턱없이 부족해서 해외유학과 해외여행을 풀어주면 외화가 반출된다는 염려들을 했다. 해외여행과 해외유학을 풀어주면 위화감을 조성하기 때문이 자유화하면 안 된다는 것이 관료들의 일반적인 생각이었다. 그래서 해외유학을 가거나 해외여행을 가는 사람들은 신분 있는 사람들의 연대보증을 세워야만 했다. 하지만 전두환은 해외 취직, 해외 이주, 해외 투자를 촉진시키기 위해 알선 사업까지도 장려했다. 1983년 1월부터는 관광 여권을 발행시켰다. 1985년에는 해외유학 인구가 1만 명을 넘었다. 실로 선이 굵은 과감한 조치들이었다.

중고생 교복, 두발 자율화

'젊은이의 거리' 명동 등에 나가면 경찰들이 미니스커트를 입은 여성을 붙잡아 스커트 길이를 자로 쟀다. 예비군 소집 때 머리가 길면 바리깡으로 뒷머리를 밀었다. 전두환은 이 모든 통제를 해제했다. 두발도, 의복도 자유가 됐다. 전두환은 중고생들을 획일화된 교복으로 구속하는 것은 그들의 자유를 구속하고, 개성을 억압하고, 사고력을 제한하는 극히 옳지 못한 통제라고 생각했다. 각국의 실태를 알아보니 교복을 입히는 나라는 아시아의 몇 개 국가에 불과했다고 했다.

전두환이 특히 교복을 못마땅하게 생각하는 것은 그것이 일제의 억압을 상징하는 것이라고 생각했기 때문이다. 전두환이 이러한 의견을 냈을 때 그의 주위 사람들은 강하게 반대했다. 교복을 입히면 1년에 옷 한 벌만 사주면 되는데 자율화시키면 있는 집 아이들은 사치를 할 것이고, 없는 집 아이들은 주눅이 들 것이기 때문에 자연 위화감을 조성할 것이라고 반대한 것이다. 그리고 교복이 없어지면 문란한 청소년을 무슨 수로 식별하고 통제하겠느냐며 반대했다. 하지만 전두환은 교복과 교모를 학교별 선택사항으로 한다는 예외조항을 곁들인 채 교복을 자율화시켰다.

교복이 강요하는 정신적, 육체적 구속으로부터 학생들을 해방시킨다는 것은 학생들의 삶의 질에 관한 문제이기도 했지만, 사고력의 한계를 넓혀주고 창의력을 고취하는 문제이기도 했다. 창의력은 오로지 자유공간에서만 배양되고 발휘되는 것이기 때문이다. 거리에 교복 입은 아이들이 많이 뜨이면 '구속 사회'가 연상되고, 자유분방한 옷을 개성 있게 입은 아이들이 많이 보이면 '자유주의 사회'가 연상될 것이라고 생각했다. 교복으로부터의 해방은 단지 교복을 입지 않아도 된다는 규제항목 하나를 없애 주는 것에 그치는 것이 아니었다. '통제문화'를 '자율문화'로 바꾸는 엄청난 '문화혁명'이었던 것이다.

전두환에 대한 당시의 비난들

박정희 대통령이 시해되자 정치 선봉에 섰던 3김 즉 김영삼, 김대중, 김종필 등은 자신들의 집권욕에만 몰입해 있었고, 국민의 자유를 억압하는 야간통행금지의 폐지, 연좌제 폐지, 해외여행과 유학의 자유화, 교복과 두발의 자율화 등 인권과 자유에 대한 이야기를 전혀 꺼내지 않았다. 이런 정치꾼들로서는 상상조차 할 수 없었던 이 엄청난 문화적 혁명을 현실화시킨 사람이, 바로 그들이 입만 열면 "군부독재의 수괴"라고 몰아붙였던 전두환이었던 것이다.

그때나 지금이나 지식인을 자처하는 사람들은 정부를 무조건 비난하고 잘난 인물을 비판하고 날카롭게 쪼아야 앞서가는 지식인으로 인정받는다고 생각한다. 그들이 가장 두려워하는 것은 '어용'이라는 딱지가 붙는 것이다. 아무리 정부가 잘해도 일단은 비난부터 해야 지식인으로 인정받고, 잘하는 것을 잘한다고 하면 어용으로 몰린다는 정서가 이어져 왔다. 이른바 '한국병', '식자병'이 고질화돼 있는 것이다.

전두환이 물가를 안정시켰을 때, 이들은 입방아를 찧었다. "정통성이 취약한 전두환으로서는 물가를 안정시키지 않으면 안 되었기에 할 수 없이 한 것이다." 야간통행금지를 해제한 것은 퇴폐영업소를 양성하기 위한 것이고, 컬러TV 방송을 허용한 것은 음란영상물을 범람시키기 위한 것이고, 스포츠 장려 정책을 추구한 것, 교복 자율화를 추구한 것 모두가 다 청소년들의 인기를 얻기 위한 우민화 정책이라는 것이다.

당시 사람들은 '3S 우민화 정책'이라는 말을 지어내 전두환을 모략했다. 3S는 Sports, Screen, Sex를 의미했다. 최근 한류가 아시아를 휩쓸고, 유럽, 미대륙, 중동 등으로 확산돼 가고 있다. 우리나라가 스포츠 강국으로 세계에 위상을 날리고 있다. 국가를 이 엄청난 위상에 올려놓은 사람이 과연 누구인가? 전두환인가? 아니면 전두환의 일거수일투족을 따라다니며 중계 방송하듯 비난만 일삼았던 참새 정치꾼들이었는가?

잘난 인물들 모두가 이처럼 매도당해 이완용의 후예가 돼버리면 이 나라 영웅은 누가 되는 것인가? 무자비한 살인마 김구가 최고 영웅 되고, 업적이 지극히 애매한 17세 유관순이 영웅 되고, 총질과 폭탄 던지기 잘했던 혈기들이 영웅 돼있다. 답답한 민생을 계몽했던 지사들은 모두 다 일제 앞잡이였고, 건국과 부국과 구국의 영웅들은 모두 시궁창에 처박혀 독재자로 저주받고 있지 아니한가.

이 한심하고 망국적인 이야기가 나왔으니 한 가지만 더 살펴보자. 세계의 모든 나라들에는 영웅들이 많다. 그런데 그 영웅들의 면면을 보면 업적, 사색력, 용기와 신념, 배움 등이 상류급에 속한다. 우리가 그토록 미워하는 일본을 보자. 일본 화폐 1만엔 권에 초상으로 새겨진 인물이 누구인가를 살펴보자. '후쿠자와 유키치', 그는 일본의 유학파 엘리트를 모아가지고 영국 옥스퍼드 영영사전을 한자로 번역하여 서양문물을 받아들이게 했던 위인이었다. 그 영-한문 사전을 우리말로 토 달은 것이 영-한사전의 원전이었다.

우리가 지금 쓰고 있는 단어, 학교, 교량, 민주주의. . 이런 단어들은 후쿠자와 유키치가 창안해 준 것들이다. 언어와 문자 분야에 종사해온 전문가들은 두 가지를 불가사의로 꼽는다고 한다. 하나는 어떻게 중국이 그 옛날에 그 엄청난 분량의 '뜻문자'를 만들어냈느냐에 대한 불가사의이고, 다른 하나는 일본의 후쿠자와 유키치가 그 한문을 이용해 영영사전을 어떻게 영-한문 사전으로 엮어 냈는가에 대한 불가사의라 한다.

이런 인물이 일본 최고액 화폐에 초상으로 실리는 것은 국적을 떠나 근사해 보인다. 오는 2024년부터 그 초상은 '시부사와 에이치'로 바뀐다. 시부사와는 누구인가? 일본 기업에 일본식 자본주의를 정착시킨 스승이었다. "일본의 기업인들은 한 손에는 주판을, 다른 한 손에는 공자의 도덕률을 들어라. 주판은 오로지 도덕률 아래서만 두어라." 이 역시 근사해 보인다.

저자가 여기에서 일본의 위인 이야기를 꺼내는 데에는 이유가 있다. 우리가 위인으로 여기는 사람들은 다 인물 크기에서 시쳇말로 쪽팔리는 인물들이기 때문이다. 위에서 소개한 일본의 두 인물에 비해 우리의 인물들은 누구들인가? 가장 위대하다는 김구, 그는 누구인가? 김구는 1896년 무고한 일본 상인 '츠치다 조스케'를 돌과 몽둥이로 때려죽인 후 돈을 갈취하는 등 살인을 일삼던 조폭 클래스 인물이었다. 1948년 4월 19일에는 김일성이 직파한 간첩 성시백에 포섭되어 북으로 몰래 침투하여 김일성의 정권 과정에 부역 찬양했다. 대한민국 건국 후에도 계속해서 건국을 무효화시키는 행동을 벌이다 젊은 장교 안두희의 총탄을 맞고 숨졌다. 사람들은 [백범일지를 보고 그를 영웅이라고 생각한다. 그러나 그 책은 영혼 없는 글쟁이 춘원 이광수가 썼다. 이광수가 쓰면 쥐가 고양이 된다.

이어서 17세의 유관순, 30세의 안중근, 24세의 윤봉길 등이 우리나라 위인이고 영웅이다. 일본인들은 김구가 '츠치다 조스케'를 살해하고 돈을 갈취한 사실을 다 알고 있다. 이런 살인마를 한국 국민들이 최고의 영웅, 최고의 위인으로 섬기고 있는 모습을 보고 그들은 우리를 어떻게 생각할까? 이것 또한 쪽팔린다.

일본에는 가미가제 자살특공대가 있었다. 제로비행기를 타고 미국 군함에 돌진해 장엄하게 전사한 영웅들이었다. 보기에 따라서는 이 자살특공대원들이 일본의 인물을 향해 폭탄을 투척하는 식의 우리 영웅들보다 더 영웅적으로 보인다. 위 일본의 위인 두 사람의 프로필과 우리 영웅들의 프로필을 대조해보라. 영웅경쟁에서 우리는 일본에 쪽팔리고 있는 것이다. 애국우익들은 이승만과 박정희와 전두환을 현대사의 위인이라고 생각한다. 그런데 빨갱이들은 이들을 매국노요 독재자라고 거품을 문다. 나라를 만들고 가꾼 대통령들은 독재자, 반역자가 되고, 나라를 망치고 창피하게 만든 자들이 신격화되고 있는 이런 사회, 누가 만들었는가. 국가의 부름을 받고 목숨 바친 정규군은 살인자라는 누명을 쓰고, 북한 게릴라에 춤추던 부나비들은 영웅이 되어 국민 위에 군림하는 이런 더러운 나라 누가 만들었는가.

전두환만이 '추대된 대통령'

이 세상에서 가장 이상적인 대통령은 자기가 스스로 나서서 "나를 뽑아 주세요" 하는 사람이 아니라 의사표시를 하지 않았는데도 주위 사람들이 그리고 국민 대다수가 강제로 추대해서 대통령이 되는 사람일 것이다. 우리나라 헌정사상 이렇게 추대되어 대통령 자리에 오른 사람은 전두환뿐이었다. 정통성이 가장 훌륭한 사람이 전두환이었던 것이다.

10.26 밤에 전두환의 역할이 없었다면 김재규를 잡아넣지 못했다. 12.12로 정승화와 그 군벌을 제압하지 못했다면 김재규와 정승화가 함께 독재공화국을 열었을 것이다. 대통령을 시해하고 정권을 잡은 사람들이 과연 국민에게 표현의 자유를 허용할 수 있었을까? 12.12가 정말로 쿠데타였다면 전두환은 그날 밤에 대통령이 됐어야 했다. 그러나 전두환은 국정에 캄캄한 최규하 대통령을 돕기 위해 국보위를 설치하고, 거기에 제갈공명들을 불러 모아 지혜를 짜내게 해서 최규하의 시국수습 과정을 충심으로 도왔다. 사회를 어지럽히고 공포스럽게 하던 조폭과 불량자들을 삼청교육대로 보내서 재활시키고, 수천 명의 부패공무원들과 기업인들을 숙청했다. 그가 주도했던 이 엄청난 작업은 어디까지나 최규하를 돕기 위한 것이었다. 이 세상에 이렇게 하는 쿠데타도 다

있는가?

수많은 장군들이 보안사령관을 거쳤다. 주로 2성 장군들이있다. 그 많은 장군들 중 전두환 말고 그 어느 보안사령관이 각계의 전문가들, 교수들, 연구자들, 기업인들을 매일 만나 아침 공부를 했는가? 김영삼이 이런 공부를 했는가, 김대중, 노무현, 이명박, 박근혜, 문재인이 했는가? 전두환은 장군이라기보다 부지런히 학습하는 학도였다. 이런 학습 결과가 국가적 위기를 맞이하여 국가를 구한 것이다. 이런 모습을 지켜본 전두환의 하늘과 같은 선배들, 당시의 관료들이 "전두환 밖에는 이 어지러운 국가를 이끌 사람이 없다."며 이구동성으로 전두환을 추대했다. 그리고 그는 12.12가 발생한 지 8개월 보름만인 1980년 8월 27일, 최규하가 "나에겐 벅찬 자리"라며 스스로 물러난 대통령 자리에 올랐다.

당시 최규하는 대통령 자리에 있었지만, 10.26 사태를 맞이한 바로 그 순간, 김재규에 양다리를 걸쳤다. 박대통령 시해범이 김재규라는 사실을 김계원으로부터 보고받고도 긴급 국무회의장에서 장관들이 "누가 범인이냐?" 소리들을 냈을 때 끝까지 침묵했다. 그리고 슬며시 회의장을 빠져나가 김재규에 가서 귓속말로 회의 결과를 알려주었다.

12.12 사건에서는 결재 시간을 8시간씩 지연시킴으로써 내편 네 편 갈라진 군벌 사이에 내전을 촉발시켰다. 다행히 총성이 울리기 전에 전두

환의 발 빠른 진압이 있었기에 망정이지, 진압이 늦었다면 내전이 발발했을 것이다. 이로부터 사회에는 최규하가 무능의 상징으로 조롱됐다. 최규하의 얼굴이 비칠 때마다 국민들은 답답한 한숨들을 내쉬었다. "왜 빨리 안 물러나! 전두환에게 맡기면 시원시원하게 할 텐데!" 이것이 당시의 사회상이었다.

12.12는 정승화가 촉발시켰다. 정승화는 국가를 공격했고, 전두환은 국가를 방어했다. 정승화는 박정희 시해범 김재규의 내란행위를 옆에서 지켜보고, 김재규가 시해범이라는 것을 알고 있으면서도, 김재규가 원하는 대로 병력을 움직이고, 김재규의 살해 현장에 대한 조사를 하지 못하게 방해하다가 김재규가 서빙고 지하실로 끌려간 이후에도 계속해서 김재규를 옹호하고 그와 함께 혁명을 도모하려는 매우 위험한 행보를 보였다. 이를 면밀하게 지켜본 전두환은 이를 김재규-정승화에 의한 쿠데타 시도라고 생각했다. 내란방조 혐의가 뚜렷했기 때문에 구속한 것이다.

전두환은 12월 12일 밤, 최규하에 가서 정승화의 구속을 재가해 달라 간청하다가 최규하가 "노재현 장관이 와서 서명한 다음에 재가해 줄게, 시국이야기나 나누자." 말했을 때 순순히 복종하면서 기다렸다. 만일 12.12가 쿠데타라면 전두환은 그날 밤 정승화만 체포할 것이 아니라 대통령 최규하도 체포했어야 했다. 하지만 그후 9개월 동안 전두환은 최규하를 깍듯이 모셨다.

전두환을 대통령으로 추대한 사람들은 최규하를 위시해 당시의 최고위층 장군들과 각료들이었다. 당시 전두환은 2성 장군이었다. 기라성 같은 3성 장군, 4성 장군들의 숫자가 얼마나 많은데 그들이 모두 전두환의 완력이 무서워서 새까만 후배 장군을 대통령 자리로 추대했겠는가? 군사회를 마치 꼬마들의 병정놀이 정도로 인식한 것이다. 1996년 전후의 판검사들, 우리는 이제부터 그들을 하나씩 도마 위에 올려 책임을 물어야 할 것이다.

제7장

미국보다 먼저
IT 강국 열어

전화기가 곧 신분이었던 1970년대

지금은 식구마다 핸드폰을 소유하고 있다. 시장조사업체 카운터포인트 리서치는 2021년 세계 스마트폰 시장에서 삼성전자가 소매 판매량 기준 18.9%의 점유율로 1위를 차지했고, 애플이 17.2%로 2위를 차지했다고 밝혔다. 이처럼 한국이 전화기 시장을 선도하고, 1인 1전화기 시대가 전개돼 있는 것에는 그 뿌리가 있다.

1970년대에는 특권층이나 부잣집만 거실에 가정용 전화기를 설치했다. 공중전화기도 없었다. 전두환은 1973년 1월, 장군으로 진급하면서 일반전화기 신청을 했지만, 전화 회선에 여유가 없다는 이유로 받아주지 않았다. 신청이 접수되기도 어려웠지만, 접수됐다 해도 서울에서는 여러 달이 걸렸고, 지역에 따라서는 2-3년씩 걸렸다. 1978년 당시 전화신청을 해놓고 기다리는 사람이 60만 명이나 되었다. 전두환 이전의 교환기는 기계식이었다. 기계식 전화교환기는 전화가 걸려오면 교환여성이 코드를 상대방 전화번호 단자에 꽂아주는 식이었다. 그래서 소수만이 혜택을 누릴 수 있었다. 전화기를 놓으려면 아파트 한 채를 바쳐야 했다. 전화기가 곧 신분이었다.

● **청색전화 백색전화**

당시 전화기는 '청색전화'와 '백색전화'가 있었다. 청색전화는 소유권이 없고 사용권만 있어서 이사를 하면 반납해야 했다. 사고 팔 수 있는 전화기는 '백색전화'였다. 강남지역 30평 아파트 값이 200만 원이었는데 백색전화 값이 260만 원으로 치솟을 때도 있었다. 1980년, 전 가구의 87%가 TV를 소유했고, 농촌 가정에도 냉장고와 세탁기가 다 있었다. 그런데 전화기는 4가구에 1가구 꼴로 설치돼 있었다. 전자식 교환기가 수입돼 있는 상태에서도 이러했다. 전두환은 우리나라 통신사정이 다른 문명의 이기에 비해 낙후한 이유를 진단했다. 그리고 전화기에 대한 인식이 잘못돼 있다는 사실을 터득했다. 전화를 단순한 '통화수단'인 것으로만 여기고, '정보유통 수단'이라는 사실에 눈을 뜨지 못했기 때문에 사업 우선순위에서 밀려나 있었다고 생각한 것이다. 전두환의 이 생각이 IT강국의 씨앗이 된 것이다.

최우선 사업, 전자식 교환기 개발

이런 생각에 미친 전두환은 육사18기 오명 비서관을 불러 전화기 역할에 대한 그의 생각을 이야기 했다. 그랬더니 오명이 통신 분야의 문제점과 비전을 일목요연하게 설명해 주었다. 전두환은 오명 박사를 체신부 차관으로 보내 통신현대화사업을 총괄하도록 했다. 이어서 오명은 체신부 장관에 오래도록 유임하면서 우리나라를 IT 강국으로 키우는데 주도적인 역할을 했다.

전자식 교환기는 선진 6개국만 생산하는 아주 비싼 것이어서 국가재정으로는 1가구 1전화기의 꿈을 실현할 수 없었다. 유일하게 남은 길이 국산 개발이었다. 인도와 브라질이 전자식 교환기를 개발하다가 실패했다는 뉴스들이 떴다. 기술자들도 무모한 사업이라며 코웃음 쳤다. 교환기를 수입해오던 업체들은 자기들의 이익이 침해된다는 이유로 집요하게 여론전을 펴면서 저항했다.

하지만 이 모든 반대의 목소리를 뒤로 하고 전두환은 전자교환기 사업을 1982년 5차 5개년 계획에 반영시켰다. 1981년, 전두환은 5개년계획에서 통신사업비를 대폭 높였다. 통신사업 기업들로 하여금 수입의 3%를 무조건 떼어 연구개발비로 쓰게 하는 법도 제정했다. 비서실 경제팀은 공무원, 기업인 전문가, 학자 등으로 TF를 만들어, 전자 도약 사업 3개를 선택했다. 반도체 사업, 컴퓨터 사업, 전자교환기 사업을 전략사업으로 선정한 것이다. 모두가 다 막대한 예산을 소요로 했다. "그렇게 돈이 많다면 차라리 한강 다리 하나를 더 놓자."는 말로 냉소를 보내는 공무원들이 대부분이었다.

800억 원이 투자되는 대형 연구개발 사업이었다. 사업단이 구성됐다. 4

년 만인 1986년, 드디어 모두가 불가능한 사업이라며 비웃었던 전자교환기 개발에 성공했다. 기적에 속하는 성공이었다. 금성반도체, 동양정밀, 삼성반도체 개발자들이 세계 IT업계의 신화적 존재로 부각됐다. 우리가 성공하자 외국산 교환기 가격이 20% 가격으로 내려앉았다. 불과 4년 만에 한국은 전자교환기 수입국에서 수출국으로 올라섰다. 그리고 필리핀을 시작으로 하여 베트남, 몽골, 러시아 등으로 수출되었다.

수백만 원을 호가하던 백색전화기 가격이 일반 상품 가격으로 내려앉았다. 1987년, 1,000만 회선이 돌파되었고, 드디어 전두환이 꿈꿨던 1가구 1전화 시대가 전개되었다. 신청만 하면 원하는 시간과 장소에 즉각 가설이 됐다. 이사를 할 때에도 철거와 개통이 하루에 다 이루어졌다. 당시 선진국에서도 이런 서비스는 불가능했다. 일본의 경우, 전화기를 놓으려면 여러 날 걸려야 하는 일, 유럽에서는 1개월 이상 기다려야 하는 일을 우리는 단 하루에 해낼 수 있게 되었다. IT 선진국을 넘어 IT 선두국이 된 것이다.

레이건의 IT 강국

1980년대, 미국 대통령은 레이건이었다. 대통령이 되어 보니 미국 굴지의 기업들이 일본기업들과의 경쟁에 번번이 패하여 도산했다. 1987년, 자동차에 대한 미국인 선호도 조사에서 1,2,3등은 일본이 차지했다. 미국차는 겨우 7위였다. 미국 사회 전체가 일본기업의 경쟁력 앞에서 공포에 떨고 있었다.

미국 사회에서 일본을 배우자는 소리가 높았고, 미국 경제가 일본 경제에 밀리고 독일 경제에 밀려 3류 경제로 추락하고 있다는 볼멘소리들이 하루 종일 방송됐다. 1988년, 레이건은 경쟁력 제고 방안을 마련하기 위해 '불루리본위원회'를 설치했다. 제갈공명 위원회였다. 이들은 레이건에게 경쟁력 향상 방안을 보고했다. 미국의 3대 DRAM 및 IC 제조사인 모토롤라, 인텔, 몰스텍이 일본의 집중 공격을 받아 폐쇄됐고, 미국의 반도체 품질이 일본에 뒤져, 반도체 칩을 사용하는 미국의 전자, 가전, 기계제품들의 품질이 심히 걱정스럽다고 보고했다.

일본에서는 13개 대기업이 공동 투자하여 반도체를 만드는 새로운 제조공법을 공동연구하고 있다는 사실에 레이건 대통령의 관심이 주목되었다. 기업들이 힘을 뭉치지 않으면 미국이 일본에게 패한다는 결론이었다. 공작기계 분야는 서독과 일본에 밀려 맥을 추지 못하고 있다고 보고했다. 미국이 정밀도에서 뒤진다는 것이었다. 미국이 새로운 기술을 개발해내는 데만 주력하고, 이를 제품으로 연결해서 돈을 버는 데는 무관심했다는 사실도 지적됐다. 미국이 개발해놓은 '문서기술'(paper technology)을 일본이 먼저 '생산기술'(production technology)로 전환하여 미국보다 앞서 돈을 번다는 사실도 지적됐다.

미국이 앞서 있는 것은 핵심 소프트웨어이기 때문에 그 소프트웨어 기술을 상품화해야 미국의 '비교우위'가 확보될 것이라고 건의했다. 일본을 이기는 방법은 IT(정보기술)와 BT(생명기술)쪽으로 방향을 틀어야 한다고 건의했다. 사실 이 한마디의 건의가 계기가 되어 미국은 오늘날의 소프트웨어 산업의 선두주자가 된 것이다.

전두환이 촉발시킨 반도체 강국

레이건이 1987년에 불루리본위원회로부터 보고받은 지식을 전두환은 1980년대 초에 터득했다. 1982년 6월, 히타치와 미쓰비시가 미국 IBM사로부터 기술정보를 빼내오다 국제망신을 당한 적이 있었다. 이에 전두환은 즉시 이병철을 불렀다. 외국 기술을 몰래 스파이 해올 생각을 하지 말고 첨단기술을 가진 사람에게 파격적인 값을 당당하게 지불하고 기술을 확보하라며 반도체 개발을 부탁했다. 이병철은 실리콘밸리를 접촉했다. 1983년 2월, 이병철은 상기된 얼굴로 삼성이 64KD RAM 개발에 착수한다는 이른바 [동경선언]을 발표했다. 그리고 그해 11월 성공했다. 한국이 미국, 일본에 이어 세 번째 반도체 생산국이 된 것이다. 이어서 삼성은 1986년에 1메가 DRAM을 생산했다.

1986년 전두환은 4MD를 정부개발 방침으로 선언했다. 여기에는 엄청난 돈이 필요했다. 당시 반도체를 생산하는 회사는 삼성, 현대, LG였다.

레이건은 1988년에야 불루리본위원회로부터 일본의 13개 업체가 공동 출자하고 정부 자금을 보태서 반도체 산업의 핵심인 제조공정을 개발해냈다는 보고를 받았지만, 전두환은 1986년에 이미 삼성, 현대, LG의 연구개발비를 합치고, 정부의 예산을 보태 4MD개발에 착수했다. 개발비는 400억 원 정도로 추산됐다. 전두환은 100억 원을 3개 회사에, 300억 원을 정부에 할당했다. 그리고 1988년 2월 청와대를 떠나기 직전, 드디어 그가 소원했던 4MD가 개발되었다. 전두환은 개발 연구원 모두에게 다가가 직접 술을 따라주었다. "다음에는 64MD입니다. 성공하면 내가 머리카락을 팔아서 한턱 쏘겠습니다. 내 머리카락은 매우 비쌉니다." 전두환에게 머리카락은 사실 귀했었다.

전두환이 세운 공적, 김대중이 북에 제공

한국형 핸드폰이 세계를 제패한 것에는 전두환이 1986년에 대덕에 세운 전자통신연구소(ETRI)가 있었다. CDMA, 오늘날 우리를 먹여 살리는 기술이 바로 한국식 핸드폰과 반도체가 아니던가. 전두환은 또 다른 육사 천재 김성진 박사로 하여금 국가전산망을 설계토록 했다. 오늘날의 국가전산망은 전두환이 만든 것이다. 이는 당시 IT의 기념비로 평가됐다. 지금 우리의 정보기술과 정보통신 인프라는 일본보다 100리는 앞서 있다. 전두환은 PC를 학생들에게까지 공급했다. 전두환은 IT 분야에서 여기까지 발전시켰다. 이 모두는 전두환과 함께 한 기술 전문가들이 짜낸 고혈의 금자탑이었다.

기술은 국가의 엄청난 자산이다. 이 자산을 김대중은 공산화를 위해 악용했다. 남한 빨갱이들의 선전을 위해 네이버(NAVER)와 다음(DAUM)이 활용됐다. 김대중 시대인 2001년 5월 소망교회 곽선희 목사가 주도하여 평양에 450억짜리 '평양과기대'를 세워주고, 그 안에 IT 정보통신공학부를 설치하였다. KAIST 교수였던 박찬모는 50명의 교수를 북에 데려다 집중적으로 IT 기술을 훈련시켰다. 북한의 해킹기술은 박찬모가 길러준 것이라 해도 과언이 아닐 것이다. 박찬모는 포항공대 총장(2003~07년)을 지냈고, 2010년부터 현재까지 평양과학기술대학 명예총장직을 수행하고 있다.

제8장

옥죄임 당했던
기술의 해방

제품 개발 독려

● 코끼리밥솥

1983년 초, 일본제 코끼리표 밥솥의 인기는 오늘의 구찌백 이상이었다. 고위 공무원 가족들까지도 일본에 가면 빼놓지 않고 코끼리밥솥을 사왔다. 왼손에 하나, 오른손에도 하나, 그것도 모자라 또 다른 하나는 발로 차서 굴리고 들여온다고 풍자됐다. 1983년, 전국 주부교실 중앙회(오늘의 소비자교육 중앙회) 부산지부 노래교실 주부 17명이 단체로 일본에 갔다가 코끼리밥솥을 비롯한 일제 물건을 잔뜩 사들고 귀국했다. 이를 목격한 아사히신문이 '한국인 관광객 덕분에 매출이 늘어난다' 는 제목의 비꼬는 기사를 내보냈다. 이에 국내 언론들이 자존심 상하는 추태라며 주부들을 맹비난했다. 언론은 주부들을 나무랐지만, 전두환의 생각은 달랐다. 다른 제품들은 그렇게 많이 수출하면서 밥솥 하나 제대로 만들지 못하고 있다는 사실에 착안했다. 전두환은 경제비서관을 불러 6개월 이내에 코끼리밥솥과 동일한 성능을 갖는 전기밥솥을 만들라

지시했다. 그리고 그 명령은 정확히 이행됐다.

● 세계시장 50% 점유한 손톱깎이

1982년, 전두환은 회의장에 나가기 전에 급히 손톱을 깎다가 날이 무딘 탓에 피를 흘린 적이 있었다. 이에 전두환은 그렇게 많은 수출을 하면서 손톱깎이 하나 제대로 만들지 못하고 있다는 사실에 착안했다. 유럽으로 출장을 가기 위해 신고하러 온 김동휘 상공장관에게 여비 봉투를 주면서 품질이 아주 좋은 손톱깎이 하나만 사오라고 부탁을 했다. 10여 일 만에 장관은 10개의 손톱깎이를 사들고 왔다. 손톱깎이는 간단한 제품 같지만 소재, 금형, 열처리, 도금, 연마 등이 총집약된 '금속 가공 기술의 종합판'이라는 것이 전두환의 평가였다.

전두환은 10개의 손톱깎이를 회의에 모인 장관들에 나누어 주면서 똑같은 품질의 손톱깎이를 만들어 오라고 지시했다. 그리고 6개월, 몇 사람이 기술혁신으로 만든 제품이라며 각기 만든 손톱깎이를 들고 왔다. 여러 장관들이 동시에 자기 부처의 관할 기업들에 일류 손톱깎이를 개발하라 독려했다는 이야기다. 새로 개발한 국산 손톱깎이는 품질과 디자인 면에서 가히 세계적이었다. 그 후 손톱깎이 세계시장에서 한국산이 50%를 차지했다. 세계 인구의 절반이 한국산 손톱깎이를 애용했다는 이야기다. 발상의 효과였다.

● 컬러 필름 기술

과기처는 해마다 재외 과학기술자를 초청해 새로운 기술을 접하는 기회로 삼았다. 1980년은 컬러 시대였다. TV도 컬러, 사진도 컬러, 1986년 당시 컬러 필름 기술 가격을 알아보니 일본은 300만 달러, 미국은 200만 달러였다. 그런데 1986년에 모국을 방문한 한 과학자가 아무런 대가 없이 기술을 전수해 주었다. 전두환이 이를 너무 고맙게 여겨 청와대로 초청해 선물이라도 주려 했더니, 그 교포 과학자는 사실이 보도되면 당장 문제가 생길 수 있다며, 야반도주하듯 그날로 출국해 버렸다. 돈도 싫고 끈도 싫은 애국의 과학자였다.

● 라디오 시대에서 TV 시대로

금성TV

국산 최초의 TV는 1963년에 생산됐다. 당시 금성사(현LG전자)가 일본 히타치로부터 생산기술과 시설을 도입해서 부산 온천동 공장에서 시운전을 마쳤다. 하지만 당시 외환위기가 닥친 데다 전력사정이 어려워 정부는 TV생산을 허용하지 않았다. 부품 수입도 허가하지 않았다. 1965년 말, 금성사의 거듭된 건의에 의해 박정희 정부는 마지못해 조건부 생산을 허용했다. 1966년 8월, 금성사 흑백TV 모델 'VD-191'이 최초로 탄생한 것이다. VD-191은 진공관을 사용하는 19인치 TV였다. 첫 생산량은 500대로 한정했고, 가격은 63,510원으로, 당시 쌀 26가마에 해당하는 고액이었다. 하지만 인기가 폭발해 공개 추첨으로 판매되기도 했다.

흑백 문화에서 컬러 문화로

흑백 TV 시대가 열린 지 8년 만인 1973년, 아남산업이 일본 마쓰시타 전기와 50:50으로 합작해서 컬러 TV를 생산했다. 하지만 이 역시 국내 시장에 진출하지 못하고 오직 수출만 했다. 근검절약 문화에 저촉되고, 위화감을 조성하고, 전기를 많이 소모하기 때문에 안된다는 것이었다. 전기가 매우 귀한 당시에는 조명을 요하는 야간경기까지 금지돼 있었다. 1974년 당시 세계의 80여 개 나라가 컬러 방송을 하고 있었지만, 박정희는 1인당 국민소득이 1,000달러는 돼야 컬러 방송을 할 수 있다며 완강하게 거부했다.

1980년의 전두환은 50세였다. 젊은 세대의 생각은 박정희와 달랐다. 당시 흑백 TV의 판매량은 600만 대에서 정체돼 있었고, 아남전자 등 컬러 TV를 수출하는 기업들은 오일쇼크가 덮쳐있는데다 미국이 무역장벽을 한층 높였기 때문에 부도의 위기를 맞고 있었다. 전두환은 국내업체가 생산해내는 TV가 100만 대가 넘고 있는데, 수출만 하고 국내 시판을 하지 말라는 것은 자율도 아니고 개방도 아니라고 생각했다. 기업들을 향해 정부가 나서서 수출만 하고 내수시장에는 접근하지 말라고 강제하는 것은 시장경제도 아니고 그가 지휘방침으로 내건 자유도 개방도 아니었다.

전두환은 따져보았다. 그리고 14인치 컬러 TV를 소비하는 전력 소비량은 흑백 TV에 비해 20W 형광등 한 개의 차이밖에 없다는 사실을 찾아냈다. 100만 대가 보급되었을 경우 전기가 0.12% 밖에 증가하지 않는다는 결론도 얻었다. 전력을 이유로 컬러 TV 국내 시판을 제한한다는 것은 이유가 될 수 없다는 결론이 도출된 것이다.

컬러 TV는 진공관이 아니라 반도체를 사용한다. 컬러 TV의 부품 수는 흑백TV의 3배나 되었다. 부품 수만큼 일자리가 늘어나는 것이다. 컬러 TV는 전자기술이 집약돼있는 부가가치가 매우 높은 상품이다. 반도체와 컴퓨터, 국가전산망을 출발점으로 하여 전자산업을 육성하겠다고 팔을 걷은 전두환으로서는 더 이상 머뭇거릴 이유가 없었다. 1980년 12

월 1일 오전 10시 30분, 드디어 KBS가 수출의 날 기념행사를 컬러로 방송했다. 1981년의 컬러 TV 수출액이 전년에 비해 30%나 증가했다. 컬러 TV는 컬러의 시대를 열어주었다. 중교생의 의복에도 컬러, 자동차 색깔도 컬러, 생각도 컬러, 문화도 컬러, 컬러의 혁명, 색의 혁명을 불러온 것이다. 물꼬가 트이자 국내 TV 업체들이 도약을 했다. 최근의 통계를 보면 2021년, 삼성과 LG가 세계 TV 시장의 48%를 점하고 있다.

제9장

원전 수입국에서
수출국으로

이승만의 핵

원자력 에너지는 군사용 무기에도 사용되고, 전기 공급용으로도 사용된다. 북괴는 핵무기를 만드는 데에만 원자력을 이용하는 반면 우리나라는 전기에너지를 공급하는 목적으로만 사용한다. 우리나라의 원자력 개발 시도는 이승만으로부터 시작됐다. 북진통일이 소원이었던 이승만은 1953년, 미국 몰래 국무위원들을 대동하고 진해 앞바다에서 수소탄 폭발 시험을 했다. 그런데 그것은 철통에 수소가스를 압축해 놓고, 원격으로 폭파한 것이었다. 하지만 이는 한 일본 사기꾼이 벌인 해프닝에 불과했다. 얼마나 핵무기가 간절한 소망이었으면 이런 사기를 당했을까.

1953년 12월, 아이젠하워 미 대통령은 UN 연설을 통해 원자력을 평화적으로 이용하는 국가들에 기술을 제공하겠다는 발표를 했다. 이에 이승만 정부는 미국과 '원자력 비군사적 사용에 대한 정부간 협력' 문서에 서명했고, 이어서 1957년 8월, IAEA(국제원자력기구)에 가입했다. 57년 11월에는 문교부에 원자력과를 신설하고, 58년 2월에는 '원자력법'을 제정했다. 이어서 100명을 선발해 미국에 유학을 시켜 이 인력으로 원자력연구소를 설립했다.

해방 당시 일본이 건설한 전력 발전소는 북한에 85%, 남한에 15% 있었다. 남한은 북한으로부터 송전되는 전기를 사용했다. 그런데 건국일을

3개월 앞둔 1948년 5월 14일 밤, 북한은 더 이상 남한에 전기를 주지 않겠다며 송전을 중단시켰다. 이것이 우리가 겪은 최초의 에너지 쇼크였다. 한국에 주둔하고 있던 미 군정의 주선으로 미국 에디슨사가 발전함을 들여와 일부 수요자들에 전기를 공급해 주게 했다. 바로 이 에디슨사의 회장 시슬러가 이승만에게 원자력 발전소 건설을 조언했다. 이에 따라 이승만은 1958년, 연구용 원자로를 도입했다. 미국은 도입 비용의 절반을 부담해 줌과 동시에 연구원을 교육시키기 위해 100여 명의 유학생을 받아주었다.

박정희의 핵

이 상태에서 박정희가 등장했다. 그는 연구용에만 한정돼 왔던 원자로를 실제 전기를 생산할 수 있는 원자로로 확대했다. 김신조 사건이 있었던 1968년 1월, 박정희는 '원자력발전소 건설계획'을 발표했다. 이듬해인 1969년 1월, 미국 웨스팅하우스와 '고리1호기' 건설 계약을 체결하고 1971년 3월 착공했다. 이어서 1978년에는 고리 2,3,4호와 중수로 원전 월성1호기가 차례로 착공됐다. 계약만 맺으면 미국 회사가 완전히 지어주고 열쇠만 건네주는 이른바 '턴키'(Turn Key) 방식으로 도입된 것이다. 이렇게 원자력 발전소 건설에 박차를 가하자 미국이 의심하기 시작했다. '한국이 몰래 핵무기를 개발하려는 것이 아닌가?' 사실상 의심의 빌미는 이승만과 박정희가 제공했다. 이 두 대통령이 핵무기 개발에 대한

강한 집착을 보였기 때문이었다. 미국의 감시와 통제가 심해지자 박정희는 미국 웨스팅하우스를 제쳐놓고 캐나다와 프랑스로부터 기술도입을 전제로 하는 거래를 틀려고 시도했지만 그러면 그럴수록 미국의 방해가 심해졌다.

전두환의 핵

전두환 시대가 열리면서 안보환경이 개선됐다. 카터의 철군 계획이 중단되고, 1978년 11월 7일, 한미연합사령부가 설치됐으며, 레이건의 확실한 연합의지가 주한미군 전력 증강과 핵우산에 대한 강한 약속으로 가시화된 것이다. 이런 마당에 한국이 구태여 국제사회로부터 따돌림과 감시를 받으면서 경제를 추락시킬 이유가 없었다. 전두환은 원자력을 오로지 평화적 목적으로만 사용하겠다고 대외적으로 약속했다. 그리고 미국과 IAEA 등으로부터 불필요한 감시와 견제를 받지 않는 상태에서, 오로지 원자력에 대한 독자적 기술을 확보하는 것에만 목표를 두었다.

최근 신재생에너지라며 태양광, 조력, 풍력 등이 시도되지만 이들은 온실가스 배출양이 상대적으로 많고, 전기 생산 단가가 상대적으로 비쌌기 때문에 전두환은 오로지 안전한 원자력 발전 기술을 독자적으로 확보하는 것이 최선책이라고 생각했다. "원자력 기술의 자립"이 전두환의 구호였다.

1983년 7월 전두환은 한국전력기술주식회사, 에너지연구소, 원자력연료주식회사, 한국중공업 등을 총망라하는 회의체(원자력발전기술자립촉진 대책회의)를 설치했다. 핵연료 국산화가 첫 목표였다. 마침 국방과학연구소에 있다가 한국에너지연구소 대덕공학 센터장으로 전임된 한필순 박사가 중수로 연료 국산화에 성공했다. 매우 질이 좋은 연료였다. 현장에 나간 전두환은 한필순 박사에게 "적극 지원할 테니 반드시 경수로 연료를 국산화하라."고 주문했다. 한필순은 전두환이 꼬옥 잡아준 손길에서 전두환의 의지를 확인했다.

전두환은 한필순 박사를 대덕공학센터의 센터장 자리와 핵연료주식회사 사장 자리를 겸임케 했다. 동시에 한전 사장에 한국중공업 사장으로 있던 육사 14기 박정기를 임명했고, 과기처 장관에 체신부 장관을 하던 김성진 박사를 임명했다. 에너지연구소가 경수로 연료를 개발하려면 한전으로부터 용역을 받아야 했고, 한전의 '예산 배정권'은 과기처 장관이 쥐고 있었다. 한필순 연료개발팀을 밀어주기 위해 인사를 단행한 것이다. 1983년 전두환이 직접 지휘한 시스템에 의해 그 어렵다는 경수로 원료의 국산화가 대성공을 거두었다.

전두환은 또 1984년에 한필순 에너지연구소장에게 '한국형 표준 원전'

을 개발하도록 지시했다. 1985년 7월, 에너지연구소가 원자로 시스템 설계 사업을 따냈다. 에너지연구소는 설계기술을 가진 미국회사 CE(컨버스천 엔지니어링)를 하청업체로 선정했다. 연구소 선임연구원 이병령 박사가 인솔하는 70여 명의 과학자들이 대거 미국 CE사로 건너가 원자로 설계에 공동으로 참여함으로써 원전 설계기술을 본격적으로 획득하게 되었다. 그 결과 영광 3-4호기가 한국형 표준원전의 효시로 탄생했다. 이후 울진 3-4호기가 한국의 독자적 기술로 설계되었다.

1986년 12월 12일 원전 설계기술 자립을 위해 미국으로 파견된 한국원자력연구소 직원들

탈원전 작태는 반국가행위

중수로 연료의 국산화, 경수로 연료의 국산화, 한국형 경수로 개발을 통해 한국은 불과 10년 만에 원자력 선진국으로 우뚝 서게 되었다. 세계

에서 가장 앞서 있는 그리고 여느 선진국 원전보다 10배나 더 안전성이 높다는 원전 기술을 확보해 인기리에 수출까지 하기에 이른 것이다. 전두환 대통령의 지휘 아래 수많은 과학자들이 10년 동안 열과 성을 다해 쌓은 이 기술과 원전산업 기반을 빨갱이 신분으로 대통령이 된 문재인이 파괴하지 못해, 북한에 주지 못해 안달을 했던 것이다.

문재인의 정신 나간 '탈원전' 정책으로 인해, 실직된 기술자들이 해외로 나갔다. 문재인의 의도는 바로 그동안 형성해놓았던 기술팀을 해체하고, 기술을 보유한 기업들을 도산시켜 이 나라 먹거리 기술을 소멸시켜 버리려는 것이었다. 반국가 이적행위를 저지른 범법자가 아닐 수 없다. 국가를 건설한 전임 대통령을, 국가를 도둑질하고 파괴한 후임 대통령이 독재자요 살인마라 매도하는 이 세상, 수천만이나 살고 있는 이 공간에서 언제까지 허용돼야 할 것인가? 국가를 지키고 기술을 지키기 위해서라도 이런 대통령은 다시 태어나게 할 수 없다. 일벌백계가 필요한 것이다.

제10장

우후죽순 솟아나는
교육 문화 공간들

학교 평준화

전두환은 교육의 문제점이 입시교육에 있다고 생각했다. 일류학교에 진학하는 것이 당시 교육의 전부였다. 이러한 의식 속에서 피어난 독버섯이 과외 열풍이었다. 그가 정리한 과외의 폐해는 이러했다. 전인적 발달을 저해하고, 학교기능을 약화시키고, 교사의 사기를 저하시키고, 가계에 부담을 주고, 그래서 부자들에게만 혜택을 주고 있다고 진단했다. 모두가 좁은 길에서 과당경쟁을 하면 거기에서 생산된 교육의 질은 사회의 다양성을 창조할 수 없다고 생각했다. 입시위주의 교육을 폐기하는 대신 그는 교육의 스펙을 4대 이념으로 명문화했다. 정신교육, 과학교육, 전인교육, 평생교육인 것이다. 지식만 습득하는 교육이 아니라 덕을 기르고 체력을 기르는 교육이 동행됐다.

사립학교 설립을 장려해, 교육시설을 확충했다. 주간대학과 야간대학과의 차별도 없앴다. 교원들에게 새로운 지식을 넣어주기 위해 연수원을 활성화시켰다. 중등교사보다 3호봉이나 낮게 책정했던 초등학교 교사의 호봉을 동일하게 만들어 초등학교 교사들의 사기를 올려주었다. 학교장의 계급을 부이사관으로 우대했다. 스승에 대한 존경심을 갖게 하기 위해 1982년을 교권 확립의 해로 설정하고, 5월 15일을 스승의 날로 정했다,

학교를 평준화했다. 대학별로 시험문제를 따로 내는 대학별 본고사를 폐기하고, 국가에서 시험문제를 내는 학력고사를 치르게 하고, 내신성적을 입학에 반영시켰다. 학교마다 교사와 학생과 학부모들이 삼위일체가 되어 학교의 전통을 세워서 발생하는 우열이야 국가가 통제할 수 없는 것이지만 모든 학교에 동등한 자격을 부여하는 것은 국가가 해야 할 일이었다.

교육시설 확대

하고 싶은 일은 많은 반면 국가예산은 늘 부족했다. 그래서 교육세를 목적세로 신설했다. 고질병처럼 실로 오랫동안 학생들을 괴롭혀오던 '과밀교실' 문제를 해결해주었다. 의무교육을 중학생에까지 확대했다. 방송통신대학을 학사과정으로 개편하고, 산업체들로 하여금 부설학교를 설립하여 졸업생들에게 공교육과 동등한 자격과 학위를 주도록 했다. 1981년부터 유치원교육 시설을 확대해 부자들만 다녔던 유아교육을 서민층에까지 확대했다. 각 지방별로 전문 직업기술 인력을 양성하기 위해 '개방대학'을 활성화시켰고, 지방단위로 공공도서관과 이동도서관을 확대했다. 1982년부터 88년까지 총 247억 원을 투입해 강남 서초공원에 '국립중앙도서관'을 신축했다.

국립중앙도서관

사상 처음으로 문화국가 건설

● 문화(Culture)란 무엇인가?

인터넷 공간을 많이 뒤져봐도 문화에 대해 딱 부러진 정의를 내린 곳이 별로 없다. 하지만 필자가 피부로 느끼는 대로 문화를 정의하자면 '의식의 표현물'이 문화이고, '창조의 표현물'이 문화라고 생각한다. 열 조각의 돌을 공무원에게 주면 일렬로 나열할 것이다. 하지만 그것을 창조력 있는 정원사에게 주면 아름다운 정원이 생길 것이다. 나열하는 것은 문화의 산물이 아니지만 정원은 문화의 산물이다. 창조력과 의식수준에 따라 고급문화도 형성되고 저급문화도 형성된다.

저자는 1993년에 저술한 [신바람이냐 시스템이냐]에서 싱가포르 문화의 단면들을 소개한 적 있다. 쇼핑몰에 가면 코너마다 묵은 먼지 대신에 앙증맞은 분수가 있고 조각이 있고 꽃이 있었다. 저자는 이를 '코너 문화'라고 표현한 적 있다. 1982년의 싱가포르 육교는 아름다운 꽃들로 장식돼 있었고, 육교의 생김새가 아취형에다 예술적 향을 발산했다. 저자는 이를 '육교 문화'라고 표현한 적이 있다. '거리문화'도 있었고, '호커센터 문화'도 있었다. 캘리포니아 남쪽 지역에는 고층건물들의 지붕문화와 발코니문화가 돋보였다. 이처럼 문화가 곧 국가사회의 특징이요 신분일 것이다.

문화는 또한 경영의 수단이기도하다. 한국 사회에서는 아직도 계급을 가지고 아랫사람들을 일일이 감시하고 통제하는 것을 경영으로 아는 사람들이 많다. 특히 정당의 경우 당대표가 되면 자기 생각을 당의 생각이라며 밀어붙인다. 체어맨처럼 많은 사람들의 지혜를 수렴하여 대안을 업그레이드시키는 것이 아니라, 자기 하고 싶은 대로 당을 움직인다. 이것이 한국 정당의 저급 문화인 것이다.

반면 선진국들에서는 국가기관이나 기업체나 다 같이 '문화에 의한 경영'을 한다. 최고경영자가 무엇을 '핵심 가치'(Core Value)로 여기는가를 반복적으로 강조하고, 아랫사람들이 그 가치를 마음으로부터 공유하면, 아랫사람들은 일일이 통제를 받지 않더라도 스스로 창의력을 발휘하여 최고경영자의 입장에 서서 일을 추진한다. 이처럼 문화는 수많은 사원들을 하나로 뭉치는 콘크리트 역할을 하는 것이다. 단합을 생명으로 여기는 공산주의 사회가 문화를 중시하는 이유가 바로 여기에 있는 것이며, 한국의 문화를 공산주의자들이 장악하고 있는 이유도 바로 여기에 있는 것이다. 좌익에는 학습 문화와 선동 문화가 있지만 우익에는 그 중요한 것이 없다.

● 헌법을 통해 문화국가 만들기

전두환은 역사상 처음으로 청와대에 '교육문화수석실'을 따로 신설했다. 선진국이 되려면 '경제의 선진국' 지위와 '문화의 선진국' 지위를 동시에 확보해야 한다고 생각했다. 사계(史界)의 전문가 40명으로 문화창달 위원회를 구성하여 문화 창달에 대한 지혜를 개발케 했다. '창의적인 전통문화의 계승과 민족문화의 창달'이라는 기치를 내걸고 자율, 창의, 다양성을 촉진시키기 위한 시책들을 폈다. 공무원이 맡아왔던 문화예술 관련 기관장을 각 분야의 전문가 중에서 선정하도록 했다. 그런데 여기에도 예산이 없었다. 문화공보부 예산이 전체 예산의 0.4%에 불과했다. 재원을 조달하는 방법은 기부금밖에 없었다. 기업이 문예진흥기금을 지원하면 손비처리를 하도록 문화예술진흥법을 수정했다. 개인들도 기부할 수 있도록 했다. 방송광고비의 일정액을 문화예술로 돌리기도 했다.

● 문화 공간 건설

박정희 시대인 1967년 국립중앙극장이 개관되면서 세종문화회관, 미술관, 문예회관이 건립되었지만, 수요에 비해 턱없이 부족하고 초라했다. 음악, 연극, 무용 등 여러 장르의 공연이 같은 무대를 사용해야 했고, 음악만 하더라도 교향악, 오페라, 실내악, 독창, 독주회가 같은 공간에서 열리는 데다 예술과 무관한 대중 집회들을 여는 장소로 악용되는 등의 이유로 질서가 없고 군색했다. 문화 예술이 꽃을 피울 수 있는 공간이 턱없이 부족했던 것이다.

전두환이 문화공간 확충에 박차를 가하게 된 계기 역시 88올림픽이었다. 한 세기에 한번 찾아올까 말까한 국제올림픽을 기회로 삼지 않으면 어떻게 한국이 문화국가라는 이미지를 전 세계에 알릴 수 있겠는가? 국가에 대한 이미지 형성은 곧 국가브랜드가 된다. 그 국가브랜드가 벌어들이는 달러는 단지 계산을 할 줄 몰라서 그렇지 한 업체가 형성한 브랜드 이미지가 벌어들이는 달러와는 상대가 되지 않는다. 일본이라는 국가 브랜드는 신용, 품질, A/S다. 일본의 브랜드가 이러하기에 일본 기업과 일본 국민들은 지구촌 각지에서 많은 이득을 따고 들어간다.

전두환이 생각한 문화공간은 이런 종류의 국가브랜드와 결부돼 있는 것이었다. 인구 1천만이 넘는 서울에 전용음악당도 없고, 현대적인 미술관이 없다는 것은 체면이 서지 않는다고 생각했다. '예술의 전당'부터 세우기로 했다. 전두환은 '예술의 전당'을 프랑스 '퐁피두 센터'나 영국의 '바비칸 센터' 수준으로 만들라고 지시했다. 이 지시에 의해 예술의 전당이 1984년에 착공되어 1988년 2월 15일에 개관됐다. 아울러 국립극장에 더부살이를 해왔던 국립국악원을 '예술의 전당' 이웃 공간에 건립해 주었다.

예술의 전당

이어서 과천에 국립현대미술관을 건립했다. 국립현대미술관은 1969년 경복궁 내 민속박물관 자리에 있었지만, 공간이 비좁아 늘 아쉬운 소리들이 이어졌다. 1973년에 덕수궁 석조전으로 옮겼지만 곁방살이 신세를 면치 못했다. 미술관은 단지 미술품을 수집, 전시, 보존하는 곳만이 아니라 교육장 기능과 국제교류 기능도 담당해야 한다고 생각한 전두환은 야외 조각장까지를 갖춘 건물을 짓고 싶어 했다. 이를 위한 2만 평의 부지를 서울대공원 옆자리에 마련했다. 거기에 1986년 8월 25일, 지금의 '국립현대미술관'이 준공되었다.

곁방살이로 지내오던 국사편찬위원회에 웅장한 독립건물을 세워주었고, 없었던 학술원을 신설하고 새 건물을 지어주었다. 정부가 문화공간 확충에 나서자 대기업들도 따라나섰다. 호암아트홀, 리틀엔젤스예술회관, 각종 사립박물관, 소극장, 개인미술관, 조각공원 등 문화공간이 우후죽순처럼 돋아났다. 문화 중흥의 분위기가 형성되면서 각 지방마다 문화공간들이 들어차기 시작했다.

국립현대미술관

국립중앙도서관(82-88)

국사편찬위원회

학술원

독립기념관 건립

전두환은 수난의 역사도 역사인 만큼 남한산성이나 중앙청 건물 등을 잘 보존해야 한다고 생각했다. 치욕의 역사를 늘 기억함으로써 다시는 치욕을 당하지 않겠다는 결의를 다짐하게 하는 문화재가 돼야 한다고 역설했다. 그런데 1982년 7월, 일본 교과서에는 임진왜란과 을사늑약을 정당화하고 미화하는 등 우리 국민감정을 자극하는 망언들이 실려 우리를 분노케 했다. 이때는 전두환의 100억 달러 요구를 묵살하고 있던 스즈키 시대였다. 이에 전두환은 일본으로부터 받은 치욕과 고통을 상기하자는 의미에서 유관순 등 독립투사들이 태어난 고장인 천안에 대지 120만 평을 확보해 독립기념관을 건립할 계획을 세웠다. 그리고 이자를 포함해 706

억 원의 국민성금을 걷어 1983년 8월 15일에 기공했다. 건설 도중 한차례 화재가 발생했지만, 1987년 8월 15일에 대대적인 준공식을 치렀다.

독립기념관

이후의 대통령들은 무얼 했나?

노태우로부터 김영삼, 김대중, 노무현, 이명박, 박근혜, 문재인에 이르기까지의 대통령들에는 문화정책이라는 것이 별반 없었다. 김영삼은 문화시설을 파괴했다. 일제의 잔재를 없애야 한다며 전두환이 그토록 보존해야 한다고 역설해왔던 총독부 건물을 1995년에 허물면서 "일본의 버르장머리를 고쳐놓겠다."는 말로 일본에 적개심을 드러냈다. 그전 해인 1994년에는 남산외인아파트를 폭파시켜 미국과의 관계를 불쾌하게 조성했다. 자기는 단 하나 이룩해 놓은 것이 없으면서 유아독존식으로 허세를 부리다가 결국 1997년, 수치스러운 IMF를 불러왔다.

총독부

남산외인아파트

김대중이 건설한 것은 없다. 박정희, 전두환이 벌어놓은 달러, 쌀, 비료, 의료품, 건설장비, 지뢰제거장비 등을 북한에 퍼주고 기업들을 닦달해 평양체육관 시설을 확충해주었고, 과학기술대학을 건립해 주었다. 남한 공산주의자들은 그런 그를 신격화시키기 위해 광주에 아시아문화궁전과 김대중컨벤션센터를 세웠다. 아시아문화궁전은 김대중 박물관이다. 2015년 여야합의로 사업비 5조8,000억 원을 들여 건설한 후, 연간 운영비 800억 원을 5년간 국가에서 지급해 왔다.

결론적으로 박정희와 전두환은 개미처럼 일해 많은 것을 곡간에 쌓아 놓았는데 김영삼은 그 곡간을 파괴했고, 김대중은 곡간에서 많은 것을 훔쳐다 북에 주었고, 남한 좌익들은 그런 김대중을 신격화하기 위해 김대중이 털다가 남긴 곡간을 왕창 털어간 것이다.

아시아문화궁전

김대중 컨벤션 센터

제11장

흔들리던 안보의 안정화

지미 카터의 철군 행진

미국의 제37대 대통령 닉슨은 1969년 1월 20일 취임했다가 워터게이트 사건으로 인해 1974년 8월 9일, 퇴임했다. 그가 취임했던 시기는 미군이 베트남전에서 많은 인적 물적 손실을 보고 있을 때였다. 베트남전은 1955년 11월 1일부터 1975년 4월 30일까지 20여 년 동안 지속됐다. 베트남전쟁은 우리처럼 남북 간의 내전임과 동시에 자본주의진영과 공산주의진영과의 전쟁이기도 했다. 1964년 8월 2일 통킹만에서 월맹 어뢰정 3척이 미 해군구축함을 공격하면서 미국의 자동 개입을 촉발시켰고, 미국과 월맹 간의 전쟁은 캄보디아와 라오스까지 그 전선이 확대되어 한국군을 비롯한 연합군이 1964년 8월부터 1973년 3월까지 참전하게 됐다.

지리하고 지루한 전쟁으로 인해 미국 내에서는 반전여론이 일기 시작했고, 이러한 여론이 비등하고 있는 가운데 닉슨이 대통령에 당선되었다. 닉슨은 미국 국민들의 여론에 부합하고 미국의 손실을 멈추게 하기 위해 1969년 7월 25일 괌에서 이른바 '닉슨 독트린'을 발표했다. 한마디로 아시아는 아시아 국가들끼리 알아서 살라는 것이었다. 이는 미국이 고립주의로 회귀하는 정책이었으며, 미국의 이익은 아시아에 있지 않고 유럽에 있다는 유럽중심주의 외교정책을 천명한 것이었다. 이때부터 베트남전은 마무리 단계에 들어갔고, 이를 눈치 챈 월맹은 주월 미군과 주월 한국군을 더욱더 세차게 몰아붙였다.

이런 가운데 닉슨은 71년 3월 주한미군 제7사단 2만여 명을 전격 철수시켰다. 대한민국은 그야말로 패닉 상태가 됐다. 설상가상으로 지상군 32,000명 철수를 공약으로 내세운 지미 카터가 1977년 1월 20일 제39대 대통령으로 취임했다. 그는 매우 단호한 기세로 주한미군 철수를 서둘렀다. 1978년까지 6,000명을 철수할 것이라 발표하면서 그 첫 단계로 3,400명을 철수시켰다. 그리고 나머지 2,600명은 1979년에 철수하기로 했다.

여기에 역대 주한미군 사령관을 지낸 예비역 장군들이 반기를 들었고, 급기야는 UN군 사령부 현역 참모장으로 재직 중이던 싱글러브 소장이 감히 대통령을 향해 반기를 들었다가 해임되는 사태까지 벌어졌다. 싱글러브 장군은 1977년 5월 워싱턴포스트(WP)와의 인터뷰에서 "5년 이내 주한 미군을 철수시키겠다는 카터 대통령의 계획은 곧 전쟁의 길로 유도하는 오판"이라고 정면 비판했다. 분노한 카터는 그를 즉시 예편시켰다. 이후 한 관계자가 싱글러브에게 "당시 주한 미군 철수계획에 반대하지 않았다면, 별 몇 개를 더 달 수 있었을 텐데…"라는 말을 건네자, 싱글러브는 "내 별 몇 개를 수백만 명의 목숨과 바꿨다고 생각하면 그보다 더 보람 있는 일이 어디에 있겠는가."라고 말했다.

목이 날아갈까 무서워, 마땅히 해야 할 건의도 제대로 하지 못하는 한국군의 역대 수장들과는 전혀 딴판인 장군들이었다. 싱글러브는 1953년 '철의 삼각지대' 김화지구 전투에서 미군 대대장으로 활약한 바 있다. 싱글러브의 이 발언은 미국에서 엄청난 파장을 일으켰고, 이로 인해 카터의 인기가 미국에서도 추락했다. 이후 추가적인 병력 감축은 없었다. 우리 국민은 싱글러브를 기억해야 할 것이다. 2022년 1월 29일, 그는 향년 100세로 별세했고, 8월 19일 알링턴 묘지에 안장됐다.

싱글러브 소장　　　　　　2022.8.19. 안장식

한국 장군들보다 한국을 더 사랑했던 미국 장군들

6.25 전쟁 초기에 제24사단장 딘 소장이 중상을 입고 은신해 있다가 한국인의 밀고로 포로가 되어 북으로 끌려가 3년 동안의 혹독한 고통을 받고 포로교환의 일환으로 귀국했다. 8군사령관 밴플리트 장군이 아들을 잃었고, 아이젠하워 대통령이 아들을 바쳤고, 클라크 UN사령관도 아들을 바쳤다. 워커 중장은 아들과 함께 참전했다가 스스로는 목숨을

잃었다. 밴플리트 대장의 경우에는 아들이 공군조종사로 한국전에 참전했다가 전투기 추락으로 전사했다. 밴플리트 사령관의 예하 장군들이 아들의 시신을 구하는 작전을 건의했지만 사령관은 거부했다. 내 아들 시신 찾자고 또 다른 희생자를 낼 수 없다는 것이었다.

밴플리트 장군은 또한 "미국 육사 웨스트포인트와 똑같은 육군사관학교를 한국에 세워달라."는 이승만 대통령의 간곡한 부탁을 받고, 현재의 4년제 육군사관학교를 세워주었다. 미국 장군들의 한국 사랑에 반해 한국의 장군들 중, 아들을 전쟁터로 보냈다는 이야기는 들어 본 적이 없다. 지금과 같은 평화 시에도 군 복무를 지능적으로 기피했던 사람들이 줄줄이 대통령을 지낸 우리의 현실을 여기에 대입하면 한국방위는 더더욱 풍전등화 같다는 생각이 든다.

맥아더 원수

딘 소장

포로생환 후의 딘

밴플리트

워커 중장

아이젠하워

클라크 UN군사령관

6.25에 투영된 한국 안보

● 개전 당시의 한국군

1950년 6월 25일 새벽 4시, 18만 명의 인민군이 609문의 야포와 1,000여 문의 박격포를 쏟아 부으면서 272대의 탱크를 몰고 파죽지세로 남침을 감행했다. 전선은 걷잡을 수 없이 밀리고 있는데도 우리 방송은 국군이 연일 대승을 거두고 있다는 방송만 했다. 의정부가 유린됐을 27일 06시에야 비로소 한때나마 국군이 밀리고 있다는 방송을 했다. 놀란 150만 서울 시민들이 급히 짐을 꾸려 한강교로 몰렸다.

이때 방송은 국군이 의정부를 다시 탈환했다며 또다시 승전보를 방송했다. 피난길을 떠나던 일부 시민들이 다시 집으로 돌아갔고, 일부 시민들은 한강다리를 건너고 있었다. 6.28일 새벽 2시 15분, 어이없게도 한강교가 갑자기 폭파돼 버렸다. 다리를 가득 메운 피난민과 국군들이 세찬 바람에 꽃잎 날리듯 처참한 모습으로 추락했다. 포격 소리가 점점 더 크게 다가오자 집으로 돌아갔던 시민들이 한강으로 밀려와 아수라장을 이뤘다.

6월 28일 오전 11시 30분 북한군이 서울을 점령했고 중앙청에 인공기가 꽂혔다. 다시는 빨갱이 짓을 하지 않겠다고 맹세했던 '보도연맹' 가입자들이, 때를 만났다며 다시 북한군 앞잡이가 되었다. 전향했다는 빨갱이들은 완장을 차고 인민군을 끌고 다니면서 지도급 인사들을 학살했다.

개전 당시 98,000명이었던 국군은 6.28일 당시 불과 22,000명에 불과했다. 북괴군 18만 명에는 턱없이 적은 군사력인데다 그마저 빨갱이들이 뒤섞인 오합지졸이었다. 1946년 1월, 국방경비대가 새로 설치되면서 군의 간부들이 삼거리에 다니면서 청년들을 한 사람씩 모아왔지만, 하루만 지나면 훈련이 힘들다며 탈영들을 했다.

탈영병은 유독 전라도 청년들에 많았다. 그래서 당시의 군에서는 전라도 출신들을 '하와이18번지'라 불렀다. 우리나라 사람들과 어울리지 않고 따로 노는 별나라 하와이족이라는 것이다. 이들은 또 '따블빽'이라고도 불렸다. 그들은 탈영도 잘하지만 탈영 시에는 꼭 '따블빽'이라 불리는 커다란 천 가방에 물건을 꾹꾹 챙겨서 탈영하기 때문에 붙여진 별명이었다. 1948년 10월에 발생한 여순반란사건도 광주에서 편성된 4연대와 여수에서 편성된 14연대가 합동하여 일으켰다. 이러하니 98,000명이라 해야 콩가루에 불과했던 것이다. 이런 군대를 가지고 무슨 전쟁을 한다는 말인가?

6.29일 06시 일본에 있던 맥아더 사령관이 발 빠르게 C-54수송기를 타

고 한강 남쪽 제방에 도착했다. 도착하자마자 한국군에는 방어능력이 전혀 없다는 사실을 직감했다. 6월 30일, 일본에 주둔하고 있던 미24사단에 출동 명령을 내려 인민군을 충주 이북에서 방어하라 했다. 7월 1일 부산에 도착한 16,000명의 미24사단은 7.22일까지 오산, 옥천 전투를 거치는 동안 8,000여 명을 잃었다.

● **기억해야 할 딘 소장 이야기**

딘 소장이 워커 미8군 사령관으로부터 부여받은 임무는 지연작전이었다. 매복조들이 요소요소에서 사격을 가해 후퇴가 순조롭지 못했다. 충북 남단 지역을 나란히 방어하고 있던 25사단과 1기병사단은 피난민 때문에 골치를 앓았다. 임신부가 소형 무전기를 숨기고 접근해 와 북한군 관측장교 역할을 해주었고, 미군 보급차량이 갑자기 피난민들로부터 총격을 받기도 했고, 피난민이 묻어놓은 지뢰에 피해를 입기도 했다. 괴뢰군은 미군을 공격하는데 피난민을 총알받이로 이용했고, 지뢰제거용으로도 이용했다. 미군은 이런 피난민을 쏘아야 할지 말아야 할지 실로 난처해했다

낯선 땅, 낯선 게릴라식 전투 과정에서 딘 사단장은 포위가 되어 부하들과 함께 산으로 도피하게 되었고, 무더운 날씨에 부상자들이 갈증을 호소했다. 딘 사단장은 병사들에게 물을 구해주기 위해 물소리를 따라 어

둠 속 계곡을 내려가다가 낭떠러지에서 추락, 정신을 잃은 채 몇 시간을 보냈다. 다시 의식을 찾았을 때는 어깨뼈가 부러지고, 머리가 찢어졌으며 온몸에 멍이 들어 있었다. 부대원들이 딘을 찾아 다녔지만 성공하지 못했다. 그리고 그는 외톨이가 되었다. 치료는커녕 음식도 제대로 먹지 못한 채 낮에는 숨어서 자고 밤에는 별을 보고 우군이 있는 동남쪽으로 걸었지만 같은 지점을 맴돌기만 했다.

어느 날 딘은 산속의 민가 박종구의 집에서 오랜만에 식사다운 음식과 날계란을 얻어먹었다. 전북 완주군 상전면 운산리 부근에서 본대와 합류하기 위해 대구로 가는 길을 찾는 딘에게 한두규란 청년이 접근했다. 그와는 영어가 좀 통했고 백만 원에 대구까지 안내해 주는 조건에 합의했다. 개울에서 군화를 벗고 잠시 쉬는 사이 갑자기 10여 명의 인민군이 총을 들고 나타나 딘을 포박했다. 한두규가 밀고한 것이다. 8월 25일, 실종된 지 36일 만이었다. 포로 생활 3년 후 귀환했을 때 키 185cm, 체중 95kg의 거구가 59kg의 왜소한 늙은이가 되어있었다.

● **간첩이 지휘한 한국군**

이형근 대장

[군번 1번의 외길 인생 이형근 회고록](중앙일보사) 제55-57쪽에 군 수뇌부에 숨어있는 간첩을 의심하는 10대 불가사의가 기록돼 있다. 6.25 당시 2사단장이었던 그는 이렇게 썼다.

"나는 여기서 6.25전쟁 전후에 나타난 10대 불가사의를 지적함으로써 향후 국가방위를 위한 교훈으로 삼고 싶다. 그것은 군사적 상식으로는 도저히 이해할 수 없는 미스터리다. 나는 6.25 초전의 전후 사정을 종합 판단할 때 군 내외에서 좌익분자들이 긴밀하게 합작, 국군의 작전을 오도했다고 확신한다. 그러면 적과 내통한 자가 과연 누구냐? 나로서는 수상하다고 느껴온 사람이 있지만 심증만 갖고 있다. 풀려야 할 가칭 10대 미스터리는 다음과 같다".

첫째, 일선 부대의 적정 보고를 군 수뇌부에서 묵살 내지 무시했다는 점이다.

둘째, 6.25가 발발하기 불과 2주일 전, 중앙 요직을 포함한 전후방 사단장과 연대장급의 대대적인 교류와 이동이 단행되었다. 모두가 지형과 병사에 익숙치 못한 상태에서 전쟁을 맞았다.

셋째, 전후방 부대의 대대적인 교대다. 6.13-6.20일에 걸친 전후방 부대 이동 역시 가장 부적절한 조치였다.

넷째, 6.11부터 발령됐던 비상경계령이 6.24일 0시에 해제됐다.

다섯째, 이런 위기 상황에서 육본은 비상경계 해제와 더불어 전 장병의 2분의 1에게 휴가를 주어 외출과 외박을 시켰다.

여섯째, 육군 장교클럽 댄스파티다. 장교들은 6.25일 새벽까지 술과 댄스를 즐겼다.

일곱째, 적의 남침 직후 우리 병력을 서울 북방에 축차 투입해 장병들의 희생을 강요했다.

여덟째, 적의 공세로 국군이 퇴각하는 상황임에도 불구하고 6.25-27일 우리 방송은 국군이 반격, 북진중이라고 허위 방송함으로써 군부는 물론 국민들까지 상황판단을 그르치게 했다.

아홉째, 한강의 조기 폭파다. 병력과 군수물자가 한강 이북에 있는데도 서둘러 폭파했다.

열 번째, 공병감 최창식 대령의 조기 사형집행이다. 최대령은 명령에 복종하여 폭파했을 뿐인데 이에 책임을 지고 1950.9.21일 비밀리에 처형됐다.

● 누가 간첩이었을까?

이형근 대장은 1920년 생, 6.25때 제2사단장을 역임했고, 이후 육군참모총장을 지냈다. 그는 불가사의한 간첩질을 한 인물이 누구냐에 대해서는 후대가 밝히기를 바랐다. 하지만 일본육전사연구보급회는 6.25 당시 국방차관이었던 장경근을 의심했다. '한국민족문화대백과사전'에는 장경근에 대해 아래와 같이 기록돼있다.

장경근(1911)

1911년 평안북도 용천 출생, 1932년 교토제삼고등학교를 졸업, 1936년 도쿄제국대학 법학부 졸업, 재학 중 1935년, 일본 고등문관시험 사법과에 합격. 1938년 5월 경성지방법원 판사, 1941년 경성복심법원 판사에 임명되어 해방될 때까지 근무, 해방 후 1945년 미 군정에서 경성지방재판소 수석판사, 1948년 서울지방법원장, 1949년 내무부차관, 1950년에 국방부차관, 1953년 한일회담 대표, 1954년 제3대 민의원 선거, 1958년 제4대 민의원 선거에 자유당 소속으로 경기도 부천에서 당선, 1957년에 내무부장관, 1959년에는 자유당 정책위원회 위원장, 1960년 5월 3·15부정선거와 관련하여 체포되었다가 풀려나 일본으로 밀항, 1974년 브라

질로 이민 갔다가 1977년에 귀국하여 1978년 7월 25일 사망.

10대 불가사의를 만들어낸 장본인은 머리가 조직적이고 비상한 사람일 수밖에 없다. 당시 이 정교한 전략을 짜내서 손수 지휘한 사람이라면 국방장관, 국방차관, 육군참모총장, 이 3인 중 하나일 수밖에 없다. 신성모인가, 장경근인가, 채병덕인가?

신성모(1891)

신성모, 그는 1891년 경남 의령에서 태어나 영국, 인도 국적의 상선에서 기관장과 선장을 하다가 해방을 맞아 미 군정 당시 해군장교로 임관했기 때문에 '군대'의 '군' 자도 모르고 개념도 없는 마구잡이 뱃놈으로 통했다. 6.25가 발발하자 그는 대통령에게 국군이 북으로 전진하고 있다며 헛소리를 했고, 방송에서는 "점심은 평양 가서 먹고, 저녁은 신의주에 가서 먹는다."며 뻥을 쳤다. 군사적 개념도 지식도 없는 뻥쟁이가 정교한 10대 불가사의의 시나리오를 고안해 냈다고 믿기는 어렵다.

채병덕(1911)

채병덕, 그는 1915년 생으로 1933년에 일본육사에 들어가 병참장교로 임관했다. 상관들과 자주 불화를 일으켜 한직으로 돌아다니다 해방을 맞아 육군총장이 되었다. 167cm의 키에 몸무게가 136kg이나 되어 '먹보' '뚱보'로 불렸다. 1948년 10월 19일, 여수·순천 반란사건이 발생하자 지리산 공비 토벌을 진두지휘하면서 자기부대의 남로당원 색출을 지시했다. 1949년 5월 4일, 6여단(현: 제6보병사단) 8연대 1대대장 표무원과 2대대장 강태무가 5월 2일에 훈련을 핑계로 병력들을 이끌고 월북하는 대사건이 터짐에 따라 5월 8일 이응준이 책임을 지고 육군참모총장에서 물러났고, 그 뒤를 이어 채병덕이 총장이 되었다. 1949년 5월 9일이었다.

6월 25일 새벽, 총성이 울려 퍼질 때까지도 만취상태에 있었다. 그는 장갑차를 앞세워 하동으로 남하하는 북한군 1개 대대를 섬멸하라는 지시를 받고, 작전을 벌이다가 1950년 7월 27일 35세로 전사했다. 이상을 보면 채병덕은 매우 어리고, 몸이 둔하지만, 공비토벌에 앞장섰고, 자기부대에서 남로당을 색출해내려고 애를 썼다. 이런 사람이 그 정교한 10대 불가사의를 창조할 수는 없어 보인다.

결론적으로 10대 불가사의를 암암리에 지휘할 수 있는 두뇌의 소유자라면 일본제국과 대한민국에서 판사를 하고 내무부 차관에까지 올랐던 당시 40세의 노련한 장경근이 1순위로 꼽힌다. 당시의 인물들 중에서도 그를 지목하는 사람들이 많다. 이처럼 6.25 남침을 도운 자가 있듯이 광주5.18 남침을 도운 자도 있는 것이다. 마중세력이 없으면 게릴라 남침은 불가능하다. 게릴라부대가 고기라면 전라도의 마중세력은 물이었던 것이다.

레이건의 약속이 곧 안보

주한미군에는 보병 사단이 2개나 속해 있었다. 2사단과 7사단이었다. 그런데 1971년에 닉슨이 2만여 명으로 구성된 7사단을 철수시켰다. 이어서 카터가 1978년에 3,400명을 철수시킨 상태에서 추가철군 계획이 동결된 것은 오로지 한국을 사랑하는 미국 장군들의 덕분이었다. 위의 전쟁 사례에 나타나 있듯이 미군이 없는 한국 방위는 상상이 가지 않는다. 주한미군 철수가 임박했던 결정적인 시기에 전두환이 레이건 대통령과 회담을 한 것은 낭떠러지 위에 서 있는 국가를 내륙으로 깊숙하게 밀어놓은 중대한 '안보 이정표'였다.

레이건을 만남으로 해서 주한미군 철수가 백지화됐다. 이 하나만으로도 엄청난 선물이었다. 레이건의 선물은 여기가 끝이 아니었다. 당시 F-16은 한국군이 가장 탐내던 무기였다. 미국은 신병기가 생산되면 한동안 절대로 대외 판매를 하지 않는다. 시간이 충분히 경과하여 차세대의 무기가 나와야만 해외 판매를 하는데 그것에도 국가 간에 차별이 있었다. NATO에 가장 먼저 팔고 한국은 우선순위에서 뒤져 있었다. 그것도 반드시 FMS(Foreign Military Sales) 방식으로 구매해야 했다. 미국 장비를 구매할 때에는 미국의 연방은행(FRB)에 미국으로부터 얻은 차관을 몽땅 거치해놓고, 장비가 구입될 때마다 미국정부가 연방은행에 예치돼 있는 차관 달러를 장비값만큼 빼내가는 식이었는데 그 이자가 연 14%나 되었다.

그런데 레이건은 전두환에게 F-16기 판매를 지극히 예외적으로 허가했다. 이뿐만이 아니라 F-16 전투기 2개 대대를 한국군에 배치했다. 이는 공짜였다. 이런 배치는 세계적으로 한국이 처음이었다. 전시에 필요한 군수물자를 신속하게 사용할 수 있도록 한국에 이동시켰다. 전투 즉응태세를 강화한 것이다. 당시 미국의 국방장관은 와인버거였는데 그 역시 레이건처럼 선이 굵은 매파였다. 대전차 킬러라는 F-10 전투기, 아파치, 코브라, 신형 장갑차와 전차 등 신형 무기들을 한국에 속속 배치했다. 한국에 대한 미국의 대폭적인 지원은 올림픽을 방해하려는 김일성의 의도에 쐐기를 박아준 것이라 할 수 있다.

카터 시절에 한국에 들어와 있던 외국기업들이 불안감을 해소했고, 추가로 많은 외국기업들이 한국으로 들어왔다. 미국과의 밀월시대가 열림에 따라 한국의 군용장비 국산화를 위한 기술이전도 원만하게 이루어졌다. 전두환은 군 방위시스템 개선에도 획기적인 조치를 취했다. 여기저기 흩어져 있던 육해공군 사령부를 모두 계룡대로 이전시켜 육해공 합동작전이 원활토록 했다.

160마일(240km)에 걸쳐 20개 사단이 늘어서 있는 기나긴 전선을 원주에 위치한 1군 사령부에서 홀로 담당하는 것이 무리라는 판단을 했다. 전선을 동부전선과 서부전선으로 나누어, 동부전선은 원주에 있는 1군 사령부가, 서부전선은 용인에 있는 3군사령부가 맡게 했다. 그리고 백령도를 포함한 서해 5도를 요새화시켰다. 박정희와 전두환은 황무지에 오늘날의 군사력을 건설해 놓았다. 하지만 김영삼, 김대중, 노무현, 문재인은 어떻게 하면 군을 와해시키고 군사력을 약화시킬까 그것만 생각했다.

제12장

브루투스,
너마저?

단임제 약속을 지키기 위하여

임기 중반에 이른 전두환은 그간의 성과를 스스로 평가해 보았다. "숨 돌릴 틈 없이 공부하고 혼신을 다해 노력했기에 후회가 없다."고 회고했다. 수십 년 동안 고질병으로 여겨왔던 물가를 잡아, 경제성장의 동력을 회복한 것에 대해 만족해했다. 1983-84년의 GNP 성장률이 10.2%, 도매물가 상승률이 0.5%, 저축률이 26.6%에 이르렀다는 것에 대해 만족해했다. 10% 이하의 가동률을 기록했던 중화학공업을 구조 조정하여 활기를 불어넣었고, 반도체, 컴퓨터, 통신기술을 선진국보다 앞서 먹거리 산업으로 선정하여 성공시킨 사실에 뿌듯해했다. 국민연금, 의료보험 등 복지혜택을 업그레이드시켰고, 문화진흥을 의한 시설을 확충했고 국민에너지의 상당 부분을 문화 창조 분야로 돌린 사실에 만족해했다.

특히 취임하자마자 금기시돼 왔던 야간통행금지를 해제한 사실, 컬러 TV 방송을 결단해서 흑백문화를 컬러문화로 전격 전환한 사실, 해외여행과 해외유학을 자유화시키고, 달러 송금을 대폭 완화시키고, 학생들에게까지 강요됐던 통제문화를 개방문화로 탈바꿈시킨 사실에 대해 자긍심을 느꼈다. 86년 아세안게임과 88년 세계올림픽을 위한 준비가 착착 차질 없이 이행돼 나가고 있는 것에 대한 자신감도 느꼈다. 특히 무리수를 두면서까지 88올림픽 유치권을 따내고, 세계의 모든 나라들이 모두 참가할 수 있게 하기 위해 아프리카, 아세안 비동맹국들과 서방 국가들을 부지런히 방문하여 보이콧도 없고, 테러도 없는 완전한 올림픽을 치루기 위해 목숨을 걸고 동분서주함으로써 긍정적인 신호를 자아낸 데 대해 만족해했다.

임기 중반에 이른 전두환, 후반의 목표는 단임제를 실천하기 위한 준비를 하는 것이었다. 5공 헌법을 통해 5년 단임제를 약속한 이상 임기가 종료되면 그대로 물러나면 될 일이었는데, 전두환의 머리는 왜 그리도 복잡했을까? 자기가 떠난 이후에도 대한민국이 계속 번성하는 길로 나아가게 하려면 임기를 마친 후 자기는 무엇을 해야 할까, 자기의 뒤를 누가 이어야 하나, 차기에는 내각제를 해야 하나, 대통령제로 계속 가야 하나, 이런 것들이 그의 머리를 휘어잡았다. 1986년 4월 초, 그는 영국, 서독, 프랑스, 벨기에 4개국을 순방했다. 4개국을 방문하는 1차적인 목적은 서방국가들을 88올림픽에 유치시키기 위한 것이었지만, 민주주의가 발달해 있는 이들 나라의 권력 시스템에 대해 여러 지도자들로부터 조언을 듣고 싶어서였다.

● 대처 총리와의 대화

전두환: 저는 1988년 초에 대통령 단임제를 규정한 대한민국 헌법에 의해 물러납니다. 저는 제가 물러난 이후 한국정치가 안정적으로 유지되

게 하고 싶습니다. 저는 권력 구조 선택에 대해 관심이 있습니다. 미국은 대통령 중심제를 선택하고 있습니다. 그런데 미국 선거는 간선제입니다. 만일 대통령제를 선택하면서 대통령을 직선으로 선출하면 어떤 문제가 발생할 수 있는지, 각하의 고견을 알고 싶습니다.

대처 수상: 유럽에는 의원내각제를 실천하고 있는 나라가 많습니다. 대통령제를 택하면서 직선제를 하는 나라는 남미나 아프리카 국가들이고, 유럽국가들은 간선제를 택하고 있습니다. 영국의 경우를 말씀드리겠습니다. 영국은 지역감정의 골이 매우 깊습니다. 축구 국가대표팀을 구성하는 데에도 지역들이 싸웁니다. 이런 상태에서 만일 영국이 대통령 직선제를 택한다면 국론분열로 인한 낭비가 엄청났을 것입니다.

● **내각제에 대한 참모들과의 토론**

두 번째 방문국인 서독에서는 올림픽 참가에 대한 확답을 얻었을 뿐, 전두환의 고민에 대해 얻은 것이 없었다. 프랑스로 떠나기 전날 밤, 전두환은 그를 수행한 참모들을 불러 모았다. 안현태 경호실장, 정두호 공보수석, 김병훈 의전수석, 박근 제네바 대사, 안재석 스위스 대사를 비롯해 수행원들을 대거 불렀다. 그리고 그의 고민을 피력했다. 1986년 4월 초였다. 아래 내용은 전두환 회고록 제2권의 594~595에 기재된 내용 그대로다.

"오늘 여러분들에게 처음 말하는 거지만, 나는 솔직히 대통령직을 수행하면서 두려운 때가 많았다. 대통령 결심을 얻어내기 위해 다들 서류를 잔뜩 챙겨들고 들어오는데 결심을 해야 하는 사안들이 하나같이 중요하기 짝이 없는 것이었다. 그런데 정작 거기다 결재를 해야 하는 사람인 나한테 무슨 전문지식이 있겠는가. 일에 대한 열정은 대단하지만 그저 상식적이고 평범한 능력밖에 없지 않나. 바로 얼마 전에도 미국에서 무기를 사들이겠다는 재가서류가 올라왔는데 도대체 제시된 그 가격이 비싼 것인지 싼 것인지, 속는 건지 아닌지, 알 수가 없었다. 또 비싸면 비싼 만큼 국가에는 어떤 보탬이 되는 것인지, 도무지 판단할 길이 없어서 아주 고심해야 했다. 그래서 내가 느낀 것이, 한국의 대통령 중심제는 작은 일에서부터 국가의 생존과 관련되는 큰일까지 너무 모든 것이 대통령의 두 어깨에 짊어지워 있다. 수많은 문제들을 대통령 한 사람이 자기 판단으로 결심하고 또 책임을 져야 하는 이런 대통령 중심제는 정말 대통령이 되는 사람에게도 두려운 일이고, 문제가 있다고 생각해 왔다."

"우리나라의 대통령 권한은 거의 제한이 없는, 거의 무제한적인 권력이다. 무제한의 권력이란 곧 무한책임을 의미하는 것이 아니겠는가. 하지만 같은 대통령제인 미국을 보자. 권한이 아무리 막강하다 해도 지자체가 있어서 대통령이 주지사조차 임명하지 못하는 것 아닌가. 대법관을 임명할 권한이 있다 해도 임명되면 종신제가 보장되기 때문에 영향력을 행사하는 데 한계가 있더라."

"그런데 우리나라는 어떤가? 국무총리, 장관, 도지사는 물론 대법원장, 대법관, 주요 자리라는 자리를 모두 대통령이 일방적으로 임명하도록 되어 있지 않은가. 국회의장을 여당 총재인 대통령이 선택한다. 그 권력의 막강함은 상상 이상이다. 아주 극단적으로 말하자면 세상에 못할 일이 없는 것이 대한민국의 대통령이다. 권한이 그토록 절대적이니 대권싸움이 치열해질 수밖에 없는 것이 아니겠는가. 하지만 유럽에 와보니 다르지 않은가. 어느 나라도 우리처럼 극한적으로 싸우지 않는다고 한다. 우리네 싸움은 얼마나 부정적이고 극한적인가. 그 이유가 대통령 권한이 지나치게 많기 때문이 아니겠는가. 정권을 잡으면 다 갖고, 못 잡으면 다 잃는 막장 결투가 아닌가."

이렇게 불을 지피자 각자는 기탄없이 자기들의 생각을 피력하기 시작했다. 토론을 통해 전두환은 내각제가 바로 민주주의의 꽃이라는 확신을 갖게 됐다. 프랑스의 예를 보면 대통령은 사회주의 정당에서 나왔고, 수상은 우파정당에서 나왔지만 싸우는 일이 없었다. 영국과 독일도 이와 유사했다. 당시 세계에는 170개 국가가 있었다. 그런데 직선제를 채택하는 나라는 40개국, 모두 중진국 이하의 국가들이었다는 것이 전두환의 통계였다.

● 내각제란?

의원내각제를 택한 영국, 국왕인 엘리자베스 여왕은 국제적인 행사에 등장하긴 하지만, 정치적 문제에 관여하지 않는다. 의회 다수파가 권력의 핵심이 된다. 이러하기에 여소야대 현상이 있을 수 없다. 내각이 의회에 의해서 선출되기 때문에 내각이 제 구실을 하지 못할 경우 의회가 내각을 불신임하면 내각이 총사퇴를 해야 한다. 대통령은 명목상의 국가원수이며, 의회 다수당의 대표가 수상이 되어 내각을 운영한다. 캐나다, 일본, 유럽제국, 오세아니아의 나라들이 이런 식의 의원내각제를 채택하고 있다.

의원내각제는 행정부와 입법부가 상호 협조관계에 있다는 것이 가장 큰 장점이다. 내각의 각료는 의원직을 겸할 수 있다. 총리를 교체하기도 하고, 연립정부를 구성하기도 하는 유연성을 가지고 있다. 그래서 권력이 1인에게 집중되는 것을 피할 수 있다. 행정부의 존립이 의회에 의해 결정되므로 국민의 대표로 선출된 의회의 통제가 용이하다. 반면 단점도 있다. 의회의 다수파가 권력을 잡고 횡포를 부릴 가능성도 농후하다는 것이다. 또한 집권당의 의원수가 과반이 되지 않을 경우에는 다른 당과 세력을 합해야 한다.

● 야당의 개헌 요구 수용

1986년 4월, 전두환은 윤보선, 최규하를 초청해 야당이 주장하는 직선제 개헌에 대해 대화하겠다는 약속을 했다. 이어서 3개 야당 대표를 불러 재임기간 중에 개헌하자는 야당의 요구를 수용하겠다는 입장을 밝혔다. "임기 내에 개헌을 하자는 데 동의한다. 개헌 내용에 대해서는 직선제뿐만 아니라 대통령제냐, 내각제냐에 대한 권력구조도 포함하자." 이렇게 제안했다. 하지만 당시의 야당은 주사파 세력과 파트너가 되어 놀아났다. 서로 동조도 했다, 갈등도 빚었다 하면서 하루가 다르게 우왕좌왕했다. 야당은 누가 차기 정권을 잡는가에 대한 욕심으로 사회를 어지럽게 휘젓는 훼방꾼에 불과했다. 그 뿌리는 어디까지나 북한의 대남공작이었다.

1986년 9월 20일부터 10월 5일까지 열린 86아시안게임, 27개국으로부터 4,839명이 서울에 왔다. 하지만 서울이 근사해질수록 북괴의 배후조종은 날로 험악해갔다. 86년 10월 14일, 신민당 유성환 의원이 국회에서 "반공은 국시가 아니다."라는 발언을 해서 체포되었다. 소요를 일으키기 위한 신호탄이요 불쏘시개였다. 이어서 10월 28일에는 27개 대학 1,000여 명이 건국대 건물을 점령하고 "반공 분쇄"를 주장하며 농성에 들어갔다가 전원이 구속되었다. 여와 야가 평화롭게 합의하는 꼴을 용납하지 않으려는 공작이었던 것이다.

● 4.13 호헌조치

북괴의 대남공작으로 발생하는 태풍의 눈은 언제나 김대중이었다. 1986년 12월 22일, 정당 대신에 민추협이라는 재야 세력을 거느린 김대중이 신민당 상임고문에 불과했던 김영삼과 야합하여 신민당 당수 온건파 이민우 당대표를 축출하기로 했다. 이에 이민우가 반발했지만, 양김의 공동전선에 항복하여 잠적해 버렸다. 이런 와중에 87년 1월 4일, 박종철 고문치사 사건이 불거졌다. 이를 언론들에서는 "탁 치니까 억하고 죽었다."는 말로 희화화하여 전두환 정권을 공격했다. 이후의 혼란스러운 정국의 주연은 김대중, 김영삼, 이민우, 이철승이 담당했지만, 결국 이들은 오로지 우리 사회를 혼란으로 치닫게 하려는 북괴 공작의 배우들에 지나지 않았다. 북괴의 이러한 공작은 차기 정권이 노태우로 순조롭게 넘어가리라는 것을 예측한 북괴의 방해 공작이었다.

전두환은 직선제, 내각제, 조기개헌의 카드를 던졌다. 김대중과 김영삼이 늘 주장해 왔던 것들을 내놓았지만, 오로지 훼방만이 전략인 김대중과 김영삼은 들은 체도 안했다. 이에 전두환은 이들로부터는 더 이상 기대할 것이 없다는 결심을 하게 되었고, 그래서 87년 4월 17일, 특별담화를 통해 현행헌법을 그대로 유지한 상태에서 단임 약속을 지키겠다는 방침을 밝혔다. 꼬투리만 잡으려는 야당, 이를 '호헌조치'라고 이름 지어 국민을 선동하기 시작했다. 체육관에서 간선제를 통해 차기 정권을 노태우에게 넘기려는 속셈이라고 공격하기 시작한 것이다. 이들이 원하는 것은 오로지 시비와 공격이었다. 신부들이 단식기도에 나섰고, 교수, 지식인과 재야 세력의 시국선언들이 이어졌다.

천주교정의구현사제단 김승훈 신부가 "박종철 군 사건이 축소 은폐되었다."는 민감한 설을 퍼트렸다. 재야 인물 134명이 '박종철 군 고문치사 은폐 조작 규탄 범국민대회 준비위원회'를 발족했다. 사회는 4.13호헌조치와 박종철 의혹으로 인해 극도로 혼란해졌다. 여기로부터 6월항쟁이라는 급물살이 발원되었다. 이에 전두환은 '무조건적인 직선제 개헌'을 약속하는 6.29선언을 생각해냈고, 이를 민정당 대표 노태우로 하여금 발표케 하는 민첩한 조치를 취하게 되었다.

노태우 지명과 6월 소요

4.13호헌조치와 박종철 사건으로 한참 시끄러울 때인 1987년 6월 2일 밤, 전두환은 민정당 간부들을 청와대 한옥 상춘재로 초대했다. 비공식적으로나마 내부 주변 간부들에게 노태우를 후계자로 추천한다는 뜻을 밝히기 위해서였다. 이 자리에서 전두환은 노태우가 차기 대통령을 맡을 만한 인물이라는 이유를 설명했다, 안보식견이 뛰어나고, 여러 개 장관직을 수행하면서 경륜을 쌓았고, 현재는 올림픽조직위원장과 집권당 대표를 역임하고 있기 때문이라고 성의를 다해 소개했다. 전두환의 소

개가 끝나자마자 사람들은 예견했다는 듯 박수를 쳤고, 현장에 나온 노태우는 감격의 눈물을 흘렸다. 그리고 1주일 만인 6월 10일, 노태우는 올림픽공원 실내체육관에서 열린 전당대회를 통해 민정당 대통령 후보로 지명되었다.

이날 노태우는 수락연설을 했다. "평화적인 정권이양이 실현되는 것이 무엇보다 더 중요하다. 세계의 이목이 집중돼 있는 88올림픽을 성공적으로 마치는 것도 매우 중요하다. 시기상 여야가 합의하는 합의개헌은 평화적인 정권 이양이 이루어진 이후에 할 수밖에 없다."는 요지의 메시지를 내놓았다. 4.13호헌조치를 고수하겠다는 뜻을 밝힌 것이다. 5공 헌법이 규정한 '간접선거'에 의해 안전하게 대통령 자리에 오른 다음, 자기 주도하에 개헌 절차를 밟겠다는 것이었다.

여기에는 그 나름으로 정당한 이유가 있었다. 평화적인 정권이양에 대한 역사적인 선례를 기록해야 하는 시점이 불과 10개월 밖에 남지 않았고, 88서울올림픽도 1년 남짓하게 성큼 다가와 있었다. 이 짧은 기간 내에 장외 소요를 일삼는 야당들의 요구를 수용하는 절차를 밟다가는 국가적 대사를 그르칠 가능성이 있었다. 평화적 정권 이양은 그 무엇보다도 중요한 정치 일정표였다. 따라서 노태우가 호헌 쪽으로 방향을 잡은 것은 나름의 논리가 있었다.

민정당 차기 대통령 후보가 된 노태우가 '호헌' 즉 '체육관 선거'를 고수하겠다고 선언하자, 서울은 물론 전국 각지에서 기다렸다는 듯 호헌반대 규탄 집회가 동시다발적으로 열렸다. 전국 22개 지역에서 40여만 명이 참가하는 시위로 달아올랐다. 이에 당황한 민정당은 6월 15일, 4당 대표회의를 하자, 여야 영수회담을 하자며 유화 제스처를 취했다. 강경 노선에서 유화 노선으로 후퇴하는 민정당 모습을 보자 민주당은 더욱 기고만장해졌다.

"김대중을 연금에서 해방시켜라." "6.10.소요에 관련한 구속자들을 무조건 석방하라."는 등의 요구들이 빗발쳤다. 설상가상으로 6월 9일, 연세대 교문 앞 시위를 하다가 최루탄에 뒷머리를 맞은 이한열이 혼수상태에 빠졌다가 사망했다. 이것이 또 민심을 자극했다. 전국 16개 지역에서 150만 명이 참가하는 '최루탄 추방대회'가 동시다발로 열렸다. 부산에서는 30-40만 명이 시위를 벌여 경찰이 아예 진압을 포기하는 사태가 발생했다. 민정당은 김영삼 당시 통일민주당 총재를 만났지만, 김영삼은 관심을 받을수록 더욱 기세등등하여 억지 요구의 수준을 높여갔다. 경찰서, 파출소, 민정당 지구당사들이 소실되거나 파괴됐다. 전국 180만이 시위에 동원됐다. 3,000여 명이 연행되었다. 바로 이런 것이 김대중과 김영삼이 노리는 교란이었다. 이 둘은 소요사태만 발생하면 신이 나는 사람들이었다.

과거 같았으면 당연히 위수령이나 계엄령을 발동하여 군이 진압에 나섰겠지만 평화적 정권 이양을 코앞에 둔 시점에서 군을 풀어 소요를 진압하게 되면 계획에 차질이 올 수 있었다. 이에 전두환은 계엄령이 선포될 것이라는 소문만 퍼져 나가도록 했다. 시위자들에 겁을 주어 심리적 위축을 가함으로써 시위가 과열화되는 것을 어느 정도 진정시켜놓고, 경찰 선에서 시위를 진압케 한 것이다. 만일 군을 동원했더라면 약속한 바의 평화적 정권 이양은 불가능했을 수 있었다. 전두환은 [전두환 회고록] 제2권 614쪽에서 이 시기가 전두환에게는 가장 어려운 시기였다고 술회했다.

노태우의 후계 행진

전두환이 노태우를 후계자로 지정한 것은 1987년 6월 2일이었지만 전두환이 노태우를 마음에 찍었던 시기는 그보다 훨씬 전이었다고 기록했다. 그가 노태우를 후계자로 선택한 것은 그가 절친이어서가 아니라 국가를 위해 객관적으로 심사숙고한 결과라고 했다. 가장 중요한 고려사항은 군에 대한 식견이라고 했다. 노태우가 애국심과 능력 면에서 군 내외로부터 가장 높은 신망을 받고 있다고 평가했다. 하지만 이런 내심은 쉽게 당사자인 노태우에게 전달할 수 있는 가벼운 사안이 아니었다. 아래는 전두환 회고록 2권 614-657쪽을 저자의 버전으로 요약 정리한 것이다.

● **주변 여론, 노태우는 깜이 아니다**

노태우를 마음속에 후계자로 점을 찍었다고 해서 그가 저절로 대통령 감으로 성장하는 것은 아니었다. 내가 키워주어야 했다. 키우는 과정을 남에게 눈치채게 해서도 안 되었다. 나는 군에 더 남아있기를 원하는 그를 설득해서 예편과 동시에 정무장관에 기용했다. 체육부를 신설해서 그를 체육부 장관에 앉혔다. 올림픽 준비업무도 맡겼다. 전국의 행정조직을 관리하는 경험을 쌓아주기 위해 내무부 장관도 시켰다. 88올림픽과 86아시안게임의 조직위원장도 맡겼다.

그가 승승장구하는 모습을 지켜본 사람들은 수단과 방법을 가리지 않고 그에게 접근할 수 있었다. 염려했던 대로 노태우 내무장관이 이권에 개입됐다는 보고가 올라왔다. 나는 노태우를 불러 주의를 주고 내무부에서 올림픽조직위원장 자리로 옮기게 했다. 조직위를 맡길 사람이 없어서가 아니라 일단 그를 바람 잘 날 없다는 내무부 장관직에서 피난시킬 목적이었다. 훗날 들으니, 노태우에게 꿈을 키워주었던 박철언도 노태우가 내무부 장관으로 있는 것을 매우 위험한 일이라고 염려했다고 한다.

나는 안기부장 장세동에게 노태우 주변에 이권청탁을 가지고 접근하는 사람들을 차단하라고 지시했다. 노태우가 민정당 대표가 된 후에도 업자들이 들락거리기에 장세동이 업자들을 불러 경고를 했다. 노태우는 이를 자기를 견제하려는 것으로 곡해하면서 나를 향해 서운하게 생각하고 있다는 이야기들이 들려왔다. 남덕우, 노신영, 장세동이 차기 주자로 거론되고 있다는 소문을 들은 노태우가 안절부절못하고 있다는 말도 들렸다.

최고 권력을 이어받을 사람은 몸을 사리고 신중하고 인종하는 기간을 보내야 하는데 노태우는 그런 식으로 행동하지 않고, 한 단계만 더 가면 최고 권력자가 된다는 생각에 사로잡혀 있는 것으로 보였다. 특히 1985년 2.12. 총선에 노태우가 출마하는 문제를 놓고 그는 초조해하는 마음을 여러 차례 보였다. 나는 노태우에게 여당의 대표를 맡기고 싶었다. 여당의 대표가 원외일수는 없었다. 그래서 나는 노태우에게 지역구 출마를 권유했다. 서울의 지역구에서 당선이 되면 단박에 정계 거물로 등장하게 되고, 자연스레 대통령후보로 거론될 것임에 틀림없어 보였다. 그런데 노태우는 서울 출마에 자신이 없다는 반응을 보였다.

나는 서울이 자신 없으면 지역 연고가 있는 대구에서 출마해보라고 했다. 이에 노태우는 지역구 출마는 도저히 자신이 없다고 했다. 그래서 나는 선선히 그러면 그만 두라며 전국구 자리를 주었다. 이에 대해 노태우는 또 나를 곡해했다. 야당이 우세한 지역에 자기를 보내 망신을 주려했다는 것이다. 이렇게 노태우는 안전한 길로만 다니려 했다. 패기도 없고 투지도 없었다. 이런 그의 모습은 6.29선언을 탄생시키는 과정에서 여실히 드러나고야 말았다.

수석비서관들, 보좌관을 지낸 몇몇이 나에게 시중의 이야기를 전해 주었다. 노태우가 깜이 아니라는 것이다. 특별한 이유는 달지 않고 '믿을 수 없는 사람'이라는 평만 해주었다. 노태우는 사관학교에서 만나 늘 친구로 지냈다. 나는 군대 시절로부터 노태우에게 네 차례에 걸쳐 내 자리를 물려주었다. 육군참모총장 수석부관, 경호실 작전차장보, 보안사령관, 민정당 총재였다. 대통령자리까지 합하면 다섯 차례다. 이렇게 절친한 사이였는데도 주위에서는 노태우에 대해 재고해야 한다는 소리들이 들렸다.

● 포커판의 노태우

우리나라 공군창설 멤버로 공군참모총장과 국방장관을 역임했고, 5.16 이후 공화당 초대 당의장과 미국 대사를 역임했던 김정렬 전장관이 노태우를 공식 후계자로 지명하기 직전에 나를 찾아왔다. "노태우를 잘 아십니까?" "네, 잘 압니다" "믿을 수 있는 사람입니까?" "예, 그렇고 말고요" "노태우가 대통령직을 잘 수행하리라고 보십니까?" "그럼요, 그래서 후임자로 고른 것이 아니겠습니까?"

김정렬 전 총리가 왜 이런 다짐하는 식의 질문을 했을까? 김정렬 전 총리는 한 포커게임 멤버들의 좌장 같은 존재였다. 나의 동기생인 민석원, 노태우, 김복동, 권익현, 안교덕, 김식, 이원조 등이 어울리는 포커판이었다. 이들은 모두 나와 같은 동기생들이지만 나를 형님처럼 여기며 어렵게 대했다. 나는 원래 포커 게임 같은 것을 하지 않는다. 그런데 그들끼리는 흉허물 없이 지냈을 것이다. 아마도 김정렬 전 총리는 노태우의 포커판 매너를 보고 노태우를 평가하지 않았을까 하는 짐작이 든다.

● **6.29 앞에 선 노태우**

나는 내각제에 대한 미련을 갖고 있었다. 하지만 그것은 직선제만이 대안이라고 생각하는 야당과 대다수 국민들에게는 먹힐 수 없다는 것을 느꼈다. 1987년 6월 15일 아침, 김윤환 정무1수석이 직선제를 수용할 것과 김대중의 사면복권을 강력히 건의해왔다. 이튿날인 16일에는 김용갑 민정수석과 박영수 비서실장이 같은 건의를 해왔다. 나는 마음을 굳혔다. 직선제를 수용하자. 그러기 위해서는 노태우에게 나의 결심을 알려주고, 낙담할 그에게 용기를 넣어주어야 했다. 6월 17일, 노태우를 불렀다. "직선제를 수용할 수밖에 없다. 이기는 대책을 마련하라."

노태우의 얼굴이 일그러지면서 낭패의 한숨을 내쉬었다. 그리고 일언지하에 반대한다고 말했다. 노태우는 그에게 안전한 간선제만 고대하고 있었는데 직선제라니! 벼랑 끝으로 내몰리는 심정이었을 것이다. 노태우는 잠시 후 평정심을 되찾은 듯 직선제를 받아들일 수 없는 2가지 이유를 내놨다. 민정당은 이제까지 호헌의 입장을 취하면서 내각제의 장점을 홍보해왔는데 이제 와서 갑자기 직선제로 가야한다면 민정당 당원들을 어떻게 설득할 수 있느냐 둘째, 직선제 하에서 과연 노태우가 승리할 수 있느냐는 것이었다. 이는 반대의견을 개진하는 차원을 넘어 반발이었다. "너는 간선제로 쉽게 대통령이 되었는데 나더러는 떨어질 수도 있는 직선제로 대통령을 하라는 것이냐?"

"직선제로 가면 저는 대통령 후보직을 사퇴하겠습니다." 강력히 반발했다. 나는 이런 그를 붙들고 차근차근 설명해 주었다. 첫째, 직선제를 수용하지 않으면 정국이 소용돌이쳐서 계엄령을 선포하지 않으면 질서를 잡을 수 없다. 계엄령이 선포된 상태에서 어떻게 88올림픽을 치를 수 있느냐, 어렵게 회복한 경제에도 악영향을 주게 되고, 더구나 평화적인 정권교체를 이룰 수 없게 된다. 둘째 직선제를 수용하지 않으면 야당이 선거를 보이콧하게 된다. 이렇게 되면 여당 후보가 단일 후보가 된다. 그러면 당신이 당선된들 무슨 의미가 있겠는가? 셋째, 만일 야당이 의

표를 찔러 간선제를 채택하겠다고 하면 여론은 야당으로 쏠리게 된다. 이럴 때 당신이 과연 간선제로 당선될 수 있겠는가? 넷째, 설사 간선제로 당신이 당선된다 해도 개헌 요구가 불거질 것이다. 사회가 혼란해지고 경제가 곤두박질할 것이다. 다섯째, 당신은 직선제로도 충분히 이길 수 있다.

6월 18일, 김용갑 민정수석이 보고를 했다. 직선제 수용하면 여론의 60%가 우리 편이 된다는 것이었다. 이어서 많은 참모들이 직선제를 건의해왔다. 6월 19일 김용갑이 노태우를 만난 결과를 보고했다. 노태우는 절대로 직선제를 수용할 수 없다는 것이다. 뿐만 아니라 노태우는 이재형 국회의장을 찾아가 도움을 청했는데 "직선제로는 당선이 어려우니 자기를 위해 각하를 만나 마음을 바꾸도록 해 달라."는 것이었다. 이에 이재형 국회의장은 노태우에게 "나도 전두환 대통령과 동감이다. 직선제 채택 말고는 답이 없다. 직선제 해도 이길 수 있다." 이렇게 조언했다고 한다.

나는 즉시 노 대표를 비밀리에 불렀다. 그는 내 앞에서 "직선제를 수용하겠다."고 말했다. 그리고 나서 말을 이었다. "노태우가 각하에게 직선제를 수용할 것을 건의드렸더니 각하께서 크게 노해 호통을 치셨다. 이런 모습을 국민에게 보여주십시오. 꼭 그렇게 해주십시오." 노태우가 열린 자세로 직선제와 민주화를 대통령에 건의했는데 대통령이 노발대발하면서 민주적 건의를 묵살했다. 이에 노태우는 굴하지 않고 민주화와 직선제를 선언하고 나섰다는 시나리오를 전두환더러 연기해달라 떼를 썼다. 전두환은 반민주적인 폭군, 자신은 민주적인 영웅으로 대비시켜야만 자기가 당선될 수 있다는 것이었다.

나는 생각했다. 역사에는 비밀이 없다. 나는 국민을 속이고 기만하는 대통령으로 남고 싶지 않았다. 노태우의 욕심이 지나치다고 생각했다. 6월 22일 나는 노태우를 다시 불렀다. 그리고 노태우의 건의를 받아들일 수 없는 이유를 설명했다.

첫째, 비밀이 없는 세상에 '정치는 쇼'라는 것이 밝혀지면 우리 두 사람은 세상의 웃음거리가 된다. 그리고 6.29선언(직선제 선언)의 의미도 사라진다. 둘째, 비밀이 알려지면 국민이 분노해서 표를 주지 않을 것이다. 셋째, 당신이 원하는 대로 하면? 나는 민주화를 끝까지 반대한 사람으로 영원히 낙인찍히지 않겠는가. 그 대신 이렇게 하자. "당신이 직선제 수용을 발표하고 그 발표문 말미에 만일 전두환이 노태우의 직선제 건의를 거부하면 나 노태우는 모든 공직과 후보직을 전면 사퇴하겠다." 이런 문구를 넣으면 당신의 뜻이 이루어지는 것이 아니겠는가. 이에 노태우는 아무 말이 없었다.

며칠 후 나는 노태우를 다시 불렀다. "나더러 당신의 직선제 건의를 반대해 달라."는 당신의 요청은 없었던 걸로 하자. 나는 국민을 속이고 싶지 않다. 다만 발표문 내용은 당신 자유에 맡기겠다. 노태우는 저항 없이 돌아갔다. 그런데 노태우는 바로 그날 밤 안현태 경호실장에게 전화를 걸었다. "자신이 직선제 수용의사를 밝힐 테니 전두환 대통령이 자기를 야단치며 반대하는 모습을 연기해달라."고 또 집요하게 부탁을 했다는 것이다. 6.29의 직선제 선언은 순전히 나의 생각이었다. 6.29는 내가 노태우에게 쥐어준 둘도 없는 귀한 선물이었다. 그런데 그 엄청난 선물을 받은 노태우는 그것이 자기 작품이었다고 선전했다. 그리고 그는 자기의 인기를 높일 수 있는 내용으로 6.29선언문을 작성했다.

발표하기 하루 전인 6월 28일, 노태우는 안현태 경호실장에게 또 전화를 했다. "내가 직선제를 수락하는 6.29선언문을 낭독하면, 바로 뒤를 이어 각하께서 호통을 치시면서 각하는 직선제에 반대한다는 반응을 보이게 해 달라." 참으로 못 말리는 집념이었다.

결국 노태우는 1987년 9월 29일 오전 9시, 민정당 중앙당 회의실에서 '국민 대화합과 위대한 국가로의 전진을 위한 특별선언'이라는 제목의 성명을 발표했다. 직선제를 수용하겠다는 것이어서 인기가 대단했다. 7월 1일 나는 담화를 통해 노대표가 발표한 내용을 적극 수용한다는 뜻을 밝혔다. 12월 16일 실시된 대통령 선거에서 노태우가 대통령으로 당선되었다. 평화적인 정권 교체가 한국 정치 역사상 처음으로 실현된 것이다. 민주주의 종주국이라는 영국에서도 1215년의 마그나 카르타 이후 413년이 지난 후에야 평화적 정권교체가 이루어졌다고 한다. 평화적인 정권교체를 믿는 사람은 당시에 아무도 없었다고 해도 과언이 아닐 것이다.

노태우의 오기

노태우는 1988년 2월 25일에 취임했다. 전두환은 노태우에게 그해 4월 26일로 예정돼 있는 총선에 대한 전략을 자세히 설명해주었다. 취임 전에 공천을 완료하고, 중선거구제로 가야만 유리하다는 것이었다. 하지만 노태우는 여지없이 이를 무시하고 그 반대로 나갔다. 한 선거구에서 2등까지도 당선시킬 수 있는 중선거구제를 거부하고, 1구역에서 1명만 당선시키는 소선거구제를 밀고 나갔다. 전두환의 조기 공천 작업 제안을 무시하고, 공천을 미루면서 전두환 계열의 인물들을 모두 배제시키고 그 대신 당선이 어려운 사람들을 공천했다. 이에 결과에 대해 당시 정보기관에서는 당선 예상자 수를 85~92석으로 분석했다. 이에 노태우는 분석한 사람들을 향해 노발대발했다. 그리고 과대망상증에 걸린 사람처럼 너무 많이 당선될 것을 염려했다. 결국 1988년 4월 26일 치러진 총선 결과 민정당 당선자는 지역구 87석, 전국구 38석, 총 125명을 확보하는 데 그쳤다. 총 의석수 299명의 41%에 그친 숫자였다. 여소야대 정국이 형성된 것이다.

● 3당 합당의 피해자는 정호용

이로부터 야당의 행패가 더욱 기고만장했다. 이 기고만장한 행패는 1988년 말에 시작된 광주특위, 5공특위에서 위력을 발휘했고, 그 여파로 노태우의 발목이 묶였다. 이에 노태우는 1990년 1월 22일, 꽉 막힌 정국을 풀어가기 위한 고육지책으로 3당 합당을 했다. 합당에 응한 김영삼은 스스로를 민주화의 화신으로 자리매김하면서 인기를 상승시켜가고 있었다. 이런 김영삼이 노태우에게 합당의 조건을 제시했다. 그 조건 중 하나가 5.18을 '폭동'에서 '민주화운동'으로 개칭해달라는 것이고, 정호용을 출당시켜 정치적 생명을 끊어달라는 것이었다. 정호용을 민정당에 그대로 두고서는 합당을 하더라도 자기에게 대통령 차례가 오지 않을 것이라는 계산을 한 것이다.

전에는 전두환 밑에서 출세했고, 시대가 바뀌자 노태우에 충성하고 있던 정호용은 노태우 정권 2년 만에 노태우로부터 배신당해 정치생명을 마감했다. 정호용을 제거하는 데에는 명분이 필요했다. 그 명분이 "정호용은 광주에서 민주화운동을 탄압하고 무고한 시민을 학살한 원흉"이라는 것이다. 이 어처구니없는 날벼락을 맞은 정호용, 분노를 이기지 못한 그의 부인은 자살을 하려다 실패했다. 이어서 노태우는 1990년 8월 6일, '광주보상법'(민주화운동관련자보상에관한법률)을 제정해 희생자에게 당시 화폐로 최고 일시금 3억 1,700만 원과 매월 연금 422만 원까지를 보상하기 시작했다.

노태우의 정신적 프로필

노태우와 전두환은 1951년 사관학교 입교 시부터 1987년 12월까지 37년 동안 둘도 없는 친구로 지내왔지만 노태우는 늘 전두환의 그늘에서 열등의식을 느껴온 것 같다. 이런 종류의 사람이라면 전두환의 보살핌을 받던 시간에 고마움을 느낀 것이 아니라 콤플렉스를 축적했을 것 같다. 자기보다 앞서가는 사람을 질투하고 모략하고 음해하는 옹졸한 인간성을 기른 것 같다. 그의 인간 됨됨이는 치졸한 편이다. 육사15기 민병돈 장군이 육사 교장을 했을 때, 그는 육사 교장의 연설문까지 작성하여 육사 교장에게 낭독하라고 강요하다가 민병돈 장군이 반발하자 제대시켜 버렸다. 이런 행위는 전두환 스타일이 전혀 아니었다.

노태우는 그의 재임기간 5년 내내 전두환을 상대로 콤플렉스로 응어리졌던 한만 풀어냈다. 그에게 대통령직은 한풀이 직이었다. 그가 업적으로 내세우는 것은 북방외교 하나뿐이다. 1990년 그는 북방외교의 업적을 세운다는 공명심에, 이미 침몰돼가는 소련과 국교를 텄다. 그리고 그 대가로 30억 달러의 차관을 주면서도 미국 샌프란시스코 엘리베이터 앞에서 고르바초프로부터 신사 대접을 받지 못하는 수모를 겪었다. 그리고 1991년 14억7,000만 달러를 소련에 보낸 상황에서 소련이 붕괴됐다. 그리고 그 14억 7,000만 달러는 러시아가 승계했지만, 여러 정권을 거치면서 단가가 부풀려진 군사물자, 각종 원자재 등 이런저런 물자로 받아내다가 흐지부지됐다. 1990년이면 이미 소련의 붕괴는 예정돼 있었지만 노태우의 눈에는 그것이 보이지 않았던 것이다.

노태우의 배신 드라마

앞에서 밝힌 바와 같이 6.29는 전두환이 창안하여 노태우에게 선사한 작품이었다. 그런데 노태우는 그것에 감사하기는커녕 전두환 학살을 통해서만 자기가 빛날 수 있다는 생각에 필이 꽂혀 있었다. 노태우가 바늘로 찌를 때마다 전두환은 양보했다. 그리고 동생을 타이르듯이 사리를 설명해 주었다. 하지만 노태우는 요지부동이었다. 1987년 12월 16일은 제13대 대통령 선거일이었다. 그보다 12일 전인 12월 4일, 노태우는 KBS를 통해 전두환을 짓밟는 노골적인 내용으로 연설을 했다.

① "부정부패를 척결하는데 있어서는 국가원수를 포함한 그 어느 누구도. ." ② "저의 집사람 역시 집안일을 살피는 전통적인 한국의 조용한 아내와 어머니로 있게 하겠다." ③ "나는 보통사람이다."

①은 전두환 주변이 부정부패로 얼룩져 있다는 것을 의미했고, ②는 이순자 여사가 조용하지 못한 아내라는 메시지였고 ③은 전두환이 '권위

주의적인 사람'이라는 것을 의미했다.

● **5공 말살 작전, 6공은 5공의 후신이 아니다.**

당선자 신분이 되자, 노태우는 단순히 자기와 전두환을 차별화시키는 데 그치지 않고 6공은 5공의 연장에 있는 것이 아니라, 5공은 소멸돼야 할 역사라며 야당과 합세하여 '전두환 죽이기' 작전에 나섰다. 노태우와 그의 부인 김옥숙이 전두환에 대해 품었던 열등의식이 보복이라는 못난 행태로 분출된 것이다. 그가 당선된 날, 대통령 신분인 전두환은 육사 11기 동기생들과 함께 당선자 노태우를 축하하러 찾아갔다. 이때 노태우는 시쳇말로 싸가지 없는 말을 했다. 인간수양이라고는 눈꼽만큼도 없는 막말이었다.

"내가 승리한 것은 순전히 내가 훌륭해서였고, 국민적 인기가 높아서였다. 각하와 민정당은 전혀 도움이 되지 못했다. 그래서 나는 거리를 두지 않을 수 없었다. 나는 국민이 직접 뽑아준 대통령이다. 체육관에서 간접선거로 대통령이 된 각하와는 격이 다르다."

● **사사건건 문제 삼아**

퇴임을 2개월 앞둔 전두환은 고위급 장성 인사를 단행했다. 만기가 도

래한 장군들의 뒤를 이어야 하는 후임 장군들에 대한 당연한 인사였다. 합창의장에 최세창, 3군사령관에 고명승, 보안사령관에 최평욱, 수방사 령관에 김진영 등. 이를 두고 노태우 당선자는 매우 불쾌한 말을 했다. 전두환이 퇴임 후에도 군에 대한 영향력을 행사하려고 자기 사람을 심 었다는 것이다.

야당 대표들은 전두환에 대한 정보가 없다. 그런 야당에 극비 정보까 지 제공한 사람이 바로 노태우였다. 자기가 하고 싶은 일을 위해 야당에 게 총대를 메게 한 것이다. 노태우가 전두환을 때려잡기 위한 첫 구실은 '국가원로자문회의'였다. 이 기구는 여야 합의로 법제화되었고, 시행령 이 막 작성되고 있었던 '대통령자문기구'였다. 이 기구는 대통령을 자문 하기 위해 전직 대통령들을 수용해 현직 대통령을 자문함으로써 대통 령 한 사람에 의해 국정이 널뛰듯 하는 것을 어느 정도 완충시켜 보자는 좋은 의미에서 그 앙칼진 야당들도 순순히 합의한 기구였다. 그런데 노 태우가 이 기구를 걸고넘어졌다. 전두환이 퇴임해서도 상왕 노릇을 하 겠다는 의도라고 여론몰이한 것이다. 이에 전두환은 즉시 그 기구의 의 장직을 사임했고, 그 기구는 공중으로 분해됐다.

이어서 노태우는 전두환의 동생 전경환 새마을 본부장에 대한 비리를 비롯하여 친인척 비리를 조사시켰다. 전두환의 형, 동생, 매제 그리고 이순자 여사의 친인척까지 감옥에 넣었다. "제사를 지낼 사람 하나 남기지 않고 감옥에 보냈다."라는 말이 나돌았다. 이렇게 시작한 '5공 비리 청산'은 '5공 청산'으로 올라탔다. 비리에 대한 청산이 아니라 5공의 존재 자체를 헌정사에서 말살시킴으로써 노태우를 빛나게 하자는 전략이었다. 노태우는 이를 위해 언론 플레이를 즐겼다.

노태우가 앞장선 전두환 비리 조사

언론은 전두환이 미국에 호텔, 골프장, 목장 등 10여 건을 통해 재산을 빼돌렸고, 스위스 은행과 호주에도 재산을 숨겨놓았다는 유언비어를 퍼트렸고, 이 유언비어의 상당 부분은 노태우가 배후에서 제공했다. 대통령 노태우가 직접 모략꾼 노릇을 한 것이다. 이런 와중에 노태우가 호주를 방문했다. 노태우는 어김없이 호주 정부 당국에 "호주에 전두환이 숨겨놓은 재산이 있는지 조사해 달라."는 요청을 했다. 호주 정부는 후에 조사한 결과를 노태우에 통보했다. "호주에 전두환 재산은 전혀 없습니다."

노태우가 호주 정부에 요청한 사실은 언론에 대서특필되었지만, 호주 정부에서 노태우에 보낸 조사 결과는 언론에 없었다. 일단 얼굴을 할퀴어놓고 보자는 저자거리 심성이었다. 전두환의 그늘과 도움으로 대통령에 오른 노태우는 욕심에 눈이 멀어 국가의 위신이고 대통령의 체면이고 안중에 없었다. 끝이 없는 노태우의 열등감, 드디어 '레만호 계획'

이라 불리는 '전두환 강제 망명 시키기 공작'으로 이어지게 되었다. 전두환을 망명시켜야 노태우가 근사한 사람이 되고, 노태우가 임기를 마친 후에라도 전두환 세력으로부터 보복을 받지 않을 것이라는 엽기적 발상이 자아낸 결과였다.

전두환 스위스 강제 추방을 위한 레만호 작전

노태우가 집권하면서 가장 역점을 둔 사안은 전두환의 업적을 계승하고 발전시키는 것이 아니라 엉뚱하게도 전두환을 해외로 망명시키는 작전이었다. 야당이나 국민은 6공을 5공의 연장선에서 보고 있었다. 그리고 노태우는 전두환이 길러준 사람으로 알고 있었다. 야당과 운동권은 이런 사회적 인식을 악용하여 노태우의 품위를 격하시키려는 전략을 세웠다. 야당의 공격목표는 어디까지나 현재의 정권이지 흘러간 정권이 될 수 없었다. 하지만 6공을 공격하기 쉬운 방법이 6공을 출산한 5공을 공격하는 것이었다. 5공의 비리를 공격하는 것이었다. 하지만 노태우는 약삭빠르게도 야당이 내건 슬로건 '5공 비리 청산'에서 '비리'를 삭제해 '5공 청산'이라는 슬로건을 내걸었다. 공격해야 하는 목표가 '비리'가 아니라 '전두환'이라는 것이었다.

● **노태우의 공격, 야당-운동권 공격의 10배**

노태우는 청와대만이 알 수 있는 극비 정보를 야당과 언론에 흘려 야당으로 하여금 전두환을 더욱 세차게 공격하도록 유도했다. 야당과 노태우, 두 존재 중 어느 쪽이 전두환을 더 악랄하게 공격했는가? 단연 노태우였다. 저자의 평가로는 전두환을 향한 노태우의 공격이 야당의 공격보다 10배는 더 악랄했다. 노태우는 애국자가 아니었다. 그냥 욕심과 시기와 질투가 배합된 악의 덩어리였다. 그가 정상적인 애국자였다면 전두환과 힘을 합쳐, 손학규의 말 그대로 자고 깨면 어떻게든 이 나라를 파괴할까만 생각하는 야당과 운동원의 파괴행위에 맞서 싸웠어야 했다. 그런데 노태우는 야당이나 운동권보다 더 악랄하게 전두환을 공격했다. 전두환이 없어져야 자신이 빛날 수 있다는 생각 때문이었다.

노태우가 얼마나 속이 좁고 치사한 사람인가는 전두환을 올림픽 개막식에 참석하지 못하도록 술수를 썼다는 사실에 잘 나타나 있다. 전두환은 88올림픽을 유치했다. 불가능을 가능으로 바꾼 이야기는 실로 눈물겹기도 하지만 세기적 무용담의 소재였다. 전두환은 수박밭에 방대한 올림픽 시설을 건설했다. 오물과 악취의 시궁창이었던 한강을 오늘날의 예술품으로 변모시켰다. 강변 남북도로를 건설하고 지하철을 4개 노선으로 확장했다. 사상 최대 규모의 선수들이 참가한 88올림픽은 국가의 브랜드였다. 그렇다면 88올림픽 개막식의 영웅은 전두환이 되어야 하지 않겠는가? 그런데 속 좁은 노태우는 언론 플레이를 통해 전두환이 개막식에 나타나지 못하게 공작을 했다. 전두환이 개막식에 나타나면 언론 플래시는 전두환 얼굴에 작렬할 것이다. 이는 노태우에게 죽기보다 싫었을 것이다. 이에 그는 또 언론 플레이를 했다. "전두환 전 대통령은 9월 17일 열리는 올림픽 개회식에 불참키로 한 것으로 안다"는 기사들이 속출했다. 이에 노태우를 향한 주변의 시선이 따가워졌다. 심지어는 김대중까지도 "전직 대통령에 대한 예우는 해 주는 것이 도리"라고 말했을 정도였다.

노태우에 대한 비난이 일자 노태우는 마지못해 박세직 올림픽조직위원장을 전두환에 보내 개회식 초청장을 전달하게 했다. 자존심 강한 전두환이 이에 응할 리 없었다. "잡음을 내면서까지 참석하고 싶지 않다." 노태우는 전두환이 이렇게 나올 줄 뻔히 알면서도 주변의 시선을 의식해 속 보이는 제스처를 쓴 것이다. 주빈으로 개막식에 참석한 IOC위원장 사마란치는 개막식의 화려함을 본 것이 아니라 노태우의 추태를 보았을 것이다. 그리고 그는 어두운 얼굴로 서울올림픽 산파역을 담당했던 파트너 전두환을 찾아가 위로의 시간을 가졌다.

● 꿈도 야무진 레만호 플랜

드디어 전두환을 비겁한 인간으로 만들어 해외로 추방하려는 계획을 세웠다. 올림픽 경기가 한창 진행되고 있던 10월 2일, 박세직이 안현태 경호실장에게 전화를 걸어, 모 사립학교 교장 C씨가 있는데 만나보라 했다. 안현태가 만났더니 C교장은 정체불명의 한 외국인을 대동하고 나왔다. 그 외국인이 안현태에게 전두환 망명 시나리오를 설명했다. 전두환이 갑자기 쓰러져 주기만 하면, 즉시 입원을 시킬 것이고, 입원 치료를 이유로 스위스로 망명을 시킨다는 구체적인 플랜을 설명한 것이다. 세간에는 전두환이 스위스 은행에 거액의 비밀 자금을 빼돌렸다는 소문이 자자했었다. 노태우가 스위스를 망명지로 택한 데에는 세간에 전두환의 스위스 망명을 그럴듯하게 포장하기 위한 두뇌 플레이였다.

이 스위스 망명 계획이 이른바 '레만호 계획'이었다. 참고로 '레만호'는 스위스 알프스 산지에 있는 가장 크고 아름다운 호수로 '제네바호'로도 불린다. 길이 72km. 너비 14km. 면적 582km2. 초승달 모양을 한 스위스 최대의 호수다. 이 플랜이 성공하면 노태우는 전두환의 아우라로부터 해방되고 스스로 빛을 발할 것이라고 생각한 것이다. 하지만 안현태 경호실장은 "그렇게 망명시키고 싶으면 차라리 목숨을 빼앗아 시신으로나 망명을 시켜라."는 극단적 표현으로 일언지하에 거절했다. 노태우는 그가 짜낸 꾀가 무시당하자 재산 헌납-사과-백담사 유배로 가닥을 잡아 끈질기게 압박하기 시작했다.

레만호

● 노태우의 토끼몰이

아래 글은 전두환 회고록 제3권 168~179쪽에 기재된 글을 저자의 버전으로 요약한 것이다.

1988년 8월 17일 개막되어 16일 동안 진행됐던 88올림픽이 10월 2일 폐막됐다. 때를 기다리던 국회는 16년 동안 잠자던 국정감사를 부활시켜 전두환에 관련한 모든 의혹들을 도마 위에 올렸다. 국정감사가 끝난 3일 후인 10월 27일, 노태우는 고위 당정회의를 수집하여 '공격개시' 명령을 내렸다. "과거에 잘못된 일을 은폐하려 하거나 적당히 넘기려 하지 말고 능동적으로 밝히고, 처리할 것은 명쾌하게 처리하라." 이 명령이 떨어지자 전두환의 목을 자르려는 장수들이 줄을 이었다.

1번 장수 이원조: "합천으로 내려가는 것이 좋겠다." 전두환에게 가장 먼저 칼을 댄 사람이 이원조였다. 이원조는 노태우, 김복동과 함께 경복고교 출신이고, 그들과 어울린 포커판 멤버 중 한 사람이었다.

2번 장수 윤길중 민정당 대표: "연희동을 떠나 수양하는 것이 좋겠다."

3번 장수 정호용 의원: "인생은 어차피 빈손으로 왔다가 빈손으로 가는 거다. 대통령까지 지냈으니 모든 걸 훌훌 털고 연희동을 떠나는 것이 좋겠다. 여기 있으면 자꾸 학생들 데모의 표적이 되니, 시골에 가는 게 좋겠다."

정호용은 전두환이나 노태우와 같이 육사 11기 동기생이다. 그는 전두환 시대에 가장 화려한 출세를 기록했다. 3군사령관, 육군총장, 국방장관, 내무부장관.. 그의 출세는 노태우 시대에도 이어져 민정당 차기 대표로 거론돼 있었다. 노태우를 믿고 전두환에 대한 공격수로 나섰지만 그로부터 16개월 만인 1990년 1월 8일, 그는 3당 합당의 밑밥이 되어 노태우에 의해 강제로 의원직을 박탈당했다. 얼마나 억울해했는지 그의 부인이 자살을 기도하다가 구출되기도 했다. 합당을 해도 정호용이 민정당에 있는 한 김영삼이나 김종필에게 차기 대권의 기회가 주어질 수 없으니 그를 제거해달라는 두 사람의 요구를 받고 노태우가 강제로 소모품 처리를 한 것이다. 퇴출시키는 데에도 명분이 필요했다. 노태우는 또 다른 친한 동기생에게 없는 죄를 뒤집어씌웠다. 정호용이 5.18때 특전사령관으로 광주시민을 학살했다는 것이다. 이에 터 잡아 정호용은 김영삼이 주도한 재판에서 광주 학살자의 누명을 쓰고 감옥살이를 해야 했다.

4번 장수는 권익현: 그 역시 유사한 말을 건넸다. 그도 전두환의 동기생이자 전두환의 그늘에서 민정당 대표를 지냈던 사람이다.

5번 장수는 언론: 언론은 어느 언론이라 할 것 없이 모두가 나서서 "청와대와 민정당은 더 이상 머뭇거리지 않고 전두환 전 대통령이 5공 청산 문제를 스스로 해결하도록 유도하는 작업을 조직적 공개적으로 진행하고 있다. 사과와 낙향만으로는 부족하고 재산을 헌납해야 할 것이다."라는 요지의 시사들을 쏟아냈다.

노태우의 목 조르기

노태우는 위의 토끼몰이 작전에 전두환이 굴복하지 않자, 검찰과 국세청을 동원해 친인척 감옥 보내기 작전을 폈다. 1988년 11월 7일, 전두환의 4촌 동생을 구속하고, 처남 회사에 세무사찰을 시작했다. 11월 12일, 친형과 또 다른 사촌동생을 구속했다. 15일에는 처남을 구속했다. 이렇게 해놓고 11월 16일 이원조를 전두환에 보냈다. 연희동을 2-3개월만 떠나 있으면 더 이상의 친인척을 구속하지 않겠다는 것이다. 장기 유배를 통해 전두환을 산속에 가두고 오가는 사람을 통제하기 위한 낚싯밥이었다.

끈질기고 유치한 행패에 전두환은 지쳤다. 여기까지가 자기가 방어할 수 있는 최우선이라고 생각했다. 더 버티면 국가의 망신이고 육사의 망신이라고 생각했다. 결국 사과-재산 헌납-낙향 요구를 수용했다. 그 낙향이 백담사였다. 1988년 11월 23일 아침 9시 30분, 전두환은 응접실에서 '국민 여러분께 드리는 말씀'이라는 제목으로 27분 동안 사과문을 읽었다. 그리고 2-3개월만 가 있으라는 노태우의 말을 믿고 떠났다.

전기도 없고 난방도 없는 시베리아 고지 백담사, 그 백담사에서 그는 장장 769일, 2년 1개월 8일 동안 귀양살이를 했다. 연희동으로 돌아오기까지도 노태우는 "연희동으로 직접 갈 수는 없다", "제3의 장소로 가 있다가 연희동으로 돌아가라."는 등 온갖 졸렬한 방법을 구사했다. 이 치사한 과정들은 전두환 회고록 제3권 218-245쪽에 상세하게 기록돼 있다. 죄가 있으면 법으로 처리하면 되는 일이었다. 그런데 일국의 대통령이 법을 회피해 가혹한 린치행위를 가한 행위는 공명정대한 행위가 아니었다. 이는 뒷골목에서나 어울릴 수 있는 저속한 행위였다.

백담사

백담사 생활 반년이 지나도 소식이 없던 노태우가 '5공 청산'이라는 이름으로 전두환의 국회 증언을 요구하기 위해 김윤환 원내총무를 백담사에 보냈다. 보냈을 때, 전두환은 아래와 같은 말을 해주었다.

"김총무, 노 대통령한테 가서 전하시오. 우선 세상에 둘도 없던 친구이며 동지인 노 대통령과 나 사이에 이런 깊은 균열이 생기게 된 것이 애통하다는 것과 나는 이미 만신창이가 된 몸, 노 대통령이 나라를 안정시키는데 꼭 필요하다면 국회 증언뿐 아니라 지금 여기서 내가 무얼 더 못하겠소, 돌아가 분명히 전하시오. 5공 문제에 대해서는 통치자였던 내가 무한책임을 질 것이오. 비겁하게 누구에게 떠넘길 생각 같은 것은 없소."

이순자 여사의 1990년 10월 말 수기

전두환 내외는 1988년 11월 23일부터 1990년 12월 30일까지 2년 2개월 8일 동안 백담사에 유배되었다. 노태우는 2-3개월만 피해 있으라고 전두환을 설득했었다. 그런데 노태우는 약속을 어기고 해외 장기 여행을 가라느니, 제3의 장소를 거쳐야 연희동에 갈 수 있다느니 언론 플레이를 하면서 전두환의 연희동 귀환을 방해했다. 이 가운데 1990년 10월, [백담사에서 세 번째 겨울을 맞으며]라는 제목의 이순자 여사의 수기가 언론에 공개됐다. 전두환은 그의 회고록 3권 225쪽에서 이렇게 썼다.

"1990년 10월 말, 아내의 수기가 언론에 보도되면서 커다란 반향을 일으켰다. 그리고 이 일이 나의 서울 귀환 문제에 대한 관심을 갖게 만드는 계기가 되었다. 그 수기에는 . . 백담사 생활 기록이 오롯이 적혀 있었다"

이순자 여사의 수기는 전두환 회고록 3권 226-245쪽, 20쪽에 걸쳐 소개돼 있다. 중요한 내용이기에 저자의 버전으로 최대한 압축해 본다.

백담사에서 세 번째 겨울을 맞으며

"지금이 1990년 동짓날이니 백담사에서 보낸 세월도 벌써 두 해가 돼 가는 셈입니다. .아시다시피 그것은 즐거운 여행이나 외출의 길이 아니라 고통에 찬 은둔의 길이었습니다. . 그분께선 바로 그 정든 집, 응접실에서 대국민 사과문을 발표하셨습니다, 청와대를 떠난 지 아홉 달 반만의 일이었습니다. . 백담사로 떠나던 아침이 생각납니다. 그분은 침묵을 지키고 계셨지만, 저는 차 속에서 쏟아지는 눈물을 억제할 수 없었습니다. 몇 번이고 곁에 계신 분을 생각해야지 다짐을 했지만 참을 길이 없었습니다. . 백담사는 참 멀기도 했습니다. 며칠 동안 잠을 자지 못한 데다가 빈속이어서 멀미도 심했습니다. . . 38선을 알리는 표지판이 있는 곳을 지나고도 차는 북쪽을 향해 한참을 더 달렸습니다. 백담사 입구에서부터 다시 수십 리의 외길 끝, 계곡과 계곡 사이에 통나무로 얽어

만든 외나무다리가 보였습니다. . 그 외나무다리 뒤로 낡고 초라한 작은 절 하나가 보였습니다. 그것이 백담사였습니다. 스산한 초겨울의 저녁 빛 속에 비친 백담사는 매우 초라해 보였습니다. . .절에서 저희 내외에게 내어준 방은 현관도 덧문도 없이 해진 창호지문 하나가 출입문 구실을 하고 있는 두 평 남짓한 남루한 작은 방이었습니다. . . 아궁이에 불을 때자 매운 연기가 방안으로 들어와 눈을 뜰 수 없었습니다. 외풍은 또 얼마나 센지. . 우선 연기가 들어오는 뒷문을 봉하고 담요에 끈을 내어 달아 외풍을 막았습니다. . 촛불을 켜고서 그분과 마주 앉았습니다. 입을 열어 그분을 위로해드려야 할 텐데 그 어떤 것도 말이 되어 나와 주지 않았습니다. . "여보, 밖에 나가 좀 볼까?"그분이 먼저 제게 말을 건네주셨습니다. 묵묵히 두꺼운 옷을 입고 그분 뒤를 따라 나섰습니다. . 기자들이 달려왔습니다. 그분은 웃으시면서 "추운데 수고 많으십니다." 하면서 손을 내미셨습니다. 마음에는 눈물이 가득한데 웃음으로 애쓰던 제 모습이 기억납니다. . 자리에 누웠지만 물소리, 바람소리, 풍경소리에 잠을 이룰 수 없었습니다. 정황이 없어 말 한마디 변변히 나누지 못하고 떠난 막내아들 재만이가 떠오르자 가슴이 저며왔습니다. . 그 애가 받았을 충격에 뜬눈으로 밤을 지샜습니다. . 새벽 3시 50분, 목탁소리에 막내에 편지를 썼습니다. 백담사의 첫날은 이렇게 시작되었습니다. . . "

"솔직히 말해 백담사에 오기 전까지만 해도 저희 내외는 종교를 갖지 않아 종교예식이나 기도의식이 낯설었습니다. 뚜렷한 신심도 없이 영하 18도의 추위 속에 법당에 나가 새벽기도를 드린다는 것은 정말로 어려운 일이었습니다. 새벽 3시에 일어나는 것도 어려운 일이었습니다. .목욕은 엄두도 못 낼 형편이어서 새벽이면 아랫목에 놓아둔 대야에 수건을 적셔 법당으로 나가곤 하였습니다. . 말이 은둔이지 제겐 귀양살이처럼 느껴졌습니다. 기도하기 위해 눈을 감으면 잠 한번 실컷 주무시지 못하고 고단하게 살아온 그분의 모습이 떠올랐습니다. . 오랜 군생활을 거쳐 청와대에 들어가신 후에도 7년 반의 세월을 새벽잠 한번 마음 놓고 누려본 적이 없었습니다. "임기가 끝나시면 제일 먼저 하고 싶으신 일이 무엇입니까?" 묻는 질문에 그분은 말씀하셨습니다. "우선 잠이나 실컷 자고 싶습니다."

"1988년 2월 25일, 그분은 대통령으로서가 아니라 수현이 할아버지가 되어 이웃들 곁으로 돌아오셨습니다. 그러나 그 소박한 행복도 잠시, 근거 없는 소문과 비리 보도가 저희 내외를 괴롭혔습니다. 거의 아홉 달 동안 저희 부부에게 고통을 주었습니다. 너무나 억울하고 고통스러울 때면 그분을 위해 목숨이라도 바칠 것처럼 충성을 다했던 사람들의 얼굴이 떠올랐습니다. 세상이 변하니 저희 내외를 피하는 것까지는 이해할 수 있었지만 그들은 남에게 질세라 앞장서서 비난을 퍼부었습니다. . 진실을 알고 있는 사람들이 정직하고 용기있게 한마디만 해주면 모든 것이 올바로 밝혀질 텐데 그 누구도 저희를 위해 입을 열려 하지 않았습니다.. 저를 아껴주시던 친척들이 감옥에 가셨습니다. 그분들의 정겹던 모습들이 떠올라 눈물이 났습니다..."

"어느 날 법당문을 나와 뒷산을 걸으면서 저는 보았습니다. 영하 30도까지 내려가는 혹한과 거센 바람에도 꿋꿋이 버텨왔던 아름드리나무들이 밤사이 소리 없이 내린 눈의 무게를 감당하지 못해 쓰러져 있는 것을 보았습니다.. 제 마음도 그 쓰러진 고목과 같았습니다.. 전 지금도 기억합니다. 며칠 밤, 단 한잠도 주무시지 못하고 꼬박 앉아 밤을 지새우시던 그분의 모습을 말입니다... 그렇게 한 달이 지나고 새해가 밝아오자, 저희 내외는 놀라운 사실을 발견했습니다.. 한 달 내내 남을 미워하고 원망하고 분노하던 마음이 사라졌습니다.. 방에서도 바람에 흔들리는 촛불 앞에 있는 저희 내외가 갑자기 초라해 보였습니다. 자신들의 마음 하나 다스리지 못하는 졸부로 보인 것입니다.."

"1989년 2월 6일, 음력 정월 초하룻날, 백일기도를 시작했습니다... 새벽 3시 30분 찬물에 수건을 적셔서 냉수마찰을 한 후 정갈한 옷으로 갈아입고 법당에 들어갔습니다. 부처님전 다기에 올린 물이 곧 얼어붙었습니다.. 잡념을 몰아내기 위해 큰 소리로 불경을 외었습니다. 이러한 기도를 하루에 세 번씩 올렸습니다.. 기도는 참으로 어려운 것이었습니다.. 매 기도시간마다 108번 절을 해야 하는 일, 고기는 물론이고 멸치국물조차 없는 완전한 채식을 지켜야 하는 일, 그 어느 하나도 쉬운 일이 아니었습니다. 백일기도를 하던 도중 저는 중요한 사실을 알게 되었습니다. 기도란 원하는 것을 얻어내기 위한 것이 아니라 자신으로부터 무엇인가를 덜어내기 위한 싸움이라는 것을 말입니다. 영하 27도에서 음식 탐을 덜어내고, 고단하게 하루에 서너 번씩 108번씩 절을 하고, 불경을 외우면서 분노, 미움, 배신감, 억울함 등의 잡념을 몰아내는 일, 실천해보니 참으로 어려웠습니다.. 잡념을 몰아내려 할수록 잡념은 더욱 집요하게 파고 들었습니다.., 분노가 또 다른 분노를 선동하고, 미움이 또 다른 미움을 선동했습니다.. 어른들이 말씀하시던 울화병이 이해됐습니다.. 적막하기 이를 데 없는 이곳에서 미워할 수도 분노할 수도 없다면, 아니 미워하고 분노할 권리마저 제 가슴속에서 덜어버린다면 저는 죽어버릴 것만 같았습니다.. 100일 기도 중 70일이 지났습니다.. 저를 괴롭혀 왔던 억울함, 증오 등 모든 번민이 사라졌습니다.. 하지만 그것은 '덜어내어진 것'이 아니라 '도려내어진 것'이었습니다.. 빈 마음이 저를 가르쳐 주었습니다. 모든 것이 다 내 탓이라는 것이었습니다... 제가 당하는 고통은 전생의 업보라는 생각이 들었습니다.. 이러한 깨달음은 제게 커다란 축복이었습니다.. 마음의 평안을 찾자, 저희 부부는 갑자기 젊어진 기분이 들었습니다..."

"청와대를 떠나오던 날, 그분의 팔에 안겨 연희동 집으로 돌아왔던 손녀딸 수현이는 어느 날 백담사에 있는 저에게 물었습니다. '할머니 왜 집에 안 가고 여기에 사세요?' 먼 훗날, 그 손녀딸에게 저희 내외가 왜 백담사로 나와 살았어야 했는지, 그리고 백담사가 저희 내외에게 얼마나 소중한 곳이었는지, 잘 말해주기 위해서라도 저는 이곳에 있는 날까지 그분을 모시고 열심히 정성 다해 살아갈 것입니다. . 법당에선 지금, 저녁기도 시간을 알리는 목탁소리가 들려옵니다."

노태우, 전두환이 내민 손 마지막으로 뿌리쳐

백담사 건물들 중에서 가장 열악한 거소를 지정해준 사람도 아마 노태우일 것이다. 그리고 노태우는 백담사에 출입하는 사람과 물자를 일일이 검열했다. 이에 대한 여론이 나쁘게 돌자 노태우는 전두환을 보호하기 위한 조치였다고 둘러댔다. 2-3개월만 가있으라 해놓고, 노태우는 이런저런 이유로 전두환의 연희동 귀가를 방해했다. 전두환이 귀가한 1990년 12월 30일 시점에서 보면 노태우의 잔여임기는 1991-92년, 불과 2년여 남아있었다.

노태우는 전두환에 대한 가혹행위에 대해 점차 여론에 몰리기 시작했다. 전두환은 노태우가 그에 가했던 '정치적 배신'과 '인간적 배신'에 대한 설명이 있어야 한다고 생각했다. 만약 노태우가 자신의 잘못을 뉘우치고 그가 5공의 2인자답게 처신한다면 용서할 것이지만, 계속해서 6공이 하늘에서 떨어진 양 처신한다면 노태우를 가슴에서 영원히 지우겠다고 다짐했다. 이어서 전두환은 노태우가 곧 주위의 이목을 의식해 남들에게 보여주기 위한 쇼를 벌일 것이라고 짐작을 했다.

아니나 다를까 노태우는 구렁이 담을 넘으려는 듯 얼렁뚱땅 남에게 보이기 위한 제스처들을 썼다. 불안을 느끼는 소인배의 행동 그대로였다. 전두환에게 사람들을 계속 보냈다. 안교덕, 정원식, 김정렬, 노신영, 김정례, 조계종 총무원장 서의현, 김장환 목사 등등. 이 모든 전령들에게 전두환은 이 문제는 전두환과 노태우 사이에 직접 해결할 문제이지 제3자가 개입할 문제가 아니라는 점을 말해주었다. 이런 전두환의 뜻을 전달받고도 노태우는 수도 없이 사람들을 보냈다. 이는 주위에 노태우가 전두환과의 관계 회복을 위해 노력하고 있다는 여론을 만들기 위한 술책이었다.

1991년 9월 4일에는 신축한 청와대 본관 준공식을 치른다며 전두환에 초청장을 보냈다. 이에 응하지 않자 9월 14일에는 육사 11기 동기 모두를 부부동반으로 청와대 만찬에 초청했다. 이런 경우는 선례도 없었거니와 해서는 안 될 상식 밖의 행사였다. 9월 24일 노태우는 전두환, 최규하와 함께 오찬을 하자며 초청장을 보냈다. 이 모두가 주위에 보여주기 위한 쇼였다.

전두환은 노태우의 잔꾀임을 알면서도 계속적인 거절에 대한 최소한의 예의와 격식을 갖추자는 의미에서 장장 A4지 13쪽 분량의 편지를 썼다. 편지 제목은 '노태우 대통령 각하', 이에 노태우가 즉시 1쪽 반 분량의 답장을 보냈다. 제목은 '전임 대통령 귀하'. 제목 자체에서 냉기가 흐른다. 전두환으로부터는 '각하'라는 존칭을 받고서, 답신은 '귀하'였다. 이 두 개의 편지에서 두 사람의 인간 됨됨이가 흑과 백으로 갈린다. 이 편지는 두 전직 대통령 사이에 오고간 편지의 의미를 넘어 후대에 많은 것을 남겨주는 역사기록물이 되어야 할 것이다. 이 두 개의 편지 전문은 [전두환 회고록] 제3권 261-276쪽에 실려 있다. 아래에 양쪽 편지들을 일부씩 발췌하여 소개한다.

노태우 대통령 각하

청와대를 떠난 지 햇수로 4년이 다 되어가는 지금 안 수석을 통해 주신 초대에 정중히 답을 하기 위해 붓을 들고 보니 만감이 교차합니다. 1988년 2월 25일, 새 지도자가 된 노 대통령께 전임자로서 나라의 일을 부탁하고 그곳을 떠난 그날보다 내 생애에서 더 기쁘고 행복한 날은 없었습니다. 나는 그날 국민들과의 단임 약속을 지킬 수 있었을 뿐 아니라 내 평생을 통해 믿어왔고 즐거움과 고통을 함께 나누어왔던, 둘도 없는 친구에게 대통령직을 물려주고 떠나는 매우 행복한 사람이었습니다. .

또한 재임기간 중 내가 애정과 집념을 가지고 애쓰던 일들도 후임자인 노 대통령에 의해 더 훌륭하게 추진될 것이라는 기대가 나를 즐겁게 했습니다. 뜨겁게 악수하면서 그날 우리 내외는 대통령 내외분에게 신의 가호와 국운융성이 함께 하시길 진심으로 소망했었습니다. .

우리의 마지막 인사를 끝으로 어떤 이유로든 우리가 만나지 못했던 지난 4년은 서로에게 똑같이 불행하고 부끄러운 세월이었습니다. 정치권력의 세계에서 사람의 의리나 도리를 따지고 사람 간의 언약과 신의를 논하는 것이 어리석고 소용없는 일이라 할지라도 그토록 오랜 세월을 두고 나누어온 노 대통령과 나 사이의 자랑스럽고 견고했던 우정도 결국 정치권력이라는 현실 앞에선 단 한 계절도 견디지 못한 채 무참하고 무력하게 무너져 내리는 것을 지켜보면서 내가 느꼈던 통한과 허무감은 이루 말할 수 없는 것이었습니다. .

내가 청와대를 나오자마자 제 6공화국은 '5공 단절'을 외치기 시작했고 '5공 청산'이라는 구체적인 모습으로 전개되기 시작했으며 이는 결국 나와 노 대통령과의 단절과 청산을 의미하는 것이기도 했습니다. 5공의 대통령 후보로 출마하여 당선된, 5공이 길러낸 5공의 인물이 바로 노 대통령 자신임에도 불구하고 왜 하필 자신의 모태이며 뿌리인 5공과의 청산과 단절을 부르짖는 그런 식의 발상을 하게 되었는지 참으로 알 수 없습니다..

전국의 모든 언론들이 나를 비판하고 비난하기 시작했고 상상을 초월

한 보도 중 많은 부분은 사실의 근원을 알 길 없는 유언비어들과 무책임한 폭로성 기사들이었습니다. 잔인한 '여론재판'을 처음부터 의도적으로 유도해나간 것이 노 대통령 자신이며 6공 정부와 여당 인사들이라고 주변에서 말해주었지만 나는 한 번도 그 사실을 믿으려고 하지 않았습니다. 내가 40년간 지니고 있던 노 대통령에 대한 믿음 때문이었습니다. .

성난 파도와 같았던 그때의 일에서 그 절정은 우리 내외의 백담사 유배일 것입니다. 그 일을 유도한 것이 노 대통령 자신이고 보면 차라리 '백담사 추방'이라고 표현하는 편이 옳은 것입니다. 엄동설한인 동짓달에 졸지에 집을 떠나 삼팔선 너머 오지의 낡은 절로 들어갈 때의 심정을 누구라 헤아리겠습니까. 그때 내가 승복할 수밖에 없도록 노 대통령이 했던 말이 무엇입니까. "사과, 헌납, 연희동 집만 떠나주면 나의 보좌관들을 구속시키지 않겠다. 그리고 5공 문제를 법적으로 정치적으로 종결짓겠다."는 것이었습니다. 물론 그 약속은 지켜지지 않았고 그 이후 내 보좌관들은 곤욕을 치르거나 구속되었습니다. 또한 백담사 떠날 때 "늦어도 2-3개월 내에 반드시 다시 연희동으로 모시겠습니다." 한 약속이 백담사에서 두 해 하고도 한 달 8일을 견뎌야 했습니다. .

설사 내가 열 번 귀양을 가도 마땅한 죄를 지은 대역죄인이라고 합시다. 그래도 40년 친구라면 영하 30도를 오르내리는 깊은 산골 절집으로 겨간 내가 걱정이 되어서라도 겨울을 무사히 지냈는지 사람을 보내 알아 보는 것이 사람의 도리가 아니겠습니까. 일 년이 다 되도록 사람을 보내 기는커녕 찾아오는 사람들을 일일이 조사해 처벌하거나 불이익을 주었 고 때로는 강제로 돌려보내는 비열하고 비인간적인 일을 망설이지 않 았습니다. .

그렇다면 노 대통령의 의도 아래 이루어진 '5공 청산'의 결과는 어떻습 니까. 우선 노 대통령이 원하는 대로 나는 이제 한 사람의 필부에게조차 조롱의 대상이 되어버린 참담한 모습으로 전락해버렸고 내가 이끌던 제5공화국은 집권 동안 부정과 비리만을 저질러온 반국가적 반역사적 집단으로 되어버렸습니다. 40년 친구였던 내 명예를 이 지경으로 만들 었다고 해서 내가 개인적 분노나 울분을 가지고 이런 얘기를 할 만큼 옹 졸하지는 않습니다. 만약 그게 나라 발전을 위해 노 대통령이 선택할 수 있는 유일한 길이었다면, 아니 내가 '악의 상징'이 되고 노 대통령이 '선 의 상징'이 되는 것이 나라의 융성과 국가 이익에 절대적으로 필요한 것 이었다면 나는 기꺼이 그 배역을 받아들이고 견뎌낼 용의가 있는 사람 입니다.

그러나 그 결과는 어떻습니까. 우리 두 사람은 국민들에게 십여 년 전 박 대통령과 김재규가 보여준 것과 똑같은 정치권력의 나쁜 모습을 다 시 한번 보여줌으로써 국민들이 정치 권력자에게 환멸을 가지게 만들어 주었던 것입니다. . 이젠 한스럽고 소용없는 바람이 돼버렸지만 나는 솔직히 나와 노 대통령에 의해 이 나라의 대통령 문화가 올바르고 건강하게 창조되길 고대했습니다. 약속된 임기를 끝내고 새 대통령에게 자리를 물려준 뒤 제 발로 청와대를 걸어 나와 국민들의 축복 속에서 진실한 시민으로 복귀하는, 당연하지만 어려웠던 그 일을 성취해내고자 재임기간 동안 그토록 누누이 나의 단임 의지를 강조했던 것입니다. 내가 단임 약속을 지키고 평화적인 정권 이양을 실천하는 것이 그 시대 그 위치에 있었던 사람으로서 내가 우리 정치사에 헌신할 수 있었던 최선이었습니다. .

다른 사람들이 다 그랬다 하더라도 노 대통령과 나만은 이런 식으로 정권을 주고받지 않을 수도 있었습니다. 우리만은 좀 더 멋지고 명예롭게 후세에 남을 전통을 세울 수도 있었습니다. 그것이 나라를 위해서라면 이 한 몸 바치겠다던 우리 두 사람의 군인 정신과 인생관에 알맞은 일이기 때문입니다. 우리 두 사람이 비록 정치가로서는 미숙했다 할지라도 우리의 일생을 지배해온 올바른 군인 정신만 살아 있었더라도 이토록 추하고 못난 모습으로 국민들을 실망시키고 역사에 오류를 반복하지는 않았을 것입니다. 이 모든 결과가 노 대통령을 후계자로 지명한 나의 한계이며 노 대통령의 한계였다는 자괴감 이외엔 별다른 결론이 없습니다. .
이제 나를 만나 화해를 하시겠다니 그저 어리둥절하기만 합니다. 정치적 필요에 따라 멋대로 5공을 단절하고 멋대로 5공과 화해하겠다는 두 개의 상반된 논리 앞에서 나는 그저 어리둥절할 뿐입니다. 우리 두 사람 사이에 이런 식의 치졸한 얘기까지 해야 하는 것이 비참한 일이긴 하지만 청와대를 떠난 후 지금까지 내 집 주변에서는 전화 도청, 출입자 감시, 출입자에 대한 세무조사 등 압력이 공공연하게 계속되고 있습니다. 방문자들은 자신들의 신분이 드러나 불이익을 당할지도 모른다는 불안에 시달리고 있으며 불이익을 당한 사람의 예는 얼마든지 있습니다. .

언급할 가치도 없는 이런 상황은 조금의 변화도 없는데 노 대통령께서는 다시 국민과 언론을 상대로 전임 대통령과의 회동이니, 5공과의 화해니 하는 의도적인 기사를 흘리고 있으니 당사자인 나로서는 그 의도를 이해하기가 어려울 뿐입니다. 지금이라도 노 대통령께서 우리 두 사람과 5공 동지들 사이에 있었던 그 불행한 과거에 대해 마음속에서 우러나오는 솔직하고 진실한 해명과 뉘우침이 있다면 나 전두환이 노 대통령과 만나 손을 잡는데 무엇을 주저하겠습니까. 화해를 요구해오는 사람이 이만한 도리나 반성도 없이 그저 만나 악수나 하고 밥이나 먹고 사진이나 찍는다면 그것은 상처받은 사람에게 다시 새 상처와 새 배신감만 안겨주게 될 것입니다. .

노 대통령! 우리 두 사람은 언젠가는 반드시 만나야 합니다. 지금의 모습이 아닌 그 옛날 내가 알고 좋아했던 본래의 노태우로 돌아온 그 모습을 보는 것이 내 최고의 모습입니다. 나의 손으로 탄생시킨 제6공화국에 의해 내가 지금의 이러한 상황에 빠지게 된 것도 역사의 한 아이러니이기도 하겠지만 이 모든 것이 내 개인이 타고난 업장을 소멸시켜가는 고행의 여정 속에서 극복해야만 할 수많은 시련 중의 하나일 뿐이란 생각을 해 보았습니다. .

나는 천성적으로 변명이나 능변에는 재간이 없는 사람이나 그래도 진실은 생명력이 있는 것이니 언젠가 앞으로 전개될 역사 속에 그 모습을 훤히 드러낼 날이 꼭 있을 것이라는, 그리고 그 과정을 통해서 나의 모든 잘잘못에 대한 진정한 평가와 심판이 있게 될 것이라는 소박한 믿음이 명예회복에 대한 나의 자세입니다. 노 대통령과의 만남에 대해서 나는 그것을 서두르고 싶은 생각이 전혀 없습니다. 권력이라는 무서운 속물이 노 대통령의 곁을 떠나기 전까지는 우리 두 사람의 만남이 어떤 의미도 없으리라는 걱정이 앞서기 때문입니다. .

노 대통령! 백담사에서 자주 듣던 말 중에 '탐심(貪心)을 버리면 대도(大道)를 볼 수 있다'라는 말이 있습니다. 인기나 공명심에 영합하지 말고 남은 임기 동안 나라와 국민을 위해 최선을 다함으로써 조국의 선진화에 헌신하시는 대통령이 되실 것을 간절히 바랍니다. 건승을 빕니다.

1991. 10. 일해

전임 대통령 귀하

주신 글월 착잡한 심중으로 읽었습니다. 지적하셨듯이 우리들의 기구한 운명 만감이 교차됩니다. 무엇보다 전임 대통령을 명예롭지 못한 고통을 안게 하게 된 일에 대해서는 그 이유가 어디에 있든 후임자로서 송구스러운 일이요, 누구보다 가슴 아픈 일이 아닐 수 없습니다. 지적하신 일들을 일일이 이것은 죄송하고 이것은 이렇고 저것은 저렇고 변명을 하자면 한이 없을 것이고 지금 전임 대통령께서 가지신 심중으로는 해명한들 소용없는 일이라 생각됩니다. .

그러나 역사 앞에 분명히 밝혀두고자 하는 것은 노태우 권력 잡았다 하여 천리와 인륜을 배신하는 자가 아니라는 사실입니다. 우리가 상상치도 못한 불행을 당했으니까 그렇게 생각, 단정할 수 있다고 이해합니다. . 6공초부터 전임 대통령을 보호하는 길이 무엇인가에 전 심혈을 기울여 왔으며 주위 친척들의 저지른 일을 극소화시키는데 할 수 있는 최선을 다해 왔습니다. 여기에는 수많은 증인들이 있습니다. 그들은 다름 아닌 전임 대통령께서 아끼시던 부하들입니다. 전임 대통령 그리고 주변 인물을 보호하는 일은 지금도 계속되고 있습니다. 참으로 어렵습니다. 역사를 보는 시각, 사리를 판단하는 여건과 기준에 따라 우리 둘 사이에는 무서운 오해와 틈이 생겼군요. .

나는 대통령으로 있을 때까지는 비록 전임 대통령께서 더 이상의 오해가 생기시더라도 최선을 다해서 보호해드릴 것입니다. . 기나긴 사연을 쓰자면 한없습니다. UN 가입을 계기로 국내외적으로 해야 할 일이 산적되어 있습니다. 이 역사적으로 중요한 시기에 공적 그리고 공개적 입장에서 전임 대통령을 모셔서 이 큰 국가 대사를 설명드리고 훌륭한 자문을 얻는 것이 당연하고 또 우리 모두의 책무라고 생각합니다. 그렇게 함으로써 손상된 명예도 국민 앞에 회복되는 좋은 길이기에 정중히 초청하는 것이지 이것을 어떻게 정치적 이용을 목적으로 하는 소행으로 보실 수 있습니까? 진정 뜻이 이러하오니 금 토요일 모시는 일 승낙하실 것을 앙망합니다.

대통령 노태우

● 두 인물에 대한 단상

전두환과 노태우는 1951년, 사관학교 1학년 때부터 1988년 2월 대통령 자리를 인계인수할 때까지 무려 37년을 단짝으로 지냈다. 만일 노태우가 전두환을 배신하지 않고 우정을 인생의 덕목으로 삼았다면 전두환과 노태우는 한 세트가 되어 세상에서 가장 아름다운 그림을 남겼을 것이다. 전두환의 지혜와 인맥을 노태우의 그것들과 합쳤더라면 대한민국은 지금보다 더 아름답고 멋있는 나라가 돼 있을 것이고, 그 두 사람은 세계사의 전설로 부각돼 있을 것이다.

이들 간의 깨어진 우정 때문에 대한민국 정치사에는 구정물만 고였다. 그리고 구정물에서만 서식하는 추물들이 이후의 국정을 농단해 왔다. 노태우의 배신은 비단 전두환 한 존재에 대한 배신에 그치는 것이 아니라 대한민국을 배신한 반역이라 할 것이다. 왜냐하면 전두환은 가까운 장래에, 다시는 나타날 수 없는 희귀한 인재이기 때문이다.

전두환은 1931년 1월 경남 합천에서 태어나 2021년 11월 23일, 서거하였고, 유골은 갈 곳을 찾지 못해 10개월 넘도록 연희동 사저를 떠나지 못하고 있다. 반면 노태우는 1932년 12월 경북 달성군에서 태어나 75세가 되던 2007년 6월 이후 14년 동안 식물상태로 있다가 2021년 10월 26일에 사망했다.

재임 기간 중 5.18을 민주화운동으로 정의하고 희생자들에게 보상을 하기 위한 '광주보상법'을 제정하는 등 5.18세력에 공을 세우고 전두환을 탄압한 데 대한 보상으로 문재인 정권에 의해 국가장의 예우를 받고, 파주시 탄현면 '동화경모공원'에 묻혔다. 실향민이 망향의 한을 달래기 위해 1995년 조성한 묘역 및 납골당 시설이다. 문재인은 노태우가 남북기본합의서를 이끌어내고, 북방정책을 주도한 점을 높이 평가해 국가장을 결정했다고는 하지만, 그가 묻힌 곳은 현충원이 아니라 '망향의 한'을 달랜다는 실향민 묘지다. 어르고 뺨친다는 말이 실감나는 치욕의 제물이 된 것이다.

제13장

정치자금들

노태우가 착복한 비자금 때문에 전두환까지 걸려들어

노태우는 그의 둥지로 날아든 김영삼에게 정권을 넘겨준 후 1995년 11월 16일 그 김영삼에 의해 감옥으로 갔다. 1995년 10월 19일 민주당 박계동 의원이 노태우 비자금 4,000억 원을 폭로해서다. 노태우는 선거자금으로 7,000억 원을 조성해 3,000억 원은 김영삼에 건네주고, 4,000억 원을 착복을 했었는데 그것이 들통난 것이다. 3,000억 원을 김영삼에게 건네주었다는 것은 노태우 회고록에 기재돼 있다. 노태우가 착복 용도로 숨겨둔 4,000억 원이 드러나자 정국은 회오리쳤다. 찬스에 강한 김대중이 10월 27일 중국에서 김영삼에 화살을 날렸다. "나는 노태우로부터 20억 원을 받았다"

이에 여론은 김영삼에게로 향했다. "노태우가 정적인 김대중에게 20억 원을 주었으면 노태우 밥상머리에서 대통령이 된 김영삼은 도대체 얼마를 받았다는 것이냐, 김영삼은 밝혀라." 노태우로부터 3,000억 원을 받은 김영삼이 겁이 났다. 조사가 되면 큰일이었다. 양심은 오간 데 없이 자기에게 날아오는 화살을 전두환과 노태우에게 돌렸다. "저놈들, 쿠데타로 정권 잡아 광주에서 학살하고 도둑질해 먹었다. 잡아넣어라." 노태우는 11월 16일에, 전두환은 12월 3일에 각기 구속 수감되었다. 노태우의 비자금이 발견되면서 전두환까지 벼락을 맞게 된 것이다. 이로 인해 마무리됐던 5.18이 다시 도마 위에 오르게 되었다. 노태우의

4,000억 비자금이 들통나지 않았다면 5.18에 대한 날치기 재판도 없었을 것이다.

노태우는 은닉자금 4,000억 원이라는 낚시로 구속된 후 12.12와 5.18에 대한 피의사실이 추가된 케이스였고, 전두환은 12.12와 5.18이라는 낚시로 구속된 후 그 위에 정치자금이 추가된 케이스였다. 김영삼은 여론의 비난을 피하기 위해 전두환에 대한 재판이 '정치재판'이 아니라 '비리재판'이라는 프레임으로 몰고 갔다. 전두환은 안양교도소에서 김영삼 정권의 '역사바로세우기'의 부당성에 대한 항거로 단행한 28일간의 단식으로 혼수상태에 빠졌다. 혼수상태로 빠지기 며칠 전, 손녀 생일에 편지를 보냈다.

"수현아, 몹시 보고 싶구나. 이 할아버지는 수현이가 태어나기 전 용감하고 정의로운 일을 했다. 그런데 16년이 지난 지금 큰 잘못이라도 저지른 사람처럼 수현이의 생일도 축하해줄 수 없는 곳에 와 있단다. 하지만 걱정하지 마라. 이 할아버지는 수현이와 우석이를 정말로 사랑한다. 잘 모르는 아이들이 학교에서 놀리면 화내거나 싸우지 말고 우리 할아버지는 나라가 어려울 때 최선을 다해 일한 훌륭한 대통령이었고, 어린이를 몹시 사랑한 대통령이었다고 자랑스럽게 말해다오."

역대 정치자금의 성격

노태우는 선거자금으로 걷은 돈 4,000억 원을 순전히 개인적으로 착복했지만, 전두환이 자금을 걷은 것은 이와는 그 성격이 달랐다. 전두환은 민정당 대표이기 때문에 당을 위한 정치자금을 조달해야 할 위치에 있었다. 그리고 장관 등 요직을 맡은 공직자들에게 "너희는 절대로 돈 먹지 마라. 오로지 일만 열심히 하라. 돈은 내가 챙겨 주겠다."며 재벌들로부터 받은 자금 중 일부를 덜어내 통 크게 부하들에 주었다. 그 부하들은 전두환을 통이 큰 주군으로 인식했다. 그런데 노태우는 부하들에게 인색했다. 그의 손에 들어온 돈을 부하들에게 나누어주지 않았기 때문에 이에 앙심을 먹은 자금관리자가 정보를 유출했을 것이라는 소문이 돌기도 했다.

자금 조성의 방법에 대해 우리는 짚고 넘어갈 필요가 있다. 전두환은 재벌들이 개인적으로 소유한 개인 재산을 받았다. 그래서 경제 및 사회에 미치는 마이너스 파급효과가 없었다. 그런데 김대중과 노무현의 자금 조성 방법은 사회에 매우 해로운 영향을 끼쳤다. 김대중은 강원랜드를 지어서 많은 국민들을 투전이라는 정신병에 걸리게 했고, 수많은 가정을 파탄시켰다. 노무현은 바다이야기로 돈을 벌었다. 이 역시 국민을 사행심에 도취하게 만들어 수많은 인생과 가정을 파탄시켰다.

김영삼은 대통령에 출마할 때 노태우로부터 3,000억 원을 받았다. 이에 추가하여 선거자금을 받고, 그것도 부족해 기업들로부터 비자금을 받았다. 기업으로부터 받는 비자금은 주로 그 아들 김현철을 통했다. 그 대표적인 예가 '한보사태'다. 1997년 IMF라는 산사태가 발생하기 직전, 한보그룹 회장 정태수는 김현철 등에 뇌물을 주고 그 대가로 5조7,000억 원이라는 천문학적인 대출을 받은 상태에서 부도를 냈다. 5조7천억의 대형 펑크는 결국 국민 세금으로 메워야 했다. 이렇게 국가를 망쳐놓고도 김현철은 많은 비자금을 세탁해 감췄다. 김기섭 전 안기부 운영차장에게 70억 원을 맡겼다. 이성호 전 대호건설 사장에게 72억 원, 친구 박태중에게 132억 원을 맡겨 관리한 것이다. 이에 더해 두양그룹 김덕영 회장 등 고등학교 동문 기업인들로부터 매월 6천만 원씩을 받아 모은 큰돈이 있었다. 300억에 육박하는 돈인 셈이다. 이로 인해 그는 1997년 5월 17일에 구속됐다.

김대중, 월간조선 2020년 5월호에 의하면 김대중의 비자금은 1조6,500억 원(13억5000만 달러)이었다. 아래는 2001년 12월 19일 전 민주당 박정훈 의원의 처를 인터뷰한 매일신문 기사의 일부다. "밤중에 대우직원 몇 사람이 사과상자에 돈을 담아, 우리집으로 가져오면, 건너편 아파트에 살던 김홍일 의원이 가져갔다. 돈냄새가 진동해 머리가 아팠다. 신권은 휘발유 냄새, 구권은 퀘퀘한 냄새가 나는데 거의 구권인 것 같았다." 1988년에 당시 김우중 대우그룹 회장이 김홍일 의원에게 정치자금을 전달하는 과정에서 벌어졌던 진풍경이었다.

아무 근거도 없이 박정희가 스위스 비밀계좌에 수조 원 또는 수십조 원 규모의 비자금을 숨겨두었다고 주장하던 빨갱이들, 전두환이 스위스 은행에 천문학적인 비자금을 숨겨두었다고 거품을 물던 빨갱이들, 그 빨갱이 두목이 미국에 숨겨둔 천문학 규모의 비자금과 돈냄새에 사람이 질식할 정도로 아파트에 돈을 쌓아놓았다는 그 아들의 비리에 대해서는 왜 말이 없는가.

노무현에 대한 비리는 태광실업 회장 박연차의 지원을 둘러싼 권양숙과 그 아들 노정현에 얽힌 비리가 기사의 대부분을 차지했다. 액수로 보면 수십억 원 단위에 불과한 상대적 푼돈이었는데 그는 당시 인기가 바닥을 친데다 열우당원들로부터도 비난을 받고, 검찰 조사까지 받는 처지가 되다 보니 자살인지 타살인지는 알 수는 없지만 불과 수십억 원 단위에 목숨을 잃은 사람이 됐다.

전두환의 정치자금

김영삼은 노태우로부터 3,000억 원을 받아 대통령이 됐다. 그러나 그는 이를 밝히지 않고 전두환 정치자금만 문제 삼았다. 김영삼이 노태우로부터 3,000억 원을 받았다는 사실은 노태우가 그의 회고록에서 밝힘으로써 뒤늦게 들통이 났지만, 그는 자신의 문제는 덮고, 노태우와 전두환의 돈만 문제 삼아 감옥에 넣었다. 양심이 매우 불량한 인물이었다.

1996년 2월 16일, 김영삼의 검찰은 전두환에 관련된 것으로 짐작되는 180여개 계좌에 대한 압수수색을 단행했다. 이 180여 개의 계좌 중에는 최규하 대통령의 영부인 '홍기'여사의 계좌까지 들어가 있었다. 홍기 여사에 대한 압수수색은 홍기 여사의 동의도 받지 않은 상태였다. 검사는 영장발부 판사를 속이고, 홍기 여사의 계좌를 슬며시 끼워 넣기까지 한 것이다.

김영삼의 검찰은 전두환에게 정치자금을 기탁한 재벌들을 하얏트 호텔에 불러 전두환에 얼마씩 주었느냐고 물었다. 재벌들이 주었다는 총 금액을 더하니 2,205억 원이었다. 그 중 600여억 원은 민정당 운영비와 대통령 통치자금으로 사용됐고, 청와대를 떠날 준비를 하고 있었을 때, 전두환이 보유한 금액은 1,600여억 원이었다 한다.

전두환은 왜 1,600억 원을 퇴임 시까지 가지고 있었는가? 제13대 총선이 자기 퇴임일(1988.2.24.) 이전에 치러질 것에 대비해 확보하고 있었다 한다. 그런데 노태우가 선거를 그의 취임 이후인 4월로 연기함에 따라 전두환이 사용할 시기를 넘긴 것이다. 그래서 전두환은 노태우에게 선거를 치르는 데 사용하라고 550억 원을 주었다. 나머지 1,000여억 원

가운데 400여억 원은 자기 계열의 민정당 후보자들이 선거자금에 쪼들리자 명예총재의 입장에서 금일봉 식으로 나누어주었다.

나머지 600여억 원은 1988년 여름 5공 청산 소동이 벌어질 때까지도 가지고 있었다. 전두환은 왜 600억 원을 1988년 여름까지 소유하고 있었는가? 통상의 상식인들은 그 600여억 원을 전두환이 착복하려고 한 것이 아니냐, 생각할 것이다. 그런데 여기에는 그만한 사정이 있어 보인다. 지금과는 달리 그 때는 전두환이 대통령 자리에서 물러나면 그것으로 끝나는 것이 아니라, 자동적으로 국가원로자문회의 의장이 되고 민정당 명예총재가 되었다. 전두환 자서전 3권 596~641쪽에는 퇴임 이후 그가 국가를 위해 하고 싶어 하는 의욕찬 과제들이 나열돼 있다.

전두환이 가지고 있었던 600여억 원은 개인적인 목적으로 쓰려고 남겨 둔 것이 아니라 57세의 젊은 나이로 대통령을 마치고 나서, 그가 터득한 국가경영의 노하우를 적극 활용하여 국내에서 그리고 외교 분야에서, 하고 싶은 일이 많아서 그 활동비로 남겨둔 것이라 한다. 사정이 이와 같은데도 불구하고 김영삼은 2,205억 원 모두가 '포괄적 뇌물'이라며 기업을 잘 봐주는 대가로 받은 '대가성 뇌물'이라고 뒤집어씌웠다. 이 2,205억 원과 다른 대통령들의 비리자금을 비교해보라. 왜 가장 규모가 작은 전두환만 비리의 상징으로 매도돼야 하는가? 그 2,205억 모두가 어떻게 해서 다 뇌물이라는 것인가? 그런데도 법원은 이 2,205억 원을 모두 추징금으로 판결했다. 재판이 아니라 독재였다. 당시 법원은 전두환에게 5.18에 대해 없는 죄도 만들어 씌웠고, 추징금 액수도 인민재판으로 뒤집어씌웠다.

전두환은 그 600여억 원을 가지고 퇴임해서 국가를 위해 봉사할 활동자금으로 남겨두었다고 한다. 그런데 그 말을 어떻게 믿을 수 있겠는가? 이해를 돕기 위해 저자의 이야기를 잠시 보태고자 한다. 저자는 43세의 갓 대령이 된 상태에서 저자의 연구능력을 국방이라는 좁은 분야에 가두어 둘 것이 아니라 국가 차원으로 확대하고 싶었다. 7년 동안 국방연구원에서 저자와 함께 경력을 쌓았던 연구원들만 가지면 못할 일이 없을 것 같았다. 대령으로 예편해 그들과 함께 연구소를 차리고 싶었다. 아무리 연구원이 훈련돼 있다 해도 불과 10명도 안 되는 인원을 가지고 어떻게 국가 단위의 연구를 할 생각을 했다는 말인가?

정부의 모든 부처에는 산하 연구소들이 있다. 그들은 각 장르에 걸쳐 기본 연구들을 한다. 그런데 그 기본 연구 자료들을 정책으로 뽑아낼 수 있는 능력들이 부족해 보였다. 그런 유휴 자료들만 가지면 저자는 불과 수 명의 연구원만 가지고도 '이슈 페퍼'를 생산해 공직사회는 물론 국민 일반에게도 국가경영에 대한 사고방식을 계몽할 수 있다고 생각했다.

그런데 문제는 돈이었다. 돈을 구하기 위해 저자는 브리핑 차트를 들고 재벌들을 찾아다니려 마음먹었다. 그런데 저자는 전력증강 사업이었던 '율곡13년에 대한 평가'라는 제하에 무기 구매 과정에 잉태된 비리 시스템을 사례 위주로 연구했다. 보안사를 통해 그 연구내용을 보고받은 전두환은 국방장관 이기백과 공군총장 김인기를 불러 질책을 했다.

이에 저자는 장관 이기백, 차관 황인수, 기획관리실장 황관영 등에 의해 문제아로 낙인찍혀 연구소를 떠나 미국으로 갔다. 저자의 꿈도 여기에서 멈췄다. 나이 43세의 대령이었던 저자도 이러했는데, 57세에 대통령직에서 열심히 일을 하고 떠나는 전두환이야말로 국가사회에 기여하고 싶은 것이 얼마나 많았겠는가? 이래서 저자는 600억에 대한 전두환의 심정을 충분히 이해한다. 이를 한 단계 더 이해하기 위해서는 그가 하나회를 구성했던 배경부터 살필 필요가 있다. 전두환 회고록 109~111쪽에는 그가 왜 하나회를 만들었는가에 대한 설명이 있다. 세간에 왜곡돼 있는 내용과는 전혀 다르다.

● 하나회는 이해관계 모임이 아니라 정신적 모임

저자는 전두환보다 11년 후배다. 생도 때, 동기생들의 눈에 뜨이지 않을 만큼 은둔형의 생활을 했다. 어쩌다 동기생들을 만나면 일상에 관한 이야기만 잠깐씩 나누고 주말이면 늘 혼자 독서를 했다. 같은 동기생들끼리 모여 국가의 장래를 진단한다거나 어떤 방향으로 국가에 충성해야 한다는 식의 거창한 문제는 각자의 머리에만 있었다. 그런데 전두환 회고록을 보니 그는 저자의 사관생도 생활에서는 상상조차 할 수 없을 만큼 성숙해 있었다. 아래는 [전두환 회고록] 3권 109-111쪽에 기재된 내용을 발췌한 것이다.

"육사에 정식으로 입교한 뒤 나는 노태우, 김복동과는 동기생으로서의 단순한 우의 이상의 깊은 관계를 맺게 되었다. 우리들의 대화 주제는 생도생활과 관련한 일상적인 화제를 벗어나 국가, 군, 충성, 역사 등에까지 미쳤다. 대화를 나누는 가운데 우리들은 서로의 국가관과 역사관이 일치해가고 있는 것을 알게 되었고, 앞으로 힘을 합쳐 국가와 민족을 위해 헌신하자는데 뜻을 같이하게 되었다. 삼국지에 나오는 '도원결의'를 머리에 그렸던 것이 아니었나 싶다. 나중에 최성택과 박병하 두 사람이 합류해 다섯 사람이 되자 우리는 이를 '오성회'라 이름지었다. 5성 장군의 꿈을 갖자는 것이었다. 나중에 백운택과 손영길이 합류해 7명이 됐지만 이름은 그대로 오성회였다. . ."

"3학년이 되자 학교는 진해에서 태릉으로 옮겨졌다. 주말 외박을 나가면 을지로에 있는 최성택 집에 모여 진지한 토론을 벌이곤 했다. 내일의 한국을 위해 우리는 어떤 역할을 해야 하는가. 1-2차 세계 대전은 왜 일어났는가. . 새벽 2시까지 토론이 이어지곤 했다. . . 이 모임이 훗날 하나회의 모태가 되었다. 동기들에는 학연, 지연, 과외활동 단위로 하는 모임들이 있었다. . . 내가 주도했던 오성회는 점차 후배들로 이어져 갔다. '나라도 하나, 민족도 하나, 충성을 바칠 곳도 하나'라는 뜻으로 하나회가 되었다. . 진급과 보직 등에서 하나회 회원들이 상대적으로 앞서가긴 했지만, 그것은 그들이 하나회 회원이었기 때문이 아니라 충실함의 성적이었다."

저자는 하나회가 존재한다는 사실을 김영삼 때 처음 알았다. 그만큼 그들은 티를 내지 않았다. 알고 보니 하나회에 대한 육사인들의 반응은 세 가지였다. 그들과 가까이 지내는 사람, 경쟁의식을 갖는 사람, 무관심한 사람이다. 김영삼에게 아부하여 하나회를 해체시킨 당시 권영해 국방장관은 하나회에 대해 경쟁의식과 적개심을 가졌던 사람이고, 저자는 무관심하게 자기 목표를 향해 소리 없이 전진했던 사람들 중 하나이다. 결론적으로 하나회는 세간에 매도된 바와 같이 '끼리끼리 해먹는 사조직'이 아니라 국가에 충성하는 방법을 토론하는 분임조(QCC) 같은 것이었다. 분임조 토의가 가장 훌륭하게 발전해 있는 나라가 일본이다. 이들은 국가를 위해, 그리고 기업을 위해 늘 토론을 하여 지혜를 창출한다. 일본의 문명과 문화를 발전시켜 나가는 가장 부러운 원동력인 것이었다. 분임조 토의가 가장 훌륭하게 발전해 있는 나라가 일본이다.

전두환은 요직자를 임명할 때, 혼자 결정하지 않고 관계장관들의 의견을 여러 갈래로 청취한 후 결정을 하였고, 국무회의에서도 주요 사안에 대해 찬성자들과 반대자들 사이에 토론을 시킨 후, 공개적으로 결론을 내렸다. 전두환의 토론문화는 생도 시절에 구성한 5-6명 단위의 하나회 멤버들과 시작한 토론에서 습관화된 것이었다. 한 사안에 대해 여러 사람들이 가지고 있는 생각을 모두 취합하여 그중 좋은 생각을 선택하는 리더는 유능한 리더가 아니다. 그러나 토론은 곱하기 효과를 낸다. 각자는 다른 토론자의 말에서 새로운 발상을 하게 된다. 토론자들 사이에서 발상과 발상이 토스되면 취합의 수단에서는 얻을 수 없는 전혀 새로운 차원의 지혜가 창출된다.

전두환은 생도 때부터 때로는 밤을 새워 독서를 했고, 장교생활을 하면서도 소문이 나 있을 정도로 독서를 했다. 대하소설 [덕천가강], [지휘관 참모], [불모지대], [베리아] 등 국가경영에 대한 책을 많이 읽었고, 중령-준장 때에는 청와대 각 방을 다니면서 "여기가 무슨 일을 하는 곳인가요?" 물으며 국가경영의 메커니즘을 공부했고, 보안사령관이 되어서는 특히 경제 분야 전문가들을 개인교사로 초청해 아침 공부를 했다. 대통령 재임기간에는 그 누구도 상상조차 할 수 없는 엄청난 역사를 창조했다. 이렇게 학습이 몸에 밴 인물이라면 57세라는 젊은 나이에 퇴임해서 똑똑한 후배들과 함께 국가를 위해, 하고 싶어 하는 일이 매우 많았을 것이라는 생각이 든다.

정치자금에 따른 부패 일소를 주도한 죄

● 자생력 있는 정당 만들기

전두환은 대통령이 되자마자 생각했다. 정당이 정치자금을 내는 사람들에 휘둘리지 않고, 고고한 자태를 지니면서 독립정당이 되려면 자생력이 확보돼야 한다고 것이었다. 따라서 그는 당의 운영은 당비만으로 충당토록 했고, 정치인은 정치자금을 모으지 못하도록 조치했다. 이후 기업인들이 관례에 따라 정치자금을 제공해도 이를 받지 않았다. 당원의 부패를 예방하기 위해 민정당 기간요원 전체를 유급당원으로 충원했다. 이는 정당 역사상 처음 있었던 일이었다.

이렇게 운영해 보니 당원들로부터 갹출된 당비는 연간 100억 원이 못 됐다. 그런데 중앙당과 지구당을 운영해 보니까 연간 300억 원이 지출되었다. 비용을 줄이기 위해 1선거구에 2명을 당선시키는 '중선거구제'를 실시하려고 했지만 이 역시 노태우의 반대로 실패했다. 대통령이 민정당을 탈당해, 초당적 입장에서 국정을 운영할 생각도 해보았지만, 정당의 기반이 없는 국정운영은 불가능해 보였다. 그 결과 정당정치에 소요되는 정치자금을 대통령이 직접 기업인들로부터 갹출하는 수밖에 없다는 결론을 얻었다. 그는 갹출에 3가지 원칙을 세웠다. 첫째, 정치자금은 절대 강요하지 않는다. 둘째, 이권의 대가로는 자금을 수수하지 않는다. 셋째, 모금 창구는 오로지 대통령 한 사람에 국한한다.

● **정치자금 창구 일원화**

이전까지는 정치자금 모금의 창구가 다원화돼 있었기 때문에 부패가 심화되었고, 이 정치부패는 사회 각 분야로 전염되었다. 전두환은 중간관리자들로부터 발생하는 갖가지 부패를 일소하기 위해 대통령 창구 한 개만 열어두어야 한다는 생각을 했다. 박정희 대통령 시절에는 모금 창구가 대통령비서실장, 경호실장, 여당인 공화당 등 여러 개 있었다고 한다.

정치자금은 전두환만 걷었고, 다른 대통령들은 걷지 않았는가? 15대 대통령 선거가 진행 중이던 1997년 10월, 김대중 비자금이 불거져 검찰이 수사에 착수할 찰나에 있었다. 이에 김대중은 이런 말을 했다. "여야 정치인 한 사람도 빼놓지 않고 정치자금을 받았다. 하지만 이는 우리나라 관행상 죄가 되지 않는다. 수사를 하려면 모두 해야 한다. 특히 김영삼 대통령 비자금을 공개하면 나도 공개하겠다." 이에 김영삼은 침묵했고, 김대중에 대한 수사는 없었던 일로 돼버렸다.

노무현이 처음 국회의원으로 당선된 시기는 1988년 총선이었다. 당선되고 나서 노무현은 선거자금을 "원도 한도 없이 썼다."고 말했다. 김영삼은 부산에서 승부를 내기 위해 노무현을 공천했고, 세가 불리했던 노무현을 당선시키기 위해 선거자금을 돈사태가 날 정도로 뿌려주었다. 소문에 의하면 노무현은 자기 돈은 단 한 푼도 안 쓰고 오히려 김영삼이 뿌린 돈으로 여유자금까지 마련했다는 보도들이 있었다.

● 자기들은 원도 한도 없이 써놓고

2000년 캄보디아 훈센 총리는 무려 7박 8일씩이나 스케줄을 잡아 전두환을 초청했다. 전두환으로부터 경제를 발전시킨 비결을 공부하고 싶어서였다. 돌아오는 길에 리콴유 싱가포르 전 총리를 만나 따뜻한 환대를 받았다. 리콴유 전 총리는 "1995년의 5.18특별법 제정과 전두환의 투옥은 지나치게 잘못된 것"이라는 말로 전두환을 위로했고, 그 이야기는 리콴유 회고록에도 기록돼 있다. 이처럼 세계의 모든 나라 대통령들이 이른바 '통치자금'을 관례적으로 사용하고 있고, 이 나라의 모든 역대 대통령들이 관행으로 사용해 왔던 정치자금, 통치자금을 김영삼은 오로지 전두환에게만 인정하지 않았다. 이는 상식이 아니라 횡포였다. 그 역시 실력에 대한 콤플렉스의 노예일 수 있다.

사용 내역을 묻지 말라는 '특수활동비'가 국정원에도 있고, 대통령에게도 할당돼 있다. 그런데 김영삼은 자기는 '원도 한도 없이' 정치자금을 뿌려댔으면서도, 자기가 사용한 것은 숨기고 전두환에게만 "정치자금이고 통치자금이고 다 인정할 수 없다. 전두환이 기업으로부터 받은 돈은 100% 다 대가성 있는 검은 돈이니, 받은 돈 2,205억 원 모두를 다 토해내라."고 강요했다. 이는 누가 봐도 제정신이 아니다. 이미 수많은 누군가의 뱃속으로 들어간 돈을 어떻게 전두환 혼자 다 토해내라는 것인가. 그렇다면 김영삼도 노태우로부터 받은 3,000억 원과 1988년 총선에 '원도 한도 없이' 뿌렸다는 천문학적인 정치자금 모두를 토해내야 할 것이다.

10.26 직후 합수부 수사관들이 청와대 비서실장이었던 김계원 비서실장실을 압수수색하다가 금고에서 9억5천만 원 상당의 현금과 수표를 발견했다. 이 역시 박정희 대통령이 사용하는 통치자금의 일부였다. 통치지금은 박정희에게도 있었다. 전두환은 9억5천만 원 모두를 박근혜에 전달했다. 이후 박근혜는 그중 3억 5천만 원을 전두환에 가져와 10.26 사건의 진실을 철저히 규명해 달라고 했다. 전두환은 그중 일부를 국방장관 노재현과 계엄사령관 정승화에게 전하고 일부를 합수부 조사비용으로 사용케 했다. 이런 사실을 놓고 세간에는 전두환이 9억5천만 원을 혼자 꿀꺽했다느니 등 헐뜯는 유언비어들이 난무했다.

이처럼 정치자금은 박정희에게도 있었던 것이다. 박정희가 금고에 모아둔 9억5천만 원을 받은 사람은 박근혜였다. 이때에 박근혜는 통치자금의 존재를 인식했을 것이다. 그리고 박근혜는 청와대 재직 시에 국정원으로부터 특활비라는 명목의 비자금을 받아썼다. 그로 인해 전직 국정원장 세 명이 감옥살이를 하고 있다. 이런 박근혜가 무슨 논리로 전두환으로부터 추징금을 훑어내기 위해 일가친척의 재산까지 빼앗는 전두환법을 만들어 탄압했는지, 도저히 이해가 가지 않는다.

전두환만은 정치자금 걷을 수 없다. 대법원 인민재판

1997년 4월 17일, 대법원은 전두환에게 크게 두 가지 죄를 덮어씌웠다. 하나는 내란을 했다는 것이고, 다른 하나는 2,205억 원 모두가 뇌물이라는 것이다. 전두환을 인격체로 본 것이 아니라 사상적 '웬수'로 취급한 것이다. 지금도 그렇지만 당시의 대법원은 사실상 인민군 군법회의였다. 일국의 대법원이라는 집단이, 자나깨나 대한민국을 부흥시키고 국위를 선양하는 일에 밤과 낮을 바쳐온 전두환의 목을 매단 것이다. 북괴가 전라도의 김대중 세력과 합세하여 일으킨 국가전복 폭동을 전두환이 일으킨 내란이라고 판결했고, 김대중과 김영삼 등이 아들들과 함께 원도 한도 없이 거두고 뿌렸던 정치자금을, 유독 전두환만은 거두지도 사용하지도 말아야 한다며, 8년에 걸쳐 재벌로부터 받은 자금 2,205억 원을 모두 토해내라고 판결한 것이다.

1) 광주시위대는 전두환의 헌법질서 파괴행위로부터 헌법을 수호하기

위해 결집된 준 헌법기관이고, 이들이 벌인 시위는 빠른 속도로 전국에 확산됐어야 했는데, 전두환이 이를 조기에 무력으로 진압한 것은 내란이다.

2) 기업이 대통령에게 대가를 요청하지도 않았고, 대통령이 대가를 제공하지 않았다 해도 전두환이 기업에서 받은 돈은 무조건 다 뇌물이다.

이 판결은 전두환에 대한 인격살인 목적으로 내려졌다. 추징금 2,205억, 이 판결이 발표되자 멋모르는 국민들은 전두환이 퇴임할 때 꿍쳐가지고 나온 비자금이라고 생각하고 전두환에 대해 분노했다. 정치자금으로 인한 비리를 차단해보자는 참신한 뜻을 가지고 그가 처음으로 도입한 정치자금 창구 일원화는 결국 악인들로부터 공격당하는 빌미가 되었던 것이다.

전두환 추징금 징수에 나타난 역대 대통령들의 횡포

추징금이라 해도, 대법원 판결이 난 후에 적법 절차에 따라 회수해야 할 것이다. 하지만 김영삼은 1995년 12월 3일, 전두환이 구속되자마자 추징에 나섰다. 1995년 12월 27일, 검찰은 전두환의 큰아들을 불러 "얼마를 가지고 있는지 다 알고 있으니 순순히 내놓으라."고 협박했다. 그리고 대법원 판결이 나자마자 전두환이 가지고 있던 자산 312여억 원을 즉시 추징해 갔다. 이후 전두환은 역대 정권의 동네북이 되었다.

김대중: 승용차 등을 압수해갔다.

노무현: 2003년 2월, 막 대통령에 오른 서슬 퍼런 노무현은 대통령 자리에 앉자마자 전두환에게 화살을 날렸다. '재산명시명령신청'이라는 재산 자백서를 법원에 제출하라고 요구함과 동시에 "미납 추징금 가운데 의미 있는 금액을 자진 납부하라."고 통보했다. 이미 재산이 거덜 나있는 상태이기 때문에 전두환은 변호인을 통해 "부동산 등 나의 명의로 되어 있는 모든 재산을 다 헌납하겠으니 검찰은 이를 매각해서 추징금에 충당해 달라."고 했다. 하지만 검찰은 이를 거부했다. 대신 법원을 통해 전두환에게 '재산목록'을 제출하라고 강요했다. 이에 전두환은 사저의 별채를 포함하여 형체를 가진 모든 물건에 대한 목록을 제출했다. 값이 나가는 물건은 없고, 리스트에는 목록만 수십 페이지를 장식했다.

● **29만 원의 공작**

이 많은 재산목록 중에는 휴면통장에 기재돼 있는 이자 29만1,680원이 포함돼 있었다. 법원이 모든 것을 제출하라 하니 이 이자 29만1,680원도 기재한 것이다. 병풍, 액자, 피아노, 찬장, 책상, 에어컨, 의자, 진돗개 등 모든 것들이 목록에 나열돼 있었지만, 금전으로 표시된 재산은 휴면통장에 붙어있는 이자 한 개뿐이었다. 야비한 검찰은 이 29만 원을 언론에 노출시켰다. 언론으로 하여금 전두환이 '그가 보유한 전 재산이

29만 원뿐이니, 배 째라 하는 식으로 나왔다'는 의미로 받아들이게 한 것이다. 졸지에 전두환을 29만 원으로 조롱받게 한 것이다. 검찰의 인격이 저자거리 인격보다 못하고, 영혼에서는 악취가 진동한다고 말하지 않을 수 없다.

전두환이 제출한 재산목록은 2003년 10월에 경매됐다. 진돗개 두 마리 값까지 합쳐 18억168만 원이 추징됐다. 경매장이 된 사저에는 사람들이 들끓었고, 이에 주눅 든 진돗개 두 마리가 경매 딱지를 단 채, 한 구석에 웅크리고 있었다. 이 모습을 지켜본 한 이웃이 경매에 참여해 진돗개를 사서 전두환 가족에 넘겨주었다. 가져갈 것이 동이 나자 노무현은 전두환의 부동산과 사저의 별채를 팔아 696억 원을 또 훑어갔다. 여기까지 추징해간 총액은 312억원+18억+696억 원, 계 1,026억 정도가 된다. 2004년에는 이순자 여사가 옛날부터 상속받고 저축한 자산 120억 원 상당의 채권을 빼앗아 갔다. 모두 1,246억이 추징된 것이다.

박근혜: 2013년 2월 박근혜가 대통령 자리에 올랐다. 박근혜 역시 대통령이 되자마자 전두환을 찍어 내렸다. 2013년 6월 27일, 득달같이 '전두환법'을 밀어붙인 것이다. 정식 명칭 '공무원 범죄에 관한 몰수 특례법'은 가족은 물론 일가친척, 사돈의 팔촌이 가진 재산까지도 몰수하여 추징금을 완납시켜야 한다는 법이었다. 이는 헌법이 금지하고 있는 연좌제법이요 전두환을 타킷으로 한 '위인설법'이었다.

하지만 박근혜는 언론을 동원하여 전두환을 희화화했다. 그리고 그 여세로 법을 통과시켰다. 이에 따라 박근혜 검찰은 7월 16일 이른 아침 전두환 사저를 급습했다. 이와 동시에 형(전기환), 동생(전경환). 처남(이창석)의 집과 사무실, 딸의 아파트, 둘째 아들의 집과 사무실, 막내아들의 장인 집과 회사들, 심지어는 둘째 아들과 이혼한 전처의 집에까지 들이닥쳐 압수수색을 했다. 전두환의 비서관을 지냈던 손삼수 사장의 사저와 회사사무실, 큰누나의 아들 사저와 회사들을 모두 압수수색하여 돈이 될 만한 것들에 압수 딱지를 붙였다.

금속탐지기로 모든 집안을 탐지했고, 대여금고까지 뒤져 아이들의 약혼반지, 결혼 패물들까지 압수해갔다. 큰아들 회사의 허브빌리지 등을 뒤져 미술관을 지은 후 전시하려고 수집한 미술품과 조각품을 모두 압수해갔다. 장인-장모의 초상화, 둘째 아들이 미국에 있을 때 그린 그림 40점, 전두환이 조카에게 써준 글씨, 김대중이 대통령 되기 전에 큰아들 내외와 민정기 비서관에게 써준 휘호 등 재산 가치와는 무관한 모든 것들을 다 훑어다 경매에 붙였다. 전두환의 조상을 모신 선산, 장인이 나무를 심어 가꾸어 온 야산과 농장, 장남의 출판사, 장인이 4명의 딸에게 물려준 안양의 땅 등 비자금과는 아무런 연관성이 없는 모든 재산을 다 훑어갔다.

주위에서는 법적 대응을 하자고 했지만, 전두환은 이미 초연의 강을 건너가 있었다. 빼앗기는 것도 애국이었다. 아낌없이 주는 나무가 되어 있었다. 그는 '단군 이래 최고의 호황'이라는 선물을 만들어 이 나라 국민들에 주었건만, 그 호황 속에서 무럭무럭 자란 아이들은 그 나무를 뿌리조차 남기지 않고 없애 버렸다.

유난히 전두환에 악랄했던 박근혜, 왜 그랬을까?

10.26 이후, 박근혜를 포함한 3남매를 진정으로 보호해준 사람은 전두환이었고, 박근혜를 이용해 사적인 욕심을 채우려는 사람은 최태민이었다. 10.26 이후 중앙정보부와 보안사를 다 지휘하면서 전두환은 최태민에 대한 정보를 자세히 알 수 있었다. 그는 최태민이 10.26 이후까지도 박근혜를 이용해 욕심을 채우려는 사람이라고 생각했다. 그래서 전두환은 최태민을 전방 군부대로 격리시킨 적이 있었다. 10.26 이후 박근혜는 전두환을 여러 차례 찾아가 최태민과 함께 '구국봉사단', '새마음 봉사단'을 계속 운영하게 해달라고 간청했다. 하지만 전두환은 이 간청을 들어줄 수 없었다. 그가 모셨던 박정희 대통령의 명예를 보존하고, 그 자녀들을 최태민으로부터 보호하기 위해서였다.

이후 전두환은 근혜양 자매를 여러 차례 청와대로 초청했고, 때가 되면 섭섭하지 않게 마음의 표시를 해왔다. 10.26이 터지자 영남대학교 분쟁이 일었다. 영남대학교 관계자들이 박근혜를 상대로 분쟁을 일으킨 것이다. 전두환은 이 문제를 해결해주기 위해 당시 교육부 장관 김옥길 여사와 의논했다. 이에 김옥길 장관은 장관이 관여할 사안이 아니라고 잘라 말했다. 알아보던 중, 청와대 비서실장을 할 때 영남대학교 설립과정에 직접 관여했던 사람이 이후락이라는 사실을 알아냈다. 소재를 알아보니 이후락 씨는 신병 치료를 이유로 장기간 미국에 체류하고 있었다. 전두환의 부탁을 받은 이후락이 즉시 귀국하여 이 문제를 해결하여 주었다. 이외에도 박정희 대통령이 남긴 MBC 지분, 육영재단 등을 박근혜가 다 맡도록 도와주었다. 전두환은 박정희에 대한 충성심을 그 자식들에게도 바친 셈이다.

2002년 박근혜는 한나라당 이회창과 결별하고 뛰쳐나와 '미래연합'이라는 당을 창당했다. 초라한 창당이었다. 박근혜가 사람을 전두환에 보내 2002년 대선에 출마하고 싶으니 도와 달라고 요청해왔다. 이에 전두환은 박근혜 심부름꾼에게 완곡한 매너로 그의 뜻을 전했다. "성공하기가 매우 어렵다. 설사 성공하더라도 끝까지 유지하기 어려울 것이니, 생각을 접는 것이 좋겠다."

정리해 보면, 박근혜는 전두환으로부터 지극한 배려를 받았으면서도 오로지 최태민과 함께 '구국봉사단'이니 '새마음봉사단'이니 하면서 함께 활동하지 못하게 한 억하심정을 가지고 있었던 모양이다. 2002년의 대선 출마 지원 요청을 무시했다는 데 대한 앙심도 있었던 모양이다. 하지만 그 '전두환법'은 오늘 '박근혜법'으로 둔갑하여 그녀를 괴롭힐 것이다.

● 박근혜의 숨겨진 사상

박근혜가 왜 전두환에 대해 이렇게 가혹했는가에 대해 시각을 조금 더 넓혀볼 필요가 있다. 박근혜는 2002년 5월 11일, 순전히 개인 자격으로 김정일 전용기를 타고 평양에 가서 3박 4일 동안 백화원 초대소에 머물면서 평양시 곳곳을 안내받았다. 국빈 대접의 10배가 넘는 극진한 대접이었다. 귀환할 때는 김정일의 배려로 판문점으로 왔다. 이때부터 박근혜는 한국에서도 김정일이 최고, 미국에 가서도 김정일이 최고, 김정일 홍보대사 노릇을 했다. 2004년에는 김대중, 2014년에는 이희호를 만나 자기 아버지가 김대중에게 가했던 탄압에 대해 용서를 빌었다.

2007년 7월 5.18영화 [화려한 휴가]를 구태여 광주에까지 가서 관람했다. 5.18묘지를 여러 번 참배하고 눈물을 흘렸다. 2013년 1월부터 5월까지 TV조선과 채널A가 경쟁적으로 5.18은 북한이 일으킨 게릴라전이었다는 취지의 방송을 하자, 박근혜는 무조건 "근거 없는 허위사실"이라며 방송 관계자들을 중징계 처벌하고 "이제까지 방송한 것은 다 허위였다."는 요지로 사과를 하도록 강요했다. 독재였다. 이렇게만 하지 않았다면 박근혜는 지금쯤 역사의 진실을 밝힌 공로로 상왕이 돼 있을 것이다. 그는 제주 4.3 희생자들의 넋을 위로하기 위해 국가가 상주 노릇을 하기로 공식화했다. 한국전에 참전하여 통일을 저지시킨 중국의 전승절을 축하하기 위해 시진핑과 나란히 망루에 섰다. 정신 나간 대통령이었다. 이 정도의 사상을 가진 사람이라면 자연 전두환을 이념의 적으로 생각할 수도 있었을 것이다.

제14장

전두환
집권 과정의 미학

집권 과정에 하자가 있다?

세간에는 "전두환은 정치는 잘했는데 집권 과정에 하자가 있다"는 말이 떠돈다. 그리고 이 말은 거의 국민적 상식처럼 유통되고 있다. 과연 그러한가? 저자는 우리나라 대통령 역사상 그를 둘러싼 주위의 선후배들로부터 전폭적인 추대를 받아 자기 의사와는 관계없이 대통령 자리로 떠밀려 올라간 대통령은 전두환이 유일하다고 생각한다.

● 10.26 줄거리

1979년 10월 26일, 박정희 대통령이 삽교천 방조제 준공식을 마치고 헬기로 돌아오는 도중이었다. 오후 4시, 박정희 대통령을 수행하던 차지철이 김재규에게 전화를 걸었다. 궁정동 안가에서 각하의 저녁식사를 준비하라는 것이었다. 이 말을 듣자마자 김재규는 속으로 쾌재를 불렀다. 가장 먼저 취한 조치는 그가 키워준 육군총장 정승화를 궁정동 안가로 불러들이는 것이었다. 김재규의 덕으로 참모총장이 된 정승화는 김재규의 지시대로 궁정동에 와 대기하고 있었다.

김재규는 각하를 시해할 권총을 준비하고 두 대령(박선호, 박흥주)을 불러 무서운 얼굴로 지시했다. "오늘 내가 각하와 차지철을 해치운다. 각하 방에서 총소리가 나면 경호원들을 모두 사살하라." 헬기가 도착하기 전, 대통령 비서실장 김계원이 별장 앞마당에 쪼그려 앉아 있었다. "형님, 오늘 차지철 해치웁니다." 평소 차지철로부터 수모를 받아온 김계원은 고개를 끄덕여주었다. 차지철을 해치우면 박정희 대통령까지 해치워야 한다는 것은 삼척동자도 다 아는 상식이었다. 각하, 김계원, 차지철, 심수봉, 신재순이 앉아 있는 상태에서 김재규가 차지철에게 총을 쏘았다. 팔뚝에 총을 맞은 차지철은 화장실로 도망갔다. "뭣들 하는 짓이야?" 꾸짖는 대통령을 향해 감히도 김재규가 권총을 발사했다. 만찬 시간 1시간 40분 만이었다.

이어서 궁정동에 M16총소리가 요란했다. 중정요원들이 대통령을 수행하던 경호원들을 쏘아 죽이는 총소리들이었다. 이 콩 볶는 소리를 정승화는 바로 40m 거리에서 들었다. 김재규는 김계원에게 각하의 시신에 대한 보안 처리를 해달라 명령조로 말하고 자기는 정승화가 기다리고 있는 이웃 별관으로 뛰어갔다. 맨발에 와이셔츠는 양복바지에서 삐져나와 있었고, 피가 튀어 있었다. 그가 허리춤에 꽂은 권총에서는 화약 냄새가 진동했다. 김재규는 정승화를 밖으로 나오라 불러놓고 주전자 꼭지를 입에 넣고 한동안 물을 들이켰다.

"총장, 총장 차 대시오." 두 사람은 정승화 차를 타고 궁정동을 나갔다. 김재규가 정승화에 손동작을 했다. 엄지를 세웠다가 밑으로 내렸다. 각하가 쓰러졌다는 뜻이다. 총소리로 미루어 능히 짐작할 수 있었던 정승화는 천연덕스럽게 물었다. "외부의 소행인가요 내부의 소행인가요?" 간신배에나 어울리는 낯 뜨거운 질문이었다. 김재규는 이에는 답하지 않고 말을 이었다. "총장의 어깨가 무겁소, 계엄을 선포하면 어느 부대들이 동원되오?"

● **정승화의 수상한 행보**

육본 벙커에 도착하자마자 정승화는 김재규를 앞방에 모셔놓고, 자기는 상황실에서 국방장관이 옆에 와 있는데도 무시하고, 국방장관의 허락 없이 마음대로 상황처리를 했다. 1, 3 군사령관에 전화를 걸어 진돗개2를 발령하고, 20사단장에 전화해 육사로 출동하라 지시하고, 9공수여단장에게는 육군본부로 출동하라 명했다. 수경사는 차지철의 명령만을 듣게 돼 있었다. 그런데 정승화는 월권하여 수경사령관에게 청와대를 포위하고 청와대 경호실 인력이 궁정동으로 가지 못하도록 했다. 그뿐만 아니라 차지철 바로 밑에 있는 경호실 차장 이재전 장군에 명령을 내려 경호실 병력을 동결하라 지시했다. 차지철이 죽었다고 믿기 전에는 있을 수 없는 행동인 것이다.

● **최규하의 양다리**

한편 김계원은 각하의 시신을 국군병원에 옮겨놓고 군의관으로부터 각하가 확실하게 사망했음을 확인하고 청와대로 들어가 비상소집을 했다. 8시40분 최규하 총리는 김계원으로부터 은밀히 김재규가 차지철과 각하를 살해했다는 정보를 듣고도 각료들에게 일체 알리지 않고 김재규가 원하는 대로 비상국무회의를 청와대에서 열지 않고 국방부에 가서 열었다. 밤 11:30분에 열린 비상국무회의, 참석자들은 대통령이 왜 살해됐는지 누가 살해했는지 묻지 않았다. 단지 신현확 부총리 및 몇 사람만 시신이라도 확인하자 따졌다. 각하 앞에서는 그토록 충성심을 자랑했던 국무위원들은 각하가 왜 사망했는지에 대해 따지려 하지 않고 권력이 누구에게 가느냐에 대한 계산에 눈들만 반짝이고 있었다. 국가는 무주공산이었다, 국무회의는 익일 새벽 00:25에 끝났다. 회의 결과는 익일 아침 4시에 비상계엄을 선포할 것, 정승화를 계엄사령관으로 할 것이었다. 최규하는 이 회의 결과를 즉시 회의장 밖에 있는 김재규에게 다가가 귀띔까지 해주었다. 총리가 이러했으니 다른 국무위원들이야 오죽 눈치를 보았겠는가?

● 김계원의 극적인 배신

26일 밤 11:40분은 역사적인 시각이다. 벙커에 온 김계원은 김재규에게 동조세력이 없다는 것을 간파한 후 노재현과 정승화가 있는 자리에서 김재규가 범인이라는 사실을 밝혔다. 이에 노재현은 정승화에게 김재규를 체포하라 명했다. 각하가 김재규에 의해 시해당했다는 말을 가장 먼저 들은 사람은 최규하였다. 오후 8시 40분, 김계원은 청와대로 달려온 최규하에게 귓속말로 이 사실을 알렸다. 하지만 최규하는 이 사실을 누구에게도 발설하지 않고 모른 척했다. 무려 3시간 동안 최규하가 침묵하자, 김계원은 또다시 노재현과 정승화가 있는 자리에서 똑같은 사실을 털어났다.

국방장관 노재현은 즉석에서 정승화에게 김재규를 체포하라 명령했지만 정승화는 뒤에서 다른 일을 꾸몄다. 헌병감 김진기와 보안사령관 전두환을 불러 김재규를 안가에 정중히 모시라고 했다. 이상한 것을 눈치챈 전두환은 육군본부 보안대장 오일랑 중령에게 전화를 했다. "자네 김재규 얼굴 아나?" "네" "김재규는 자네 얼굴 아나?" "모를 겁니다" "지금 헌병 복장으로 갈아입고 애들 데리고 국방부에 와서 김재규 체포해." 11월 27일 00시 30분, 김재규는 오일랑 중령에 의해 체포됐다. 극적인 체포과정은 [12.12와 5.18 다큐멘터리 압축본] 상권 앞부분에 상세히 묘사돼 있다.

● 12.12는 호국사건

많은 사람들이 12.12를 쿠데타라고 믿고 있다. 12.12가 쿠데타라는 말은 진실이 아니라 모략이다. 5.18이 민주화운동이라는 것이 진실이 아니듯, 12.12가 쿠데타 하는 것도 진실이 아니다. 1979년 당시 정승화는 4성 장군으로 육군참모총장이자 계엄사령관이었고, 전두환은 2성 장군으로 계엄사 합수부(합동수사본부) 부장이자 보안사령관이었다. 1979년 12월 12일은 박 대통령이 시해당한 10월 26일로부터 46일째 되는 날이다. 이 46일이 정승화가 릴레이 범행을 이어가는 직권남용 기간이었던 것이다.

1979년 12월 12일, 전두환이 직위와 계급상 자기보다 훨씬 상위에 있는 정승화를 체포한 것은 하극상도 아니었고, 쿠데타도 아니었다. 정승화가 46일 동안 저지른 범죄혐의가 엄청나서 체포한 것이다. 법 앞에서는 만인이 평등하다는 말이 있고 우리는 그것을 하늘의 명령으로 알고 산다. 4성 장군에 범죄혐의가 있으면 수사당국은 당연히 그리고 반드시 수사를 해야 한다. 전두환이 바로 수사당국의 최고책임자였다. 법을 수호하고 있던 최후의 보루였던 그가 무너지면 법도 무너지는 것이었다. 전두환이 제11대 대통령에 오른 날짜는 1980년 8월 27일이었다. 1979년 12월 12일에 전두환이 쿠데타를 일으켰다면 그 즉시 대통령이 되어야지, 어떻게 9개월 넘게 최규하 대통령을 극진히 모신 후에 대통령으로 추대되었는가. 이런 코미디 같은 쿠데타는 이 나라말고는 다시없을 것이다.

김재규   정승화   전두환

12월 12일, 오후 6시 30분, 전두환은 수사국장 이학봉을 대동하고 국무총리 공관에서 집무하고 있던 최규하 대통령에 가서 정승화 연행에 대한 재가를 요청했다. 당시는 정승화에 대한 의혹이 사회적으로 확산돼 있었고, 이러한 것은 극비사항이기 때문에 보안상 중간단계를 거칠 수 없었다. 10.26이후 대통령 최규하에게 시국수습에 대한 중요한 보고를 해온 사람은 오로지 전두환뿐이었고, 최규하는 전두환을 신뢰하고 의지했다. 매우 중요한 정보이고 중대한 사안이기에 전두환은 재가가 쉽게 나리라 생각하고 보안사 수사팀에게 무조건 오후 7시에 정승화를 체포하라는 사전 각본을 짰다.

그런데 의외로 최규하는 국방장관을 앞힌 자리에서 재가할 것을 고집했다. 정승화를 체포하는 일은 원체 큰일이라 전두환은 평소 군에서 여론을 이끌 수 있는 9명의 장군을 보안사 정문 맞은편에 있는 수경사 30단으로 초청하여 재가가 끝나는 대로 체포의 당위성에 대해 설명하려 했다.

한편 정승화를 체포하라는 명령을 받은 두 대령 허삼수와 우경윤 등은 4명의 보안사 서빙고 수사관들을 태우고 7시 05분에 정승화 총장 공관으로 갔다. 서빙고로 가자는 대령들의 권고를 받은 정승화는 순순히 응하지 않고 소리를 지르며 저항했고, 이로 인해 그의 부하들과 수사관들 사이에 총격전이 유발되어 그의 부하들과 범죄수사대 우경윤 대령이 평생 불구로 지내야만 하는 중상을 입었다. 정승화는 한 때 보안부대장을 지냈다. 그래서 그는 저항해봐야 피해만 발생한다는 사실 정도는 알고 있었을 터인데도 불필요한 호기를 부리다가 여러 부하들에게 평생 회복할 수 없는 중상들을 입히고 만 것이다.

박 수사관은, 그의 직속상관인 우경윤 대령이 정승화 아들이 2층 계단에서 내려다보고 쏜 총을 맞고 피를 흘리면서 큰대자로 누워있는 모습을 보고 악에 바쳤다. 그는 곧장 응접실 대형 유리창을 M16 개머리판으로 깨고 들어가 "이 새끼" 하면서 정승화의 가슴에 총구를 댔다. 얼굴이 사색이 된 정승화는 그제야 풀이 죽어 순순히 체포에 응했다.
장군 5명이 밤 9시30분에 대통령에 가서 정중히 인사를 하고, 정승화 군벌의 군사적 난동으로 인해 군과 군 사이에 전투가 벌어질 찰나에 있으니, 서둘러 재가를 해달라고 간청했지만 대통령은 "장관 오면 해줄게" 하고 여유를 부렸다. 평생 외교관으로만 지내온 최규하는 그만큼 세상 물정에 어두웠던 것이다.

3군사령관 이건영, 특전사령관 정병주, 수경사령관 장태완, 참모총장 권한 대행인 윤성민 참모차장 등 수도권 실세들이 나서서 청와대 경비를 맡은 30단에 모인 장군들을 무조건 반란군이라 규정하면서 병력을 동원했다. 그리고 30단과 청와대 지역을 전차포와 야포로 융단공격하려고 전차와 포와 병력을 남산 밑 아스토리아호텔 앞으로 집결하고, 30

단과 보안사를 향해 포병 사격명령을 내리고, 자기 예하부대 대령들이 전두환에 충성하니 그들을 보는 즉시 사살하라는 명령을 내렸다. 대통령을 납치하여 정승화를 구하고, 무장헬기로 정승화를 구출하려는 막다른 단계에까지 이르렀다. 이에 전두환은 점조직으로 병력을 동원해 이들 모두를 체포했다. 이로써 군과 군 사이에 충돌로 치닫던 내전이 극적으로 정지됐다.

군을 책임져야 할 국방장관 노재현은 이웃 단국대 담을 타넘어 다니기도 하고, 부하 집에 숨으려 하기도 하고, 8군으로 도망하기도 하면서 이리저리 숨어다니면서 대통령 호출에 불응했다. 새벽 1시, 국방부 자기 사무실로 향하던 순간 제1공수여단과 국방부 옥상에 배치됐던 수경사 병력 사이에 교전이 발생했다. 내전이었다. 노재현은 이 교전의 총소리에 겁을 먹고 또다시 숨었다. 국방부 건물 지하 1층 어두운 계단에 전속부관과 함께 숨은 것이다. 노재현이 나타나기를 기다리면서 대통령과 함께 하룻밤을 지새운 신현확 총리는 참다못해 자기가 나서서 노재현을 찾아오겠다며 국방부로 향했다. 이에 공수대원들이 국방부 건물을 샅샅이 뒤지기 시작했다. 새벽 3시50분! 드디어 국방부 건물 1층 계단 밑에 숨은 장관과 그 전속부관을 발견했다.

노재현과 그 부관에 총구를 겨눴던 병사들은 "나 장관이다."하는 말에 경례를 한 후 그를 장관실로 모셔왔다. 신현확 총리는 노재현 장관, 이희성 중정부장, 국방차관 김용휴를 태우고 총리공관에 있는 최규하 대통령에게 달려갔다. 가는 도중 노재현은 보안사에 들려 대통령 재가문서에 결재를 한 후 대통령에 가서 꾸중을 듣고 재가를 얻었다. 4시 30분에서 05시 10분 사이였다. 최규하는 서명란에 05:10분이라 쓰고 서명을 했다.

최규하, 실로 답답한 꽁생원이 아닐 수 없었다. 한국군과 한국군이 충돌하는 일촉즉발의 내전 상태로까지 몰아간 것은 사안의 경중조차 판단하지 못하는 최규하의 몸조심 때문이었다. 장군들이 찾아가 내전 상태로 치닫고 있다는 점을 자세히 설명해 주었는데도 최규하는 국방장관이 서명하지 않은 서류에 대통령이 서명할 수 없다며 노재현 장관 오기만을 기다리고 있었던 것이다.

장태완　　윤성민　　정병주

노재현이 장관실을 팽개치고 도주 행각을 벌이고 있던 시간, 국방부라는 지휘부를 지키고 있던 사람이 있었다. 김용휴 차관이었다. 교전의 총소리가 울려 퍼졌을 때 그는 차관실에서 의연히 자리를 지키고 있었다. 그에겐들 왜 총소리에 의한 공포감이 없었겠는가. 장관이 계단 밑에 숨어 있는 동안 그는 1공수 병사들의 공격을 받았다. 1공수 장병들이 국방차관실 문을 발로 박찬 후 M16소총 총구를 겨눴을 때, 김용휴는 그야말로 장군 출신답게 태연했다. "무엇을 원하느냐, 내가 다 들어주겠다. 어서 말해라" 장병들은 그에게 정중히 거수경례를 하고 나갔다.

노재현1926   이희성1924   김용휴1926   최규하1919   신현확1920

사실이 이러함에도 1996-97년에 진행된 역사바로세우기 재판부는 전두환이 죄 없는 정승화를 체포하고, 정식 지휘계통에 있던 윤성민-장태완이 정승화를 풀어주라는 명령에 전두환이 불복하면서 5명의 장군을 보내 대통령을 협박하고, 공관 주변을 경계하는 집총 병사들로 하여금 대통령에 겁을 주게 하여 대통령 재가를 강요했다고 판결했다. 하지만 1996.7.1. 제18회 재판정에 나온 신현확 전 총리는 장군들은 예의 바르게 인사를 했고 정중하게 건의를 한 후 돌아갔으며, 대통령과 하룻밤을 새우는 동안 공관 경비병을 의식한 적은 전혀 없다고 증언했다.

● 12.12 전날 밤 전두환이 가족들에 한 말

전두환은 12.12 하루 전날 저녁, 다시는 가족과 함께 식탁에 둘러앉아 식사하는 일이 없을지도 모른다는 생각에, 저녁을 마친 후 아이들에게 아래와 같은 말을 했다.

아버지는 그동안 집에도 들어오지 못하면서 박 대통령 시해 사건 수사에 몰두해 있었다. 그런데 시해범의 공모자로 밝혀진 사람이 너무나 막강한 힘을 갖고 있어서 그를 수사하려다 자칫 나의 자리와 명예, 아니 어쩌면 그 이상의 것까지 걸어야 할 수도 있다. 이 아버지는 결코 너희들에게 슬픔을 안겨주고 싶지 않지만 그렇다고 해서 나에게 맡겨진 역사적 임무를 비겁하게 포기할 수가 없다. 그러니 너희들은 그동안 아버지가 옳은 길을 가려고 애쓰며 살아왔다는 사실을 믿고 설사 일이 잘못되고 너희들이 그로 인해 불행해지는 일이 생긴다 해도 오늘 밤 내가 한 이야기를 잘 기억해두기 바란다. 사람들이 무슨 말을 해도 끝까지 소신을 지킨 아버지를 기억해야만 한다. 그리고 어머님을 잘 모시도록 해라.

10.26과 12.12는 합쳐서 김재규-정승화의 내란사건

10.26사건과 12.12사건은 두 개의 별도 사건이 아니라, 10월 26일부터 12월 12일까지 46일 동안에 발생한 하나의 사건이다. 이 46일 동안 김재규는 박정희 대통령을 시해했고, 정승화와 함께 혁명정부를 세우려는 계획을 세웠다. 이는 정확히 내란을 목적으로 한 것이다. 김재규는 "내가 각하를 시해하면 국민들이 자기를 추앙할 것으로 생각했다."고 털어놓았다. '3단계 혁명 계획'도 실토한 것이다. 김재규가 평소에 자

주 만났던 정승화에게 이 내란 계획을 명시적 또는 묵시적으로 알려주었는지는 밝혀지지 않았지만 김재규가 구속돼있는 동안 정승화가 취한 행동을 보면 정승화는 정국의 주도권을 장악하기 위해 발 빠른 움직임을 보였다는 것을 알 수 있다.

하지만 그의 정국 장악을 향한 행진에는 전두환이라는 장애물이 있었다. 전두환이 가지고 있을 정보가 그의 아킬레스건이었던 것이다. 정승화는 분명 김재규를 석방시켜 정국을 장악하려는 행보를 보였다. 정승화의 행보를 철저하게 내사했던 전두환은 그에게 시간을 더 주면 곤란할 것이라는 판단 하에 12월 6일, 결심을 했다. 그리고 6일 후인 12월 12일에 정승화를 '내란방조' 혐의로 구속했다. 자신을 동경사로 발령낸다는 정보를 득한 전두환이 미리 선수를 쳐서 정승화를 체포했다는 세간의 소문은 헛소문이다. 전두환이 정승화를 12월 12일에 체포하라고 명령을 내린 날은 12월 6일이고, 정승화와 노재현이 골프를 치면서 전두환의 전근에 대해 말을 나누었다는 날은 12월 9일이었다.

5.17과 5.18은 합쳐서 김대중의 내란사건

10.26 이후의 권력 공백기를 맞이하여 국민은 북한의 남침을 가장 걱정했다. 실제로 김일성은 11월 3호 청사에서 남한에 전민봉기를 유도하라는 비밀지령을 내렸고, 이어서 12월 20일에는 남조선에 '신군부'가 쿠데

타를 일으켰으니 인민무력부는 신호만 떨어지면 즉각 출동할 수 있도록 24시간 가동하라는 명령을 내렸다. 존재하지도 않던 '신군부'라는 말은 이때 김일성이 최초로 사용한 단어였다.

4월 21일, 사북탄광 노동폭력사태가 발생하자 김일성은 노동자를 포함한 전 계급이 들고 일어나 전민봉기를 일으키라고 간첩들에 지시했다. 1980년 3월부터 5.18직전까지 색출한 간첩사건만 7건, 남침 징후 첩보 5건에 이어 5월 10일에는 일본 내각으로부터 북한이 남침을 결정했다는 정보까지 입수되어 정부와 군은 바짝 긴장하고 있었다.

반면 안보에는 관심조차 없는 3김 시대의 정치권과 재야 세력으로 불리는 불순세력들은 때가 왔다며 최규하 주도의 과도정부를 유신잔당이라 몰아치면서 즉시 퇴진하라며 압박을 가했고, 이에 최규하 정부는 연내에 헌법개정을 마치는 대로 정권을 이양할 것을 수차 약속하면서 재야 세력이 요구하는 대로 학원자유화를 허락했고, 2월 29일에는 윤보선, 김대중, 지학순 등 긴급조치 위반자 687명에 대해 사면-복권을 단행하는 등 유화 조치들을 취했다.

재야 세력이 말하는 이른바 '서울의 봄', 신나는 계절이었던 것이다. 김종필은 공화당, 김영삼은 신민당을 이끌고 있었지만 김대중은 신민당에서는 희망이 없다고 생각하여 뛰쳐나와 학생세력과 노동자세력을 이

끌어온 재야 세력을 결집시켜 '국민연합'이라는 사실상의 혁명 부대를 결성하고 학생과 노동자들을 선동하면서 폭력시위를 지휘하기 시작했다. 4월 하순부터 시작된 대학생 시위는 5월에 접어들면서 전국 규모로 확산됐고 이에 고무된 김대중은 5월 7일, 제1차 '민주화촉진국민선언문'을 발표하여 최규하 정부의 즉각 퇴진, 거국내각 구성, 모든 구속자 석방 등의 요구조건을 내걸며 정부를 압박했고, 학생들을 향해서는 "민주주의는 피를 먹고 자란다." "김재규도 김주열이나 김상진 못지않은 애국 충신"이라며 과격 시위를 선동했다.

김대중은 4월 10일, 5월 1일, 5월 10일 3회에 걸쳐 북악파크에서 문익환, 예춘호, 장기표, 심재권 등 이른바 김대중 내란음모 집단을 이끌고 전국 폭력시위에 의한 국가전복 계획을 수립하고 24명으로 구성된 김대중의 혁명 내각을 작성했다. 5월 15일은 서울역에 10만 시위대가 모여 버스로 경찰을 깔아 죽이는 사태에 이르렀고, 당시 내무장관은 소요 진압이 경찰의 범위를 넘는다며 계엄군의 개입을 요청하게 되었다.

한편 서울역 시위에 극도로 고무된 김대중은 5월 16일, 제2차 '민주화촉진국민선언문'을 발표했다. 5월 22일을 기하여 군인, 경찰을 포함한 전국의 모든 국민은 검은 리본을 달고 전국적으로 봉기하여 정부를 전복할 것이라는 최후통첩이었던 것이다. 정부가 전복되고, 국가가 혼란에 빠져 남침조건을 마련하도록 해줄 것인가, 아니면 김대중이 이끄는 재야 세력과 이들의 조종을 받는 복학생 조직을 분쇄할 것인가! 최규하 정부는 양자택일을 해야 하는 절체절명의 위기에 처한 것이다.

이러한 위기를 맞이한 정부의 선택이 바로 5.17 조치였다. 5월 17일, 전군주요지휘관회의를 긴급히 소집하고, 10.26 이후 선포됐던 '지역비상계엄'(제주도 제외)을 '전국계엄'으로 확대하고 5.18일 새벽 2시를 기해 전국 136개 국가시설을 보호하고 31개 주요 대학을 점령하기 위해 25,000명의 계엄군을 배치하는 한편, 5.17 자정을 기해 이른바 김대중 내각을 구상했던 김대중, 김상현 등 24명의 내란음모자들을 체포하고 학생 주동자들을 구속하기 시작했다. 최규하 정부와 계엄당국이 이러한 조치를 취하지 않았다면 전국은 무법천지가 됐을 것이고, 북에서 신호를 기다리고 있던 북한군은 제2의 6.25남침을 감행했을 것으로 판단된다. 이 소용돌이 정국에서 흔들리지 않고 국가를 지켜낸 사람들의 중심에 전두환이 있었던 것이다.

그러나 역사바로세우기 재판관들은 당시 북한의 위협은 별로 없었으며, 비상계엄전국확대 조치가 국민의 기본권을 침해하고, 국민에 겁을 주는 것이기 때문에 넓은 의미의 폭동이고, 신군부의 마음속에 내란하려는 마음이 있었기 때문에 5.17은 내란을 위한 폭동이라는 우격다짐의 판결문을 썼다.

● **김대중의 내란 행진**

5월 12일 17: 00시, 국민회의 지도부, 김대중, 문익환, 예춘호, 이문영, 한완상, 한승헌, 서남동, 이해동, 심재권, 장기표, 이헌배, 계훈제 등이 북악파크호텔에서 회동한 내용은 아래와 같다.

장기표(9년 감옥, 12년 도피): "각 대학은 일정한 날을 정하여 동시에 각목과 화염병을 사용한 폭력시위를 과격하게 벌여 저지하는 과정에서의 희생을 각오하면서 민중의 호응을 얻어 정부 중요부서를 점령하게 되면 4.19와 같은 무정부상태가 되는데 이를 계기로 민주세력의 구심인물인 김대중 선생을 사태 수습 인물로 내세워 학생과 민중을 설득하면 정권 장악이 가능하고 사후 수습으로써 민주제도연구소를 주축으로 과도정부를 이끌면 차기 정권까지 잡을 수 있습니다. 저는 심재권과 함께 각 대학 학생회장단에 영향력이 있는 복학생들을 규합, 학생폭력시위를 주도하겠으니, 선생께서는 이문영을 통해 과도정부 구상을 미리 해두시기 바랍니다"

김대중: "알았다"

5.14일, 전국 규모의 시가지 폭력시위가 일어났다. 서울에서는 22개 대학 5만2천여 명의 학생들이 오전 10: 00시부터 종로, 광화문, 영등포역

등 도심지에 집결하여 "계엄철폐, 신현확 내각퇴진" 등을 외치며 돌과 화염병을 가지고 경찰을 공격했다. 이런 폭력사태는 야간에도 이어져 고대, 이대 등 7개 대학이 철야 횃불시위를 벌였다. 이로써 서울 전역이 치안 마비 상태에 빠졌다. 부산, 대구, 경주, 광주, 전주. 이리, 대전, 공주, 수원, 청주 등 10개 지방에서 11개 대학에서도 가두시위를 벌였다. 파출소 3개 전소, 경찰 차량 7대 전소, 경찰 장비 192점 파괴, 경찰관 233명 부상.

5.15일, 심재철의 서울역 회군으로 대표되는 날이다. 전국 80여 개 대학, 10만여 명의 학생들이 "신현확 내각 퇴진, 계엄해제" 등을 외치며 유례없는 대규모 시위를 벌였다. 37개 대학 7만여 명의 학생이 14시를 기해 일제히 행동을 개시했으며 시위 양상과 규모는 전일에 비해 매우 악화되었다. 경찰의 진압장비를 빼앗아 파괴하고 경찰에 폭행을 가했다. 서울역 광장에는 10만 학생이 집결하여 경찰 차량 3대를 방화했고, 민간 차량 4대를 탈취하여 경찰 대열에 돌진함으로써 경찰관 1명이 현장에서 사망하고, 3명이 중상을 입었다. 수적 열세에 몰린 경찰은 오직 청와대 하나만을 지키기 위해 청와대로 배치됐고, 서울 시내는 완전히 치안 공백 상태가 되었다.

지방에서도 인하대, 충북대, 전북대, 전남대, 조선대 등 학생 4만여 명이 역전, 시청, 도청 광장에 모여 시위를 벌였고, 전경 1명이 사망했고,

113명이 부상을 입었다. 경찰차 1대가 전소되고, 차량 7대가 파손, 경찰 장비 178점이 파손됐다. 5월 16일, 고대생 500여 명이 '5.16 장례식'을 열고, '5.16 잔당 사형선고'를 한다며 행여를 메고 시위를 벌였다. 서울에 15,000여 명, 지방에 15,000여 명이 가두시위를 벌였다. 학생시위가 전국적으로 확대하자 5.16일, 국민연합은 '제2차민주화촉진국민선언문'을 발표했다. 비상계엄 즉각 해제, 신현확 총리 즉각 퇴진, 정치범의 전원석방 등에 대하여 5월 19일 10시까지 정부가 명확한 답변을 할 것을 요구하고, 이 요구가 관철되지 아니하면 5월 22일 정오를 기해 대정부투쟁에 돌입할 것을 선언하였다.

"민주 애국시민은 유신체제를 종결짓는 민주투쟁에 동참하는 의사표시로 검은 리본을 가슴에 단다. 비상계엄은 무효이므로 국군은 비상계엄령에 의거한 일체의 지시에 복종하지 말 것이며, 언론은 검열과 통제를 거부하고, 전국민은 민주화 투쟁을 용감히 전개한다. 정당, 사회단체, 종교단체, 노동자, 농민, 학생, 공무원, 중소상인, 민주애국시민은 5월 22일 정오에, 서울은 장충단 공원, 지방은 시청 앞 광장에서 민주화촉진국민대회를 개최한다"

이날 오후 17:40분경, 전국 44개 대학 총학생회장단이 이대에서 연합회의를 열었다. 이들은 "비상계엄을 5월22일까지 해제하라, 과도정부는 민주적 정부에 연내에 정권을 이양하고 정치 일정을 5월 22일까지 밝혀라, 모든 양심범을 즉각 석방하라."고 위의 국민연합 선언 내용을 반복하였고, 5월 22일에 국민연합과 행동을 같이할 것을 결의했다. 경인지구 15개 전문대학들도 경기공업전문대학에서 회동을 갖고 이에 가세했다. 전국으로 치닫는 이 폭력사태를 방치할 경우 국가 전체가 무정부 상태가 되고, 급기야는 국민연합이 의도한 바대로 국가가 전복될 것이라는 예측이 충분히 가능한 상황이었던 것이다.

● 김대중 내란음모 사건 선고(1981.1.23.)

1980년 9월 11일 결심 공판에서 군 검찰은 김대중 피고인에게 사형을, 다른 피고인에게는 7년에서 20년 사이로 구형했다. 9월17일 1심 선고 공판에서 재판부는 김대중에게는 내란음모, 국가보안법, 반공법, 계엄법, 외국환관리법위반죄를 적용하여 사형을 선고했고, 나머지에 대해서는 징역 2년에서 20년을 선고했다. 11월7일 김대중 등 12명은 대법원에 상고했으나 81년 1월 23일 대법원은 상고를 기각했다. 하지만 전두환 대통령은 국민 화합을 위해 김대중을 무기징역으로 감형하고 피고인 12명 전원에 감형조치를 취했다.

김대중, 누구 믿고 정부에 선전포고했나?

1945년 9월, 김대중은 22세의 나이에 '남로당' 목포시당 청년부장이 되어 그 후 사망할 때까지 골수 공산주의자로 활동했다. 1971년, 대통령 선거에서 박정희에 패하자 신병 치료차 일본으로 건너갔다. 1972년 10월 유신 계엄령이 선포됐고, 국회가 해산되던 민감한 시기에 김대중은 일본과 미국을 왕래하며 한국에 대한 경제원조 및 군사원조를 중단시키고자 노력했다. 1973년 그는 베트콩으로 불리는 종북 요인들과 함께 반국가 단체인 한민통(한국민주회복통일촉진국민회의)을 결성하여 의장에 취임했다. 한민통의 핵심 요원은 김종충, 조활준, 배동호, 김재화, 곽동의, 정재분 등 이른바 베트콩들이었으며 이들은 조총련과 북한으로부터 자금을 받는 인물들이었다. 육영수 여사를 저격한 문세광이 한민통 멤버이고, 육 여사 저격 직후 국내에 잠입했다가 간첩으로 체포된 김정사도 한민통 소속이었다. 이로 인해 대법원은 지금까지도 한민통을 반국가단체로 규정해놓고 있다.

1973년 4월, 김대중은 미국 하버드대 코헨 교수에게 한국의 박 정권을 타도하기 위해서 미국이 대한 군사원조를 중단하고 주한미군을 철수해야 한다며 미 의회 지도자에게 그런 압력을 넣어 달라 호소했다. 이에 분노한 중앙정보부는 1973년 8월 8일, 그를 도쿄 팔레스 호텔에서 납치하여 129시간 만에 서울로 압송했다. 이에 대해 특히 일본이 주권 침해라 반발했고, 이에 김종필 총리가 일본을 방문하여 사과하는 선에서 사건 86일 만에 마무리지었다. 국제적 비난이 확산된 것만큼 김대중의 자유공간도 넓어졌다. 그는 일본에 있는 김종충, 배동호 등과는 전화로,

다른 구성원들과는 김녹영 및 일본기자 등을 통해 통신연락을 취하면서 반정부 음모를 계속했다.

이렇게 공산주의가 골수에 배어있는 김대중은 대통령이 되어서도 박정희-전두환이 쌓아올린 국가의 재산을 여러 가지 방법으로 빼내다 북한에 주었다. 이런 김대중이라면 그는 죽는 순간까지 북괴와 선이 닿아있을 것이라는 생각을 하게 된다. 10.26 이후 김일성은 이른바 '김일성 교시'를 통해 남한 간첩들에게 계속 '전민봉기'를 독려해왔다. 그리고 김대중은 그야말로 쉴 새 없이 학생시위를 주동하여 정국을 혼란하게 만들고 학생시위가 클라이막스에 올랐을 때인 1980년 5월 16일, 국가를 향해 선전포고를 했다. 감히 어느 누가 국가를 향해 선전포고를 할 수 있다는 말인가. 60만 대군이 시퍼렇게 살아 있는데 행정부와 군이 그런 선전포고를 좌시하지 않을 것이라는 점은 삼척동자도 다 아는 상식이었다.

김대중은 그가 잡혀갈 줄 알고 김일성이 독려하는 '전민봉기'(전국봉기의 북한 표현)를 선언한 것이다. 김대중은 4월 초부터 학원가를 중심으로 한 시위가 나날이 격화되는 모습을 보았고, 드디어 5월 15일에는 서울역 10만 집회의 위력을 보았다. 그 학생시위는 사실상 머리 좋은 대남공작 요원들이 연출시킨 것이라는 점을 김대중도 알았을 것이다. 서울역 시위까지를 지켜본 김대중은 자기가 구속되는 것이 광주사태에 명분을 주는 불쏘시개 역할을 할 것이라는 점도 알고 있었을 것이다. 더구나 그는 광주사태가 성공할 것이라는 점을 굳게 믿었을 것이고, 이에 대비하여 24명으로 구성된 '혁명내각', 이른바 '새도우 캐비넷'(Shadow Cabinet)을 작성해 놓고 있었던 것이다.

하지만 김일성-김정일 부자가 자신만만하게 주도했던 광주 게릴라전은 판단 미스로 실패하고 말았다. 김일성 부자는 광주사태의 성공을 너무 확신했던 나머지 고위직들과 8명의 로열패밀리까지 광주로 보내 자신이 광주에 준비해놓은 작전을 구경시키고 싶어 했다. 자신들의 위업을 보게 하여 으스대고 싶어 한 것이다. 김일성은 6.25 때에도 오판을 하여 남침했다. 남으로 밀고만 내려가면 김일성을 추종하는 남한 주민 20만이 적화통일에 합세할 것이라는 박헌영의 말을 신뢰했다가 낭패를 본 역사가 있다.

광주사태에 대해서도 무기고만 털어 반골기질이 농후한 전라도 주민, 김대중이 이끄는 반국가세력에게 총기를 주면 이들이 합세하여 봉기에 참여하게 되고 이어서 전국적으로 봉기가 확산될 것이라는 판단을 했을 것이다. 이런 판단이 없고서는 훗날 들통날 수 있는 불장난, 유엔에서 전범국가로 재판을 받을지도 모를 지극히 위험한 불장난을 저지르지는 않았을 것이다. 그런데 예상과는 달리 개념 있는 광주시민들은 총을 받으려 하지 않고 총기를 나누어주는 북한군을 의심의 눈으로 바라보다가 가버리곤 했다.

이에 다급한 북한특수군이 북에 SOS를 쳤다. 신속하게 김일성 지령이 내려왔다. "교도소를 공격하여 2,700명의 수용자를 해방시키고 그 인력을 폭동의 동력으로 삼으라." 촉각을 다툴 만큼 다급한 명령이라 이 지시내용이 암호화되지 않은 채 계엄당국에 감청됐다. 계엄당국은 전투력이 미약한 광주지역 향토사단(31사단)이 지키고 있던 부대를 철수시키고, 전투력이 가장 강한 공수 3여단을 긴급 투입해 야간에 6회씩 공격해 오는 북한군을 대량으로 사살할 수 있었다.

북한은 1980년에 제작된 5.18 기록영화와 4가지 문헌들을 통해 475명이 "무리죽음"(떼죽음) 당했다며 살기어린 분노를 표출하고 있다. 저자는 많은 증거자료와 논리로 475명 중 430명이 청주에 가매장됐던 무연고 유골이라는 분석을 [5.18 답변서]에 일목요연하게 정리해놓았다. 북한 당국은 등교 시 확성기를 통해 '무등산의 진달래' 라는 구슬픈 노래를 들려준다. "동강난 조국을 하나로 다시 잇자/ 억세게 싸우다 무리죽음 당한 그들/ 사랑하는 부모형제 죽어서도 못 잊어/ 죽은 넋이 꽃이 되어 무등산에 피어나네/" 475명 모두가 다 북한에 부모형제를 둔 북한의 가족이라는 뜻이다. 억세게 싸운 이유는 통일을 이룩하기 위해서라는 것이다. 결국 김일성은 그토록 공을 들여 길러놓은 일당백의 살인기계를 한순간에 잃게 되었고, 600명의 살인기계 중 125명만 살아남아 부득이

5월 24일 철수할 수밖에 없었던 것이다.

폭동이 민주화운동으로 뒤바뀐 과정

1988년 2월 노태우가 대통령에 당선됐다. 노태우의 목표는 국정이 아니라 전두환 죽이기로 출발했다. 전두환에는 GNP 600억 달러, 빚 200억 달러의 국가를 GNP 4,000달러에 흑자국으로 만든 엄청난 공로가 있다. 노태우는 취임하면서 곧바로 전직 대통령의 이 엄청난 공로를 치하하고 최고의 훈장을 수여했어야 했다. 하지만 노태우는 출마 시점으로부터 전두환을 탄압하기 시작했다. 전두환은 그의 회고록 3권 138쪽에서 이렇게 썼다.

"그동안 미처 깨닫지 못했지만, 그 드라마가 연출된 데에는 오랜 세월 줄곧 나의 그늘에서 지내오면서 콤플렉스가 쌓인 노태우, 김옥숙 내외의 보상심리가 작용하고 있었다. 특히 홀로 한강변에 나가 눈물을 훔쳐야 했던 2인자 시절의 설움과 야속함은 언젠가는 반드시 보상받아야 했을 터이다."

1988년 2월 25일 대통령에 취임한 노태우는 4월 1일, 광주사태를 민주화운동으로 공식 규정했다. 이 역시 전두환을 짓밟기에 눈이 멀어 저지른 반국가 행위였다. 전두환은 그의 회고록 3권 156쪽에서 이렇게 썼다.

"마침내 선거전이 시작되자 야3당은 나와 5공화국에 대한 공격에 초점을 맞췄다. 6공화국이 5공화국을 모태로 탄생한 정권인 만큼 5공 정권의 연장에 불과하다고 몰아세웠다. 5공과 6공을 싸잡아 민정당 정권에 대한 공세가 가열되자 정부와 여당은 5공과 6공의 차별화를 통해 공격을 피해 나가려고 했다. 노태우 정부는 결국 4월 1일 광주사태를 민주화를 위한 학생과 시민들의 노력의 일환으로 규정하면서 공개적으로 유감을 표시하고 희생자들에 대한 보상을 약속했다. 정부가 광주사태에 대한 책임을 처음으로 인정한 것이다. 그러나 이 같은 조치는 노태우 정권에 대한 반감을 가라앉히기는커녕 오히려 반정부 세력의 입지를 강화시켜 격렬한 시위를 촉발시켰을 뿐이다. 격렬한 학원소요는 선거 분위기와 맞물려 과격한 정치집회로 확대됐고, 정국은 점점 통제 불능상태가 되었다. 그것은 야당 붐 조성에 결정적 역할을 하기도 했다."

1988년 5공 청문회와 광주청문회가 전국의 안방을 뒤흔들었다. 이 두 청문회는 노태우 정권이 야당과 재야로 불리는 반국가 세력과 야합하여 만들어 낸 작품이었다. 광주청문회는 전두환을 발포명령자로 몰아갔다. 5.18과 전두환 사이에는 사돈의 팔촌 관계도 없었지만, 노태우와 공산주의자들은 오로지 전두환을 '5.18학살의 발포명령자'로만 몰았다. 전두환에 불리한 증언을 할 사람들만 증언대에 세웠다. 기자들은 허위사실을 허황되게 꾸며낼수록 박수를 받았다. 그럴수록 전두환은 이 세상 사람들과 함께 할 수 없는 이상한 괴물이 되었다. 2성 장군인 전두환이 4성 장군들과 최규하 대통령을 졸개처럼 부려먹으면서 독재를 하고 온 가족들까지 덤벼들어 부정 축재를 했다는 것이다. 여기에는 모략의 화신인 북괴 간첩들의 공작이 작용했을 것이고, 전라도 특유의 낯 뜨거운 퍼포먼스가 작용됐을 것이다.

● **전두환과 5.18 사이에는 아무런 끈이 없다**

당시 2성 장군에 불과했던 전두환은 지휘계통상 5.18 진압에 대해 업무상 아무런 관계가 없었다. 단지 정보를 획득하고, 그 정보를 최규하 대통령에게 보고하면서 짧은 진언을 하는 정보수집기관의 수장이었을 뿐이다. 박정희 대통령을 시해한 중앙정보부는 반역죄를 저지른 기관이라 모든 요원들이 얼굴도 들지 못하고, 주눅들어 있었다. 최규하는 이런 커다란 정보조직을 개점휴업 상태로 방치할 수 없었다. 중정을 가동시킬 수 있는 적임자가 전두환 밖에 없다고 생각한 최규하는 그를 중앙정보부장 서리로 임명했다. 업무가 전문적이고, 방대한 규모를 가진 중앙정보부와 또 다른 방대한 조직인 보안사라는 두 개의 조직을 지휘하다 보니, 그는 당시 가장 바쁜 사람이 되었다. 그래서 광주사태에 대해서는 신경을 쓸 여력이 없었다.

전두환이 5.18에 관련하여 최규하 대통령에 진언한 것은 1980년 5월 24일, "각하께서 한번 광주에 가 보시는 것이 어떻겠습니까?" 이 한마디뿐이었다. 그리고 이튿날, 최규하는 자신이 직접 시위군중 앞에 나서서 설득시켜보겠다는 생각을 했다. 시위를 '착한 사람'들이 하는 것으로 착각한 것이다. 최규하는 발표문을 써가지고 5월 25일, 광주로 내려갔다. 그리고 대통령이 직접 군중 앞에 서서 연설을 하겠다고 고집을 부렸다. 하지만 그 자리에 있던 장군들이 울면서 가로막는 바람에 그의 연설문은 녹음되어 비행기를 통해 공중방송되었다.

● **이희성의 언론 증언, 전두환은 5.18과 무관했다.**

전두환은 직무상 그리고 환경 여건상 5.18과는 아무런 연관이 없었던 존재였다. 이는 전두환 자신도 수많은 기회의 인터뷰와 회고록에서 밝혔다. 이를 뒤집을 만한 증거는 수사기록을 포함해 그 어디에도 없다. 당시 계엄사령관으로 5.18시위를 진압했던 총사령관은 이희성이었다. 그리고 그 위에 국방부 장관과 대통령이 있었다. 전두환은 여기에 끼어들 처지에 있지 않았다.

2021년 5월 18일, '최보식의 언론'에는 이희성과의 인터뷰 기사가 있다. 이 기사는 2016년 5월 16일 조선일보 가판대에는 나갔지만 조간신문에서 삭제되었던 기사였다. 최보식 기자는 '조선일보에 게재되지 못했던 이희성 전 계엄사령관 인터뷰'라는 제목으로 2016년 기사를 그대로 전재했다. 아래에 그 일부를 발췌한다. 최보식 기자는 군을 전혀 알지 못하는 세간의 소설 같은 소문과 억지들을 이희성에게 전했고, 이희성은 위관장교 이상이면 모두가 알고 있는 상식을 그대로 말했다. 매우 황당하게도 그 세간의 억지와 소설은 전두환 죄를 가르는 판결의 잣대가 되었다.

최보식: 도의적 책임은 그렇고, 실제적인 책임은 누구에게 있습니까? 5·18 당시부터 대학가에서는 '광주 학살 주범'으로 전두환을 특정했습니다.

이희성: 그건 군의 작전 지휘 계통을 정말 모르고 하는 소리요. 전두환 보안사령관은 5·18과는 무관하오. 그는 12·12와는 상관있지만 5·18과는 아무런 관계가 없소.

최보식: 계엄군 출동과 발포 명령을 그가 배후 조종했다는 게 통설입니다.

이희성: 법정에서도 지휘체계가 이원화됐다는 말들이 있었소. 전두환 보안사령관이 나 몰래 따로 보고받고 지시했다는 소리인데, 그건 범죄요. 그러면 내가 그냥 두고 볼 것 같소. 내가 있는데 있을 수 없는 일이오.

최보식: 계엄사령관이 위계상 높지만 당시 모든 힘이 전두환에게 쏠리지 않았습니까?

이희성: 전두환은 새카만 후배였고 내게 "형님, 형님" 하며 어려워했소. 나를 뛰어넘어 감히 월권해? 내 성격을 알고 이런 관계만 알아도, 그런 소리가 안 나옵니다. 전두환은 밝은 사람이지, 음습하지 않아요. 몰래 그렇게 하는 스타일이 아니오. 내 단호히 얘기하오. 광주에 관한 한 전두환 책임은 없소.

최보식: 그렇다면 5·18에 전두환을 지목하는 것은 무엇 때문이라고 봅니까?

이희성: 광주가 수습되고 3개월 뒤 그가 대통령이 됐기 때문이오. 대통령만 안 됐으면 전두환 이름이 그 뒤로 나오지 않았을 거요.

최보식: 전두환이 아니라면, 누가 5·18에 대해 책임이 있는 겁니까?

이희성: 지휘 계통의 최고위에 있는 계엄사령관인 나와 국방장관(周永福)이오. 그래서 법적 책임을 지지 않았소. 전두환에 대해 과대평가하고 있어요. 그는 보안사령관이었고, 내 참모에 불과했소. 참모로서 내게 건의할 수는 있었겠지만, 그는 작전 지휘 체계에 있지 않았소. 진압

작전에 개입할 수 없었소. 그는 광주에도 내려간 적이 없소.

최보식: 적극적인 스타일인 전두환이라면 광주에서 그런 사태가 벌어졌으니 오히려 한번 내려갈 만하지 않았습니까?

이희성: '현지 보안 부대를 통해 보고가 올라오니까 그도 광주 상황을 알고 있었소. 내려가 본들 뭘 하겠소. 부대장에게 격려금이나 건네주는 게 고작이잖소. 당시 정호용 특전사령관은 내게 보고하고 광주에 내려간 적 있소. 광주 현지 부대에 배속시킨 공수여단 격려차 간 것이오.'

최보식: 전두환이 육사 동기생 정호용을 통해 작전 지시를 했다는 설도 있었습니다.

이희성: 재판에서 그런 말이 나왔는데, 정말 군대 체계를 모르고 하는 소리요. 특전사령관도 광주에 파견된 자기 부하들을 지휘할 수가 없소. 작전 책임과 지휘권은 배속된 부대 지휘관에게 있소. 조언은 할 수 있겠지만, 이래라저래라 작전 지휘를 하는 것은 군법에 어긋나는 거요.

광주사태 분석, 최규하가 가로막아

저자는 21년 동안의 연구를 통해 5.18은 북한이 저지른 게릴라전이었다는 결론을 냈고, 이를 뒷받침하는 정황증거 42개를 정리했다. 5.18은 북한의 소행이라는 연구를 했다는 이유로 저자에게 2년의 실형을 선고한 1,2심 재판부도 20여 년 동안 저자를 괴롭혀 오던 5월단체들도 이 42개 증거 자료를 공격하지 못했다. 판결문의 핵심은 '5.18은 민주화운동인데 왜 북한군을 개입시키느냐, 이는 5.18의 명예를 허물기 위한 범행이다.' 이 하나였다.

저자는 [김예영-장윤선-장성학] 세 명의 부장판사를 고소했다. 피고인이 판사를 고소한 것은 사법역사상 매우 희귀한 일일 것이다. 고소한 저자가 돈키호테인가? 대부분의 사람들은 내막을 알아보지도 않고 저자를 이상한 사람이라고 의심부터 한다. 이들은 직권을 남용해 독직형 범죄를 저질렀다.

사람들은 저자가 항소심에서 2년의 실형을 받은 사실만 가지고, 마치 저자의 연구 내용이 잘못된 것처럼 인식하고, 심지어는 초청 강의도 주저하는 경우들이 있었다. 하지만 재판장이 쓴 판결문은 생각의 차이라는 수준을 훨씬 넘어 범죄였다. 한 가지 판결문만 소개한다.

"5.18은 법률적으로 역사적으로 이미 민주화운동인 것으로 그 평가가 종결되었기 때문에 북한군이 광주에 올 수 없었다. . . 피고인이 광주사진 속 인물을 북한의 46세 문응조라고 지정한 것은 곧 광주의 다방종업

원이었던 18세의 박철을 특정한 것으로 보아야 한다.. 광주에는 북한사람이 올 수 없었으므로 광주 시민이 사진 속 인물이 자기라고 주장하면 설사 알리바이가 맞지 않는다 해도 무조건 다 진실로 보아야 한다. . "

대명천지에 어떻게 이런 판결을 부장판사 3명으로 구성된 재판부가 감히 내릴 수 있는 것인지, 참으로 어이없다. 이와 똑같은 수준과 성격의 판결이 전두환 대통령에게도 내려진 것이다.

전두환은 그의 회고록 1권에서 저자의 연구 결과를 인정하면서 5.18 직후 5.18의 실체에 대한 연구를 하지 못한 것에 대해 아쉬워했다. 첫째, 5.18시위 당시 현장 정보를 획득하려면 고급 정보요원들을 투입시켜야 했는데, 당시 광주는 경찰이 모두 도주한 무법천지였기 때문에 정보요원을 사지로 보낼 수 없었다고 썼다. 광주소요가 진압된 이후에 사태의 실체를 규명하겠다고 대통령에 보고했지만 최규하는 "덮어라, 무조건 덮고 가자." 강경하게 명령하는 바람에 진상조사를 하지 못했다고 했다. 빨리 해야 할 12.12 서명은 미루어서 국가를 내전의 입구에까지 내몰았고, 막지 말아야 할 진상조사를 막아 국가를 오늘날의 좌익 세상으로 내몰리게 한 것이다.

전두환이 재판을 받고 있을 때, 그의 증언 한마디면 전두환이 쿠데타의 원흉으로 내몰리지 않았을 것이다. 최규하는 법정에 강제로 끌려나왔다. 불구덩이에 처해 있는 전두환을 바라보면서도 냉혈 인간처럼 고개를 돌려 외면하고 함구함으로써 8개월 동안 그에게 충성했던 부하에 사형선고가 내려지도록 방조했고, 좌익들에게 역사 왜곡의 길을 열어주었다.

최규하는 10.26밤 김재규가 시해범인 줄 뻔히 알고 있으면서도 3시간 동안이나 침묵했고, 국무회의 중에도 이를 발설하지 않았다. 결국 국무회의는 김재규가 범인이라는 사실조차 모르고, 정승화가 시해 현장에 있었다는 것도 모른 채 열렸다. 그리고 정승화를 계엄사령관으로 선정했다. 선정되자마자 최규하는 발 빠르게 김재규에 달려가 이 사실을 귓속말로 알려주었다. 이런 치사한 사실은 당시 전두환도 알고 있었고, 정승화도 알고 있었다. 이후 전두환은 최규하를 각하로 깍듯이 모셨지만, 최규하는 자기의 약점을 잘 알고 있는 전두환을 볼 때마다 내심 수치심을 느꼈을 수 있다. 아마도 이 역시 열등의식으로 작용됐을 것이다. 최규하는 5.18직후 5.18의 진실을 밝히지 못하게 가로막았고, 전두환이 법정에 서 있을 때, 전두환은 쿠데타를 하지 않았다는 사실을 밝히지 않고 함구했다. 역사에 지은 최규하의 죄가 만만치 않은 것이다.

천안함 폭침의 원인은 외국 전문가들이 과학적으로 밝혔다. 세계적 전문가들로 조사를 하라는 아이디어도 오바마가 제공했고, 세계적 전문가들도 오바마가 미국, 영국, 호주 등 여러 나라로부터 모아주었다. 이렇게 해서 행정부가 국내외 전문가들을 가지고 폭침의 원인을 과학적으로 분석해 결론을 냈기 때문에 정치꾼들과 좌익들이 난장판을 벌일 수 없었다. 반면 2014년의 세월호 사고에 대해서는 박근혜가 행정부 단위에서 이명박이 취했던 과학적 이니시어티브를 취하지 않았다. 과학을 떠난 '이슈'는 정치꾼들과 협작꾼들의 난장판 세계로 넘어갔다. 5.18도 마찬가지다. 1980년 바로 그때에 분석관들이 북한군 개입에 대한 의혹을 제기했더라면 5.18역사가 지금처럼 난장판으로 치닫지는 않았을 것이다.

● **역사는 분석의 산물**

역사가 어떻게 정리되는가는 당대 분석력의 함수다. 저자는 5.18당시 수집된 자료를 23년이 지난 2003년에 획득하여 진실을 밝혀냈다. 반면 똑같은 자료를 기록한 당시의 보안사령부와 안기부 분석관들은 5.18의 진실을 밝혀내지 못했다. 저자가 다른 분석관들과는 달리 이 엄청난 진실을 밝힐 수 있었던 것은 저자의 학력과 경력이 그들과는 매우 다르기 때문이다. 역사를 떼법 집단에 의해 강탈당한 원인은 바로 정보분석관들의 수준이 부족했기 때문이었다. 역사가 '분석' 공간에서 '정치' 공간으로 넘어가게 된 분수령이 바로 당대 분석관들의 분석력 부족에 기인했던 것이다.

재심절차 없이 편법으로 일사부재리 유린

1981년의 대법원은 5.18을 김대중의 내란음모 폭동이라고 판결했다. 그런데 1997년 대법원은 헌법이 규정한 일사부재리 원칙을 유린하고, 재심 절차를 거치지 않은 채 1981년의 대법원 판결을 뒤집었다. 대법원 판결을 뒤집으려면 재심이라는 과정을 거쳐야 한다. 그런데 이 사건에는 재심의 필요조건인 '새로운 증거'가 없었다.

그래서 김영삼은 재심 절차를 회피하고 5.18을 다시 재판하기 위해 편법을 만들었다. '5.18특별법'(1995.12.21.)인 것이다. 5.18특별법이 위헌이냐 여부를 판단하는 헌법재판소는 5:4로 특별법은 위헌이라고 표결했다. 하지만 위헌을 주장한 사람이 6명이 되지 않아서 5.18특별법이 강행된 것이다. 이 '5.18특별법'은 여러 가지 정황으로 보아, 김영삼과 그 아들 김현철의 충견으로 알려진 당시 안기부장 권영해와 그에 달라붙어 출세해 보려는 홍준표의 모략물이었다.

김영삼-권영해-권정달-홍준표의 반역 공작

1995년 12월 21일 국회를 통과한 사실상의 위헌법률인 '5.18특별법'을 이용해 일단 전두환과 노태우 등을 감옥에 넣고 나니, 전두환에게 뒤집어씌울 죄를 만들어 내야 했다. 죄를 만들어내지 못하면 김영삼이 감옥에 가야 했다. 여기에 검은 공작이 절대적으로 필요했다. 당시 이 나라에서 공작을 할 수 있는 유일한 존재는 안기부장 권영해였다. 육사 15기 권영해는 같은 육사 동기인 권정달을 포섭해 전두환에게 뒤집어씌울 죄를 만들어 냈다. 전두환이 미리부터 대통령이 되려고 [집권시나리오] 즉 집권을 위한 '마스터플랜'을 가지고 있었다는 내용을 조작해낸 것이다.

1996년 1월 4일, 권정달은 검찰청이 아닌 삼정호텔 1110호실에서 검찰과 함께 전두환에게는 집권시나리오가 있었다는 내용의 진술서를 꾸몄다. 이 집권시나리오는 후에 전두환을 내란죄로 옭아매는데 결정적 올가미로 사용됐다. 1997년의 대법원 판결서에 한 문구가 있다.

"5.17계엄, 계엄을 확대 선포하느냐 마느냐는 고도의 정치 군사적 판단을 요하는 것이기에 사법부의 판단범위를 넘는다. 그러나 전두환은 이미 집권시나리오를 가지고 있었기 때문에 내란의 목적이 머리에 있었다. 내란하려는 마음을 가지고 선포한 계엄령은 그 자체로 내란이다."

이것이 바로 권정달과 검찰이 공모하여 공작해낸 모략공작이었다. 모든 정황들을 조립해 보면 이에 대한 법률적 공작을 제조한 사람이 바로 홍준표였다. 지금까지 광주사람들보다 더 적극적으로 5.18의 성역을 호위하는 존재가 바로 홍준표였다. 이 공작에 따라 전두환은 재심 절차

없이 5.18특별법에 의해 재판을 받았고, 재판 과정에서는 '전두환 집권 시나리오'라는 조작된 마패에 의해 사형을 선고받게 되었다. 이후 전두환에게 내란죄를 뒤집어씌우는데 성공한 김영삼과 권영해는 홍준표에 후한 상을 내렸다. 큰 공을 세운 홍준표는 1996년 초 김영삼의 부름을 받아 신한국당에 입당했고, 곧바로 그해 4월 출마해 제15대 국회의원이 되었다. 이들은 죽기 전에 양심 고백을 해야 할 것이다.

1997년 붉은 대법원의 해학적 판결들

1981년 1월 23일, 당시의 대법원은 5.18을 김대중이 배후조종한 내란폭동이었다고 판결했다. 그런데 1997년 4월 17일의 대법원은 이 김대중의 내란을 전두환의 내란으로 뒤집었다. 수사기록은 동일한데 판사들의 해석이 정반대로 뒤바뀐 것이다. 김영삼 정권에 아부하는 판사, 주사파에 물든 판사들이 증거 없이 뒤집은 것이다. 그래서 제2심 재판장인 '권 성'은 그의 항소심 판결문에 이런 취지의 판결서를 남겼다.

"이 재판사건의 잣대는 헌법도 아니고 법률도 아니다. 자연법이 잣대다. 자연법은 국민인식법이다."

국민 여론에 부합하는 재판을 했다는 것을 실토한 것이다. 쉽게 말하면 인민재판이라는 것이다. 이런 인민재판이 내놓은 판결이 상식과 사리에 부합하는 것이라고 믿으라 하는 것은 해가 서쪽에서 뜨는 것을 믿으라 하는 것보다 더 가혹한 탄압이다. 아래는 절대로 승복할 수 없는 1997년의 대법원 판결문의 일부다.

판결1. "1980년 정승화가 합수부에서 했던 진술은 고문에 의해 강제로 만들어진 것이므로 무효다."

판결2. "정승화가 10.26 밤 김재규를 안가에 정중히 모시라 한 것은 김재규가 권총을 가지고 있으니 조심하라는 뜻이었다고 한 법정 진술은 설득력이 있다."

판결3. "12.12 밤, 최규하 대통령은 공관을 경계하는 경비 병력으로부터 공포감을 느꼈고, 밤 9시 30분경에 찾아온 6명의 장군들로부터 공포감을 느껴 자유의사를 상실한 채 꼭두각시가 되어 전두환이 원하는 대로 결재를 해주었다."

판결4. "12.12는 '하나회'가 중심이 되어 군권을 장악하려고 사전 계획하에 저지른 쿠데타 사건이다."

판결5. "이학봉과 전두환이 사전에 쿠데타를 모의했다."

판결6. "정승화가 전두환을 합수부장에서 해임시켜 동경사(동해안경비사령부) 사령관으로 전보 발령하려 하자 전두환이 선수를 쳐서 12월 12일에 정승화를 불법 납치하였다."

판결7. "5월17일, 비상계엄전국확대 조치를 가결하기 위해 중앙청에 모인 총리와 장관들은 집총한 경비병들에 주눅이 들고 공포감에 싸여 만장일치로 가결했기에 무효다."

판결8. "10.26의 지역계엄을 5.17에 제주도에까지 확대한 것은 그 자체가 폭력이고, 그 폭력을 내란의 마음을 가슴속에 품은 신군부가 껍데기 대통령을 도구로 이용해 행사한 것이기 때문에 내란이다. 계엄령의 선포는 그 자체가 국민의 기본권을 침해하는 해악의 고지행위이고 계엄업무에서 총리와 내각을 제외시킴으로써 국민은 물론 총리 내각 등 헌법기관들까지도 공포감을 가지게 되어 업무를 제대로 수행할 수 없게 되었기에 계엄령 확대조치 자체가 내란죄에 해당한다."

판결9. "광주시위대는 헌법을 지키기 위해 결집된 준 헌법기관이다. 최규하 대통령이 광주에 가서까지 직접 챙긴 광주작전이긴 하지만 최규하 대통령이 신군부의 5.18 진압과정을 보고 놀라 공포감에 휩싸여 대통령 기능을 제대로 수행하지 못하게 되었고, 대통령은 껍데기에 불과했기에 대통령 재가는 아무런 의미가 없고, 대통령이 서명한 것은 전두환이 책임져야 한다."

판결10. "역사바로세우기 재판은 법률도 아니고 헌법도 아닌 '자연법'에 의한다."

판결11. "전두환은 최규하 대통령이 시키는 일만 해야 하는데 대통령이나 장관들이 착안하지 않은 분야들에 대해서까지 적극적으로 아이디어를 내서 시국을 수습했고, 그것을 바탕으로 여망을 얻어 대통령에 오른 것에는 처음부터 반역의 뜻이 있는 것으로 봐야 한다."

판결12. "정호용은 광주진압의 총사령관이라 내란목적 살인죄의 주범이고, 12.12에는 직접 관여하지 않았다 해도 신군부 중의 한 사람으로 전두환을 추수하며 부화뇌동한 죄가 인정된다."

판결 13. "최규하 대통령은 전두환의 바지였다. 최규하가 재가한 것은 모두 전두환의 책임이다."

위와 같이 정해진 결론을 향해 치닫는 부당한 재판을 받으면서 전두환은 가족과 변호인단에게 아래와 같이 당부했다.

"현 정권과 검찰의 의지가 어떻든 나는 이제부터 내 회고록을 쓰는 심정으로 이 재판에 임할 것입니다.‥ 사실 언젠가 때가 되면 역사의 진실을 밝힌다는 생각으로 내가 아는 모든 것을 글로 남기려고 했는데, 이렇게 끌려와서 우리의 진실을 악용하려는 권력의 칼 앞에서 내 입장을 밝혀야 하는 일이 생겼으니 오히려 잘됐다는 생각까지 듭니다. 내가 직접 회고록으로 남기면 잘 믿지 않을지도 모르는데 재판을 통해 모든 관계자들의 증언과 더불어 밝히게 된다면 그보다 더 확실한 일이 어디 있겠소?‥ 그러니 다들 역사 속에 보존될 사초를 남긴다는 사명감으로 최선을 다합시다.‥ 내가 법정에 서면 수모도 당하고 어려운 일도 많을 것이오, 그래도 좌절하지 말고 끝까지 재판 결과에 연연하지 맙시다.‥ 우리가 처한 상황에서 최선을 다해 어떻게든 한번 역사의 명작을 만들어 내봅시다."

항소심 최후법정에서 전두환은 사형이라는 검사의 구형을 받고도 예상했던 일이었다는 듯 묵묵히 아래와 같이 최후진술을 했다.

"본인의 부덕으로 국가의 자긍심을 훼손한 것에 대해 국민들께 죄송하다는 말씀을 드립니다. 재판 과정에서 많은 사람들이 고통을 받은 사실에 대해 한때 국정을 책임졌던 사람으로서 진심으로 마음 아프게 생각합니다. 당시에 일어난 모든 일에 대한 책임은 국정의 최고책임자였던 본인에게 있습니다. 그러므로 다른 피고인들에 대해서는 너그러운 마음으로 관용을 베풀어주시길 바랍니다. 이 사건 심리로 어려움을 겪은 재판부에 심심한 위로의 말씀을 드리며 검찰관들과 변호사들도 고생 많았습니다.. 그리고 재판을 끝까지 지켜봐준 방청객들께도 감사를 드립니다."

전두환이 백담사로 유폐되면서 그의 장모가 충격을 받아 쓰러진 적이 있었는데 이번에는 사형선고까지 받게 되자 장인이 입원을 했다. 옥중에서 전두환은 장인께 편지를 썼다.

"장인어른, 제가 백담사 있을 때 서울에 돌아오면 가장 맛있는 음식점을 알아뒀다가 크게 한턱내겠다고 하시지 않았습니까. 아직 그 약속을 지키지 않으셨으니까, 제가 나갈 때까지 꼭 건강하게 살아계셔야 합니다. 약속도 안 지키고 돌아가시면 안 됩니다."

국보위는 탁월한 아이디어 뱅크

경영학에 대한 지식이 없는 사람들은 판사든 검사든 언론인이든, 국보위에 대해 부정적인 시각을 갖는다. 하지만 시스템 경영을 전공한 저자의 눈에는 신의 한수였다. 당시 공무원 사회는 게으르고 무기력해 있었다. 부정과 비리가 만연해 있었고, 통혁당, 남민전 등 간첩집단들이 번성하면서 공권력을 희롱하고, 사회는 바로잡아야 하겠고, 최규하 대통령은 무능하고, 관료들은 게으르고, 북괴는 혼란을 부추기고, 기강은 해

이돼 있고. . 사회가 만성질환을 잃고 있었다. 19세에 육사에 입교하면서부터 애국이 몸에 배었던 전두환으로서는 비록 2성 장군에 불과했지만, 다행히도 보안사령관이라는 직책이 있었기에 대통령을 직접 보좌할 수 있는 길이 열려있었다. 그래서 두뇌들을 모아 긴급 처방전들을 만들어 대통령에 제공할 생각을 했다. 그래서 전두환은 계엄이라는 비상시에만 한시적으로 활용할 수 있는 자문기구의 설립을 건의했다. 이른바 국보위(국가보위비상대책위원회)였다.

● 설치 과정

1980년 5월 21일 권정달 보안사 정보처장은 국보위 설치 요강을 마련하여 이원홍 청와대 민정수석비서관에게 제시했다. 이원홍 수석은 5월 25일, 국보위 설치에 대한 대통령령을 성안했다. 이는 계엄법과 정부조직법을 근거로 한 것으로 합법적인 것이었다. 5월 26일 권정달은 국무총리실에서 주영복 국방장관과 박동진 외무장관이 배석한 가운데 박충훈 국무총리 서리에게 국보위 설치안을 보고했다. 이것이 5월 27일 16시 박충훈 국무총리 서리 주최로 열린 제46회 정례 국민회의에서 의결되어 5월 31일 대통령령 제9897호로 공고됐다. 국보위 의장인 최규하 대통령은 5월 31일 오전10시 첫 국보위 전체회의를 열었다.

● 국보위 업적

국보위의 당연직 위원은 15명, 국무위원 및 각군 총장 이상의 군 수뇌들로 구성되었다. 임명직 위원은 육군소장 이상 10명의 장군들과 8명의 각료, 청와대 관계자 2명이었다. 국보위에는 상임위원회가 있었다. 위원장은 전두환이었고 그 밑에 13개 분과위원장이 있었다. 임명직 상임위원은 18명의 군 장성과 10명의 공무원으로 구성되었다.

국보위는 사회를 부자와 무산자로 나누어 불만을 선동하는 빨갱이들의 행위를 근절시키고, 국가를 전복하려는 불순행위를 근절시키고, 불법시위를 근절하고, 비리를 척결하고, 건전한 언론 풍토를 조성하고, 종교를 빙자한 정치활동을 금지하고, 건전한 노사관계를 정립하고, 과외를 근절한다는 등의 사업목표를 설계했다.

6월 18일 계엄사는 권력형 부정축재 혐의자에 대한 수사결과를 발표했다. 혐의자들은 당국의 정화 의지에 순응하여 853억 원의 부정축재 재산을 자진 헌납하기로 하고 모든 공직에서 사퇴할 것을 밝혀 형사처벌을 유보한다고 발표했다. 7월 초에는 대통령에게 2급 이상의 공무원 8,600여 명에 대한 숙정 결과를 보고했다. 장관 1명 차관 6명 도지사 3명을 포함 2급 이상 공무원 232명을 숙정하였다고 발표했다. 그후 7월 31일까지 입법부 11명, 사법부 61명, 행정부 5,418명 등 공직자 5,490명과 국영기업체 금융기관 및 정부 산하단체 등 127개 기관 임직원 3,111명 등 총 8,601명이 물러났다. 엄청난 숫자였다. 그야말로 공무사회 기강이 해이해져 있었던 것이다.

7월 30일에는 과외 금지, 대입 본고사 폐지, 대학 졸업정원제 등을 골자로 하는 교육 정상화 방안을 발표했다.

8월 4일에는 불량배 소탕에 관한 삼청계획 제5호에 따라 11월 27일 제4차 단속까지 모두 57,561명을 검거하여 그중 3,052명을 재판에 회부하고 38,259명을 '군부대 정화교육' 이른바 '삼청교육'에 회부했으며 16,250명을 훈방 조치했다.

부정 불량식품 및 약품 단속을 실시하고 전과기록을 말소하는 등 신원기록에 대한 정비작업을 단행했고, 해외인력 송출 절차와 수출입 절차를 간소화했고 '연좌제'를 폐지했다.

삼청교육대, 사회정화의 예술

"빨갱이는 몽둥이가 약"이라는 박정희 대통령의 말씀이 현실적 진리다. 이 나라는 빨갱이들과 전라도만 아니면 그야말로 천국이다. 삼청교육대는 당시 내무장관의 건의에 의한 것이었다. 박정희 대통령은 새마을

운동을 시작할 때, 마을에서 말썽을 부리고 동네사람들과 잘 지내지 못하는 사람들을 동네 단위에서 정신 차리게 하라고 지도한 적이 있었다. 이의 연장선이 바로 '삼청교육대'라 할 수 있다.

● **무정부 상태였던 1980년**

박정희라는 엄격한 대통령이 서거하자 국가에는 그야말로 난장판이 벌어졌다. 박정희에 항거하던 김대중은 전라도 세력과 이념세력을 중심으로 국민연합이라는 사실상의 혁명조직을 만들어 김영삼의 신민당, 김종필의 공화당을 상대로 전국 주도권 잡기 경쟁을 시작했다. 학생시위와 노동시위를 부추기면서, 조기 대선을 위해 열심히 준비하는 최규하 정부를 해체하고 거국내각을 구성하라고 압박했다. 이 압박 수단이 학생시위요 노동시위였다. 이들에게는 정권만 중요했지 국가는 안중에도 없었다.

● **김대중, 극렬시위 마그마**

1980년 1월 9일, 청계피복노동조합이 임금인상을 요구하는 농성투쟁을 벌였고, 이를 신호로 하여 4월 29일까지 5개월간 전국적으로 719건의 노사분규가 발생했다. 이는 1979년 12개월에 걸쳐 발생했던 노사분규 수의 7배에 달하는 것이었다. 80년 4월 17일, 강원도 동원탄좌 사북영

업소 광부 1,000여 명이 노조지부장이 체결한 20% 임금인상안이 잘못됐다며 노조지부장 부인을 나체로 정문 기둥에 묶어 놓고 45시간 동안이나 린치를 가하는 등의 난동을 부렸다. 4월 21일부터 3일간 광부들의 부인까지 동원한 3,000여 명이 곡괭이, 파이프 등을 가지고 광업소, 경찰지서, 기차역, 도로를 점거함으로써 사북 일대가 완전 무법천지가 되었다. 이런 폭동사태는 계엄군 11공수여단을 투입함으로써 4월 24일에 진압됐다. 여기에서 경찰 1명이 사망했고 70명이 부상을 입었으며 22억 원의 재산피해를 입었다.

이에 김일성은 간첩사령부인 3호 청사에서 사북폭동을 전국적으로 확대하라는 지령을 내렸다. 이후부터 노사분규가 전국 규모로 확산되었고, 4월 25일부터 20일 동안에는 무려 987건의 노사분규가 발생했다. 이들의 구호 역시 단순한 노사문제에 대한 구호가 아니라, "죽기 아니면 살기다." "계엄령을 해제하라." "배고파 못 살겠다, 같이 살고 같이 죽자."는 정치적 구호로 변질됐다. 이러한 노사분규 역시 김대중이 이끄는 이른바 [재야 세력]으로 포장된 빨갱이 조직이 간첩들의 지시를 받아 일으킨 사회혼란 공작이었다. 거물간첩 김용규가 그의 저서 [소리 없는 전쟁]에서 폭로했듯이 남한의 크고 작은 소요는 예외 없이 북한의 공작이었다.

● 삼청교육대 초대한 북괴공작

1980년 4월초, 치안본부는 계엄위원회에 무정부 상태에 대한 통계를 보고했다. 1980년 1월부터 3월까지 발생한 범죄에 대한 통계였다. 살인이 64.3% 급증했고, 강도가 113.9%, 폭력이 20.1%, 절도가 21.4%, 밀수가 122.6% 급증했다는 내용이었다. 이에 서정화 내무장관은 "강력범들에 대해서는 사회 복귀가 불가능하도록 강제 노동이나 강제 수용 등의 특별관리가 필요하니, 계엄당국이 이를 뒷받침해주었으면 좋겠다."는 건의를 했다. 이는 삼청교육대의 필요성을 암시하는 것이었다.

대학 세력과 노동 세력의 폭력시위가 연일 극렬화로 치닫고 있었던 당시 사회적 인사들은 좌불안석이었다. 종교계, 경제계, 언론계 등에서 파국적 난국을 하루빨리 수습해달라는 요구가 사회각층으로부터 빗발쳤다. 4월 27일, 최규하 대통령으로부터 학원소요사태에 강력하게 대응하라는 명령을 받은 이희성 계엄사령관은 4월 30일, 전국 계엄지휘관 회의를 열어 학원·노조의 난동이 법치주의의 한계를 넘은 것이므로 단호하게 대처할 것을 지시했다. 5분 대기조 편성, 진압훈련 등 소요사태 대비훈련도 강화하라고 지시했다. 삼청교육대는 바로 극렬한 시위를 지령한 김일성이 초치한 것이었다.

제15장

광주의 횡포

시체까지 뜯어먹는 5.18 바퀴들

[전두환 회고록]에 대한 광주법원의 재판, 2022.9.14. 광주고법 최인규 판사가 전두환 회고록 제1권의 내용 51개가 허위라며 이순자 여사와 큰 아들 전재국에게 7,000만 원의 손해배상을 명했다. 4개의 5.18단체에 각 1,500만 원씩 6,000만 원과 조비오 신부의 조카 조영대에게 1,000만 원을 배상하라는 것이다. 상고심에서 다퉈야 할 차례를 맞은 것이다.

하지만 광주판사들이 인정한 허위사실들은 모두 근거있는 팩트이며, 이는 저자의 책 [5.18답변서-서울중앙지방법원 사건 2020노804]의 213-222에 정리돼 있다. 이와 같이 허무맹랑한 방법으로 광주법원은 저자에게도 이자 포함 2억 4천만을 배상하라 했고, 배상한 2억4천만 원은 모두 5.18로 먹고사는 '5.18기념재단'으로 송금됐다.

5.18폭동의 아이콘, 5월 21일 상황

저자는 이른바 '전두환 내란사건' 관련한 수사기록과 재판 기록 18만여 쪽을 모두 입수하여 연구했다. 5.18폭동 10일 동안의 상황 중, 5월 21일 하루의 상황만 간추려 본다. 정규사단의 이동계획은 극비 중 극비에 속한다. 그런데 지휘체계를 갖춘 날렵한 어깨 600명이 20사단 차량부대가 광주 톨게이트를 08시에 통과한다는 정보를 입수한 후, 광주 톨게이트에 매복하고 있다가 이동 중인 정규사단을 기습하여 사단장 지프차 등 14대의 지프차와 트럭을 탈취했다. 이어서 삼엄하게 경비되고 있던 이웃 군납업체 아시아자동차공장으로 갔다.

매뉴얼 없이는 운전할 수 없는 최신 장갑차 4대와 370여 대의 트럭을 몰고 곧장 전남지역 17개 시군에 위장돼있는 44개 무기고를 불과 4시간 만에 털어 5,400여 정의 총기를 탈취했다. 광주를 히로시마의 잿더미로 만들겠다며 전남도청에 2,100발의 TNT폭탄을 조립했다. 간첩수 170명을 포함해 2,700명의 수용자를 해방시켜 폭도로 이용하라는 북의 무전을 받고 장갑차와 요새화된 트럭을 몰고 광주교도소를 6회씩이나 공격했다.

광주에서는 이런 능력을 가진 600명이 구성될 수 없었고, 지휘체계를 갖출 수 있는 시민들이 없었다. 시위에 참여한 광주시민은 그 80% 이상이 초중고교생, 구두닦이, 껌팔이, 식당 보이 등 양아치 계급이었다. 이러한 계급이 이 어마어마한 군사행동을 할 수 있다고 생각할 사람 상식인 중에는 없을 것이다. 그런데 전라도와 빨갱이들은 이에 대해서는 함구한다. 5.18이 북한이 일으킨 게릴라작전이었다는 것을 믿을 수밖에 없게 하는 42개의 정황증거들을 내놓았지만 빨갱이 판사들과 광주판사들은 이를 반박하지 못하고 있다. 광주법관들과 좌경판사들은 수사기록으로 뒷받침돼 있지 않는 이상한 광주-전라도 사람들의 증언들을 모아놓고 그것을 사실이라며 이런 막무가내 판결을 하는 것이다.

팩트 전쟁에 밀린 5.18세력, 마지막 보루가 광주법원

팩트 전쟁에 꿇린 광주가 5.18을 끝까지 성역화하기 위해서는 반드시 광주법원이 판결해야만 하는 것이다. 왜 그런가? 저자는 4부작의 책 [수사기록으로 본 12.12와 5.18]에서, "5.18은 북한이 일으킨 게릴라전이었고, 아직도 끝나지 않은 심리전이다." [전두환 회고록] 내용보다 더 적나라하고 구체적인 표현을 했다. 그런데도 2011년 1월 19일, 안양법원은 저자에게 무죄를 선고했고, 이어서 서울고법과 대법원을 거쳐 무죄가 확정됐다.

2019년 2월 8일 저자는 또 국회의원회관 대회의실에서 의원들이 마련해준 '5.18진상규명 대국민공청회'에 발제자로 초대되어 복도에까지 꽉 꽉 들어찬 600명으로 추산되는 국민을 대상으로 4시간여에 걸쳐 PPT를 통해 자세하게 설명했다. 동의한다는 박수들이 터져 나왔다. 이에 설훈, 민병두, 최경환, 5월단체들이 또 고소를 했지만, 2020년 10월 30일, 서울남부지검은 "피의자의 발표는 학술적 견해"라는 이유로 기소를 하지 않았다.

이러하기에 5.18관련 재판은 오로지 광주법원에서 독점해야 하는 것이다. 광주시청에는 5.18 고소 전담 공무원이 있다. 이 공무원은 하는 일이 인터넷 검색이다. 5.18에 대해 조금이라도 기분 나쁜 글을 발견하면 즉시 광주경찰에 고소한다. 이에 따라 인천 사람도 광주로 끌려가고 강원도 사람도 광주로 끌려간다. 이는 민주주의 세상이 아니다.

국가도 헌법도 없는 5.18 마패

이 나라에는 사상의 자유가 헌법에 의해 보장돼 있다. 역사관 역시 사상이다. 더구나 대통령이 내놓는 [회고록]은 매우 중요한 역사자료다. 그런데 다른 곳을 제치고 광주가 나서서 대한민국에 그리고 국민에 귀중한 역사책을 짓밟고 있다. 국가를 제치고 나서서 인천 사람, 부산 사람, 강원도 사람을 탄압하는 것은 참으로 꼴불견이다. 이런 작태가 허용돼 있다는 것은 이를 시정시킬 수 있는 자리에 있는 사람들의 명예에 관한 문제일 것이다. 이에 침묵하는 한, 잘난 체를 하지 말아야 한다는 것이다.

형사소송법 제4조는 전두환의 보통재판적이 서울서부지방법원으로 지정돼 있고, 형사소송법 제15조는 지역정서가 작용할 우려가 있는 공무소는 사건을 다른 지역 재판부로 넘겨야 하고, 김영란법은 이해당사자인 광주법원을 제척대상으로 하고 있다. 민사소송법 제2조 역시 같은 규정을 하고 있다. 이에 더해 민사소송법 제32조, 관할 법원을 결정하는 데에는 피고의 '현저한 손해'가 고려돼야 하며, 이송 여부는 이송으로 인해 발생할 피고와 원고의 손해를 저울질하여 균형 있게 결정해야 한다는 판례가 있다. (대법원 1966. 5. 31. 자, 66마337, 결정) 그런데 광주법원은 이 모두를 무시하고, 대법원은 광주법원의 시다바리 노릇을 하고 있다.

이해당사자, 광주법원이 재판 독점하는 것은 세기의 코미디

5.18은 광주가 부자 되고, 취직을 보장받고, 학비 의료 등 수많은 공짜 누리고, 세도를 쓰면서 국민 위에 군림하는 이권증서이자 세도의 마패다. 이러하기 때문에 광주는 5.18 논란에서 이해당사자 신분이 되는 것이다. 5.18이 광주의 이권증서가 아니고 국민 공동의 역사라면 왜 광주가 나서서 국민 공동의 역사를 독점해야 하는가? 이는 윤석열 시대의 로고 [공정-법치-상식]을 정면으로 유린하는 악폐다.

5.18은 충돌의 역사이고, 충돌의 당사자는 '광주'와 '대한민국'이었다. 민

주화세력이 사회를 지배하는 대세에 편승하여 충돌역사의 한쪽 당사자인 광주가 나서서 5.18을 일방적으로 정의(Define)하는 것은 언어도단이요 안하무인적 횡포다. 민주주의는 "국민 모두의 지혜와 의견을 공론의 장을 통해 수렴해 가는 정치 시스템"이다. 그런데 광주가 세도를 이용해 민주주의의 엔진인 [공론의 장]을 무자비하게 폐쇄-유린하고 있다. 무슨 이런 세도가 다 있는 것인지, 세상을 향해 외치고 싶다.

광주법원과 5월단체들은 광주의 초중고 학생, 구두닦이, 식당-다방 종업원들이 대부분인 광주 사망자 154명이 이 나라의 우매한 국민을 위해 예수님처럼 피를 흘려주신 의인이라고 정의했다. 그래서 국가와 모든 지방자치단체들은 5.18유공자들에게 보상해야하고, 모든 국민은 자손만대에 걸쳐 의인들의 업적을 높이 경배해야 한다고 정의했다.

'경배'해라 해놓고, 누구든 경배의 뜻에 반하는 말을 하면 광주 전체가 벌떼처럼 나서서 집단폭행, 집단소송, 해고 압력 등 전근대적인 해코지를 가하고 있다. 2013년 5월 24일, 광주시장이 338개 광주단체들을 총동원하여 '5.18역사왜곡대책위원회'를 조직했고, 18명으로 구성된 공포의 변호인단을 구성했다. 광주시 공무원들이 나서서 공격대상자를 색출해내면, 광주경찰, 광주검찰이 기소하고, 광주법원이 광주교도소에 감금시킨다. 광주인이 누구든 찍어 손해배상을 청구하면 광주법원이 한 사람당 수천만 원씩의 손해배상을 물린다. 이를 놓고 그 누가 점령군 행세라 손가락질하지 않겠는가?

도둑질하듯 몰래 늘어나는 5.18유공자수

5.18유공자수가 해마다 늘어나 2019년 당시에는 5,801명이었다고 보도되었다. 이에 대한 불만의 여론이 일자, 늘어나는 유공자 숫자가 캄캄한 베일에 싸여 있다. 2022년 6월 16일 노컷뉴스 등에 의하면 광주보훈청은 217명의 새로운 유공자를 발굴했다고 보도했다. 다른 국가유공자들은 대통령이 선발하고 대통령이 혜택을 시행한다. 하지만 5.18유공자는 다른 국가유공자에 비해 엄청난 보상을 받고 있으면서도 광주시장이 선정하여 대통령에 시행을 시키고 있다. 국가 위에 광주시가 있는 것이다. 이 문제가 최근 유튜브와 SNS를 통해 여론화되고 있다. '광주법관이 '대법관' 위에 군림하고 있다. 광주법관이 판단한 것을 대법관이 심리 없이 확정한다. 광주에 관한 것이면 정의도 법치도 공정도 상식도 다 사라지고 없는 세상이 된다. 5.18마패로 인해 생겨난 독버섯이 아닐 수 없다. 5.18이 진정 민주화운동이라면 민주주의 방식으로 정당성을 지켜야 할 것이다. 이렇게 막무가내로 국가 위에 군림해도 이를 문제로 지적하는 식자들이 없다. 이런 시간이 오래 갈수록 저들은 더욱 기고만장해질 것이다.

에필로그

● 이승만도 북괴 공작으로 사라지고

김일성은 해방 직후부터 남한에 수많은 폭동을 주도했다. 급기야는 국군, 연합군, 인민군, 중공군 그리고 남북한 민간인을 포함해 500여만 명의 생명을 희생시킨 6.25전쟁을 통해 남한을 삼키려 했다. 그리고 종내는 4.19라는 대남공작을 통해 이승만을 축출하는데 성공했다. 1960년 4월 11일, 마산 앞바다에서 남원 출신 15세의 김주열 군 시신이 떠올랐다. 눈 부위에 최루탄이 박혀 사망했다는데, 27일씩이나 바다 속에서 억센 파도에 휩쓸렸는데도 그 상태가 고스란히 유지됐다는 것도 믿기지 않고, 최루탄을 눈언저리에 붙박이처럼 박힐 만큼 강력한 힘으로 쏘았다는 것도 믿기지 않는 이야기였다. 하지만 흥분 잘하는 학생들은 방송에 선동되어 거리로 나왔다. 결국 이승만은 김일성의 모략전에 희생이 된 것이다. 훗날 잡힌 간첩 '이석'은 묻지도 않는 말을 했다. "4.19에 불을 지핀 사람이 바로 나였습니다." 김주열이 공작의 희생양일 수 있다는 것이다.

● 박정희도 북괴공작으로 사라지고

김일성은 박정희를 몰아내기 위해 남한에 수많은 간첩망을 심어 국가 전복을 기도했다. 김신조, 문세광을 통해 암살하려 했고, 폭파범을 보내 동작동 국립묘지에서 폭탄을 설치하려다 실패했다. 급기야는 김일성의 뜻대로 박정희가 시해됐다. 여러 정황들로 보아 저자는 박정희 시해가 김일성의 작품일 것이라고 생각한다.

● 민주통일 갈망했던 전두환은 적화통일의 영원한 먹이가 되고

박정희 대통령이 제거되자 김일성은 광주에 대규모 게릴라 부대를 축차적으로 침투시켜 전국 봉기를 일으키고, 그것을 기화로 남침을 감행하려고 하다가 실패했다. 군사적으로는 실패했지만, 모략전에는 대성공을 거뒀다. 1980년에 북괴가 제작한 5.18 기록영화가 보여주듯이 김일성은 당시 국민들에는 생소했던 이름 전두환을 전라도의 영원한 '웬수'로 삼는 모략영화를 만들었다. 유능하게 보이는 전두환 육군 소장이 대통령이 되는 것을 미리 차단하고, 대통령이 된 다음에도 그를 제거하려는 의도가 바로 이 기록영화에 반영돼 있다. "전두환을 찢어죽이자". 광주를 뒤엎은 이 구호 속 인물 "전두환", 5.18당시 대한민국 국민에게는 그야말로 생소한 이름이었다. 당시 그가 대통령이 될 것이라는 판단은 오로지 북괴 정보망만 하고 있었던 것이다. 빨갱이세력은 북조선이

제작한 42분 분량의 '광주 비디오'를 전라도는 물론 전국 요소요소에 몰래몰래 관람시켰다. 전라도 사람들이 '전두환'에 대한 증오심으로 똘똘 뭉치게 된 이유가 여기에 있는 것이다.

김일성을 추종하는 남한 빨갱이들은 김대중, 노무현, 문재인을 위시해서 모두 입을 모은다. "대한민국은 태어나서는 안 될 더러운 나라". 그리고 한결같이 김일성 일가의 수족 노릇을 해왔다. 이런 으스스한 분위기 속에서도 이 나라에는 이승만과 박정희를 드러내놓고 존경하는 국민들이 꽤 많다. 하지만 전두환을 드러내놓고 존경하는 국민의 수는 그리 많지 않다.

여기에는 매우 중요한 이유가 있다. 하나는 이승만 업적과 박정희 업적은 상당 부분 드러나 있는데 반해 전두환의 업적은 드러날 틈도 없이 매몰돼 있었기 때문이었다. 당시 전두환 업적에 대한 홍보가 미미했던 것이다. 홍보는 선전-선동을 중시하는 빨갱이 대통령들의 전유물이었다. 또 다른 이유도 있다. 이승만 박정희는 사망한 시점 이후로 저들을 위한 영양적 가치가 상대적으로 소멸되었지만, 전두환은 사망 이후에도 좌익들의 생존에 직결되는 무궁한 영양적 가치를 지니고 있기 때문에 우리가 보는 앞에서 난자돼 온 것이다.

전라도 빨갱이들은 5.18로 세도를 부리고, 5.18로 국민세금을 흡입하며 살아야 한다. 이런 신분을 자손만대에까지 상속하려 한다. 그러기 위해서는 5.18을 민주화운동인 것으로 영원히 그리고 화려하게 장식해야만 한다. 이렇게 하려면 반드시 전두환을 민주화운동을 탄압한 내란자로 매도해야만 한다. 그래서 남북 빨갱이 세력이 전두환을 무자비하게 씹는 것이다. 북괴가 전라도를 북괴의 분국으로 유지하고, 그것을 기반으로 하여 남한을 통일시키려는 야욕을 갖는 한, 이에 빌붙어 전라도가 성골계급으로 행세하고 국민세금을 뜯어먹고 살고 싶어 하는 한, 전두환은 영원히 저들의 먹이가 되어야 하는 것이다.

● **섬뜩한 민주화운동**

북한 사전에서 '사람'을 검색하면 노동자 농민 등 무산계급을 의미한다고 정의돼 있다. 사람이 사람답게 살려면 주체사상으로 무장돼야 하는데 이를 방해하는 3대 적이 있다고 정의한다. 자본가, 미국 그리고 주체사상의 확산을 방해하는 남한의 파쇼도당이라는 것이다. '사람 사는 세상'을 만들기 위해서는 이 3개의 적을 무찌르는 전쟁을 해야 하는데, 이

전쟁이 바로 '민주화투쟁' 즉 '민주화운동'이라는 것이다. 이 나라를 뒤덮어 온 민주화는 우리가 생각하고 있는 민주화가 아닌 것이다.

1997년의 붉은 판사들은 광주시위대를 전두환의 헌법파괴 행위로부터 헌법을 수호하기 위해 결집된 '준 헌법기관'이라고 무조건 전제한 다음 그런 '준 헌법기관'을 전두환이 무력으로 진압한 행위가 내란이라고 판결했다. 하지만 이는 진실한 판결이 아니다. 5.18이 민주화운동이라는 것은 과학적으로 증명된 것이 아니라 1990년 당시 노태우가 여소야대 정국에서 탈피하기 위해 야당과 야합한 정치흥정물에 불과한 것이었다. 이 정치흥정물이 어떻게 사법 심판의 잣대가 된다는 것인가? 이와 같이, 억지를 바닥에 깔지 않고서는 5.18이 절대로 민주화운동이 될 수 없는 것이다.

하지만 이 난잡하기 이를 데 없는 억지는 국민 눈에 들어오지 않았다. 저들은 언론과 문화수단을 총동원하여 이 억지를 감추고 오로지 대법원이 5.18을 민주화운동이라고 판결했다는 이 한 줄만 내세워 '5.18성역화'를 위해 선동하고 탄압하는 작태들을 벌여왔다. 이처럼 1997년의 대법원이 북괴의 뜻을 받들어 전두환을 민주화의 밥으로 만들어놓는 부역질을 한 것이다. 하지만 전두환은 헌법을 파괴한 적도 없고, 시위를 진압한 당국의 수장도 아니었다.

5.18시위대가 과연 전두환이 헌법을 파괴하는 것을 인식할 수 있는 사람들이었는가 또 그것에 항거하기 위해 일어설만한 지적 능력을 가졌던 사람들이었는가? 절대 아니다. 웃긴다. 사망한 154명의 면면을 보나 재판에 회부된 357명의 면면을 보나 이들은 공공에 대한 개념이 전혀 없는 10세 전후, 20세 전후의 아이들과 실업자, 구두닦이 등 양아치 계급이었다. 광주에서 천대받던 이들에 무슨 헌법 의식이 있고, 무슨 민주화 의식이 있었다는 것인가? 이런 천대받던 아이들이 무슨 수로 5월 21일의 조직화된 군사작전, 이스라엘의 엔테베 작전보다 더 정교한 군사작전을 수행할 수 있다는 것인가? 이들은 날렵하고 근사한 북괴 게릴라들의 눈부신 활동을 구경하다가 그들로부터 살해를 당한 부나비들이었다.

전쟁 교범에는 게릴라 모략전이 소개돼 있다. 자기들이 양민을 살해해 놓고 상대방의 소행이라고 선전하는 작전이 모략전의 기본인 것이다. 김대중도 모략전의 달인이었다. 자기 운전수의 실수로 마주 오는 화물차와 충돌해서 다리를 다쳐놓고도 이것이 박정희로부터 당한 테러였다고 모략한 사건이 있었던 것이다. 바로 5.18이 전두환을 모략한 모략전이고, 지금도 지속되고 있는 영원한 모략전인 것이다.

● 모래 위에 싸올린 거짓 성곽

5.18 진영에 가장 부끄러운 사실이 하나 있다. 10일 동안 지속된 시위에 지휘자가 전혀 없다는 것이다. 6천 명이 훨씬 넘을 유공자들 중에, 그리고 사망한 154명 중에 5월 21일의 군사행위를 지휘한 사람이 한 사람도 없다. 20만 명이 동원되었다는 광주시위에는 분명 지휘그룹이 있었다. 수많은 현장 사진들 속에는 지휘체계가 갖추어진 어깨들의 자신감 넘치는 모습들이 담겨있다. 그런데 그 지휘그룹이 광주에도 대한민국에도 없는 것이다. 귀신그룹이 지휘하고 사라진 것이다.

1997년 대법원 판결문에는 무장시위대가 광주교도소를 5회 공격했다고 명시돼 있다. 그런데 광주시장과 광주단체들은 "위대하고 성스러운 광주시위대는 무장도 하지 않았고, 교도소를 공격한 적이 절대로 없다."고 강변한다. 대법원이 엉터리 판결을 했다는 것이다. 반면 대법원 판결이 맞는 것이라면 광주교도소를 5회씩이나 공격한 집단은 귀신집단이 되는 것이다.

영화 [화려한 휴가]는 5월 21일 오후 1시, 도청 앞 계엄군이 앉아쏴 자세와 서서쏴 자세로 도청 앞에서 애국가를 부르고 난 시민들을 향해 무차별 사격을 가해서 광주시를 피의 목욕탕으로 만들었다고 선동했다. 그런데 1980년과 1995년 자료 모두를 찾아봐도 이날 새벽부터 밤중까지 광주시 전 지역에서 사망한 사람은 불과 61명이었다. 사망 장소와 검사보고서의 탄흔을 분석해 보니, 카빈 등 시민들이 무기고에서 탈취한 총기에 맞아 죽은 사망자가 31명, 계엄군과 폭도가 함께 소지했던 M16 총상 사망자가 18명, 차량사, 타박상, 자상에 의한 사망자가 12명이었다.

사망 장소를 보면 도청 앞에서 사망한 사람은 겨우 8명뿐이다. 이 중 M16총상 사망자는 4명, 나머지는 자상, 타박상, 카빈 총상 등으로 계엄군과는 무관한 주검이었다. 이날 오후 1시경, 요란한 총소리는 계엄군이 없는 금남로 빌딩숲에서 났다. 광주시민들은 계엄군이 있는 전남도청 앞에서 사살된 것이 아니라 계엄군의 시선이 미치지 않는 금남로 빌딩숲에서 40명씩이나 집단으로 사살됐다. 이들 40명은 옥상을 무서운 얼굴로 선점한 무장괴한들로부터 70도 등의 각도로 내려쏜 탄흔들을 지니고 있었다. 그리고 그 금남로 빌딩숲에서 또 다른 40여 명이 부상을 당했다. 당시 건물 옥상에는 대량살상용 M16유탄발사기를 들고 있는 무장괴한들까지 있었다.

사실이 이와 같음에도 불구하고 저들은 지금도 전두환이 도청 앞 발포명령을 내렸다고 사실처럼 선동한다. 집합해 있는 계엄군을 향해 무서운 속도로 지그재그 돌진하는 버스의 바퀴에 대대장이 권총을 발사하는 등 산발적인 발포가 몇 번 있었지만 그것은 장병들이 위험에 처해 있을 때 자위(정당방위)용으로 발사한 것들이다. 시위를 해산시키기 위해 명령을 내려 집단으로 발포케 한 적은 전혀 없다.

팩트가 이와 같은데도 불구하고 전라도 세력은 찻잔 속에서 자기들끼리 우쭐댄다. "분다분다 하니까 하루아침에 왕겨 석 섬을 분다."더니 전라도가 그 턱이다. 6.25를 전후해서는 따블백에 물건을 잔뜩 채워가지고 탈영 잘하기로 유명해 '하와이족'으로 손가락질 받던 전라도가, 어쩌다 김일성이 게릴라전을 일으키자, 그것을 자기들의 영웅담으로 전환시켜놓고 그것을 한국판 마그나카르타라 주장하는 것이다. 구두닦이 등 양아치들을 포함한 권노갑, 이해찬 등 정치인들과 전라인 5,700여 명이 우리 국민 모두에게 민주주의를 선사하기 위해 골고다 광주에서 십자가를 지고 피를 흘렸는데 그 중 154명은 1980년에 죽었고, 나머지 5,540여 명은 멀쩡한 몸으로 국민세금을 털어 호의호식하고 있는 것이다. 그래도 5.18관련 재판을 하는 모든 광주판사들은 아래의 글이 새겨진 '광주인감도장'을 판결문에 찍는다.

"5.18은 1215년 영국의 마그나카르타와 1776년 미국의 독립선언에 대등하는 세계민주화의 대 장전이다. 5.18은 애국애족의 귀감으로 항구적으로 존중돼야한다. 국가는 매년 기념행사를 개최하여 유공자들을 기려야할 의무를 진다. 2016년 광주시장은 5,700여 명에 이르는 국가유공자로 지정했고, 앞으로도 더 지정할 것이다. 대통령은 광주시장이 지정한 유공자들에 대해 무조건 성의를 다해 보상을 실행해야 한다."

● **전두환의 깃발 아래 모두가 뭉쳐야**

위의 간단한 설명에도 잘 나타나 있듯이 진실과 모략 사이에는 하늘과 땅의 차이가 있다. 이 모두가 언론인들과 판-검사 등 사회를 장악한 빨갱이들의 모략인 것이다. 이대로는 안 된다. 전두환은 그의 빛나는 업적에 따라 추앙받아야 한다. 세계의 수많은 영웅들의 전기를 보면 단편적인 업적들은 많아도 이처럼 시스템적 업적들이 종합된 '치적의 앙상블'은 좀처럼 찾을 수 없었다.

전두환은 따뜻한 신사였고, 특히 윗사람을 깍듯하게 공경했다. 전두환-이순자 부부는 만남의 단계에서부터 끝까지 모든 남녀가 부러워할 아름다운 커플이었다. 그는 빨갱이들에만 무서운 존재였고, 순수한 국민에게는 성군이었다. 그리고 무엇보다도 높이 평가해야 할 것은 그가 대한민국 건국 이래 처음으로 헌법을 단임제로 수정하고, 그 헌법 규정에 따라 평화적인 정권교체라는 전통을 세웠다는 사실이다. 당시에는 그 누구도 평화로운 정권교체가 이루어질 것이라고 믿지 않았다.

이렇게 반듯한 성품과 근면한 자세 그리고 평생학습으로 연마한 지혜로 오늘날의 선진국을 이룩해 놓은 최고 수준의 대통령을 시궁창에 처박아놓고 누구든 오며가며 돌을 던져도 되는 악마와 같은 존재로 여기고 있는 사람들이 빨갱이들 말고도 매우 많다. 언론인, 지식인, 공직자들에도 매우 많다. 이들은 겉모습만 번드르르할 뿐, 두뇌는 북괴에 점령당해 있는 사람들이다. 부끄러운 줄 알아야 할 사람들인 것이다.

마지막으로 우리 대한민국을 지켜온 모든 애국 국민들께 간절히 바란다. 이 귀한 국보적 인물을 이대로 방치할 수는 없다. 빨갱이들로부터 부당하게 난자당하고 있는 전두환 대통령을 하루빨리 높이 세워야 한다. 그리고 그 드높은 깃발 아래 하나로 뭉쳐야 한다. 저자는 이 [전두환 리더십]이 모든 애국진영 국민들로 하여금 전두환 깃발 아래 하나로 뭉치게 하는 강력한 콘크리트가 되기를 간절히 소망한다.